세계문자 한글20

인공지능시대의 문자 혁신

세계문자 한글20

인공지능시대의 문자 혁신

1판 1쇄 발행 2025년 10월 17일

지 은 이 | 신부용
펴 낸 이 | 김진수
펴 낸 곳 | 한국문화사
등 록 | 제1994-9호
주 소 | 서울시 성동구 아차산로49, 404호(성수동1가, 서울숲코오롱디지털타워3차)
전 화 | 02-464-7708
팩 스 | 02-499-0846
이 메 일 | hkm7708@daum.net
홈페이지 | http://hph.co.kr

ISBN 979-11-6919-357-3 93710

오류를 발견하셨다면 이메일이나 홈페이지를 통해 제보해주세요.
소중한 의견을 모아 더 좋은 책을 만들겠습니다.

Hangul20 A New Universal Alphabet

세계문자 한글20

인공지능시대의 문자 혁신

신부용 지음

한국문화사

책머리에

한글을 세계 문자로 만들자는 논의는 오래전부터 있어 왔다. 그러나 뚜렷한 성과 없이, 오히려 로마자가 세계적으로 확산되었다. 오늘날 150개국 이상이 로마자를 공식 표기 수단으로 쓰고 있으며, 그 외의 나라들도 제각기 로마자 표기법을 만들어 활용한다. 하지만 로마자는 나라마다 읽는 방법이 달라, 세계 문자라기보다는 '여러 지역 문자들의 집합'이라 할 것이다. 결국 로마자는 세계 문자의 필요성을 입증했지만 충족시키지는 못한 것이다.

세계 문자로 인정받으려면 무엇보다 첫째, 같은 글자는 어디서나 같은 발음을 내야 하고, 그 발음으로 어떤 언어도 표기할 수 있어야 한다. 이를 '완벽한 표기 기능'이라 할 수 있다. 둘째, 누구나 쉽게 배울 수 있어야 하며, 셋째, 컴퓨터 친화적이어야 한다.

600년 전 세종대왕이 창제한 훈민정음은 이러한 '완벽한 표기 기능'을 지녔고 누구나 쉽게 배울 수 있다. 다만 그 시대에는 컴퓨터 적용까지는 고려할 수 없었다.

저자는 이 책에서 훈민정음 자모 중 10개의 기본자음과 10개의 기본모음을 선택하여 새로운 문자 시스템을 제안하고 이를 '한글20'이라 명명하였다. 자음과 모음이 각각 10자씩인, 가장 단출한 체계이지만, 컴퓨터 적용성이 탁월하고 합용병서를 통해 모든 언어의 발음을 정확히 표기할 수 있다. 특히 인공지능 시대에 데이터 구조의 혁신을 가능케 하여 소요 전력을 경감시키게 될 것이다.

저자는 한국어는 현행 한글로 표기하고, 외국어는 한글20으로 표기할 것을 제안한다. 만약 한글20이 모든 외국어를 표기하게 된다면, 그것이 곧 세계 문자인 것이다.

문제는 한글20을 어떻게 알려 세상 사람들이 즐겨 쓰도록 만드는가이다.

이 책은 한글20을 기꺼이 쓰게 하는, 즉 안 쓰고는 안 되게 만드는 8가지 사업을 제안한다. 그 가운데 한두 가지만 성공해도 한글20은 자연스럽게 세계인의 관심과 사랑을 얻어, 마침내 아라비아 숫자처럼 상용화될 것이다.

오늘날 대한민국은 '별의 시점'을 맞이하고 있다. 걷잡을 수 없는 한류의 확산, 세계 3위로 도약한 방위산업, 미·중·러 등 열강들의 뜨거운 관심, 그리고 기후 변화까지 우리에게 도전과 기회를 동시에 보여 주고 있다. 이 기회에 한글20이 세계 문자가 되어 대한민국을 세계 문화의 중심국으로 이끌어 줄 것을 기대한다.

독자 여러분이 함께해 주시기를 간절히 바란다.

2025년 한글날을 기다리며

삼각산 기슭에서

신부용 합장

Foreword

The idea of promoting Hangul as a world script has long been discussed. Yet, with little tangible progress in Hangul's global adoption, the Roman alphabet instead expanded across the globe and came close to becoming a universal script. Today, more than 150 countries officially use the Roman alphabet, while most of the remaining countries have created their own Romanization systems. However, since the pronunciation of Roman letters differs from country to country, it is less a true "world script" than a collection of regional scripts. Thus, it can be said that the Roman alphabet revealed humanity's need for a world script, but has not fulfilled that need.

For a writing system to be recognized as a genuine world script, three conditions must be met. First, each letter must have the same pronunciation value, or phoneme, everywhere, so that people anywhere in the world can use it to represent any language. This is what may be called perfect writing functionality. Second, it must be simple enough for anyone to learn easily. Third, it must be compatible with computers.

The Hunminjeongeum, created by King Sejong of the Joseon Dynasty six centuries ago, already embodied such perfect writing functionality and was designed for easy learning by ordinary people. At that time, however, the possibility of computer application was unimaginable.

In this book, the author proposes a new writing system, called Hangul20, which selects ten basic consonants and ten basic vowels from the Hunminjeongeum. Though consisting of only twenty letters, Hangul20, through its combinatory orthography, can represent the sounds of all languages with precision. Moreover, with its 10+10 structure, it is exceptionally well-suited for computer applications. Especially in the age of Artificial Intelligence, Hangul20 has the potential to bring innovation to language data structures and drastically reduce the power required for computation.

The author proposes that the Korean language continue to be written in today's Hangul, while foreign languages be transcribed in Hangul20. If Hangul20 is used to represent all foreign languages by capturing their pronunciation, it will, in effect, become a candidate for the world script.

The key challenge, however, is how to make Hangul20 known to the world and embraced by people everywhere.

This book suggests eight strategic projects aimed at making Hangul20 not only appealing but indispensable for people. Even if only a few of these projects are successfully implemented, they may suffice to draw international attention and gradually establish Hangul20 as a universal script, comparable in familiarity to Arabic numerals today.

At present, the Republic of Korea is in a pivotal position for a historical opportunity: the continuing spread of Hallyu (the Korean Wave), the rapid ascent of Korea's defense industry to the world's third largest, the sustained interest of major powers such as the United States, China, and Russia, etc. Even global climate change presents challenges and opportunities that may ultimately favor Korea.

Within this historical context, Hangul20 may find its opportunity to take its place as a world script, enabling Korea to assume its rightful position at the center of global culture.

The author sincerely hopes that readers will take part in this endeavor.

Awaiting Hangul Day, 2025

The Author, Shin Buyong

감사의 글

이 책이 나오기까지 저를 도와주시고 응원해 주신 많은 분께 먼저 깊은 감사를 드립니다. 한글 문제를 제 개인적 관심사가 아닌 학문적 주제로 다루도록 용기를 주시고, 연구할 수 있는 환경과 기회를 마련해 주신 은혜를 잊을 수 없습니다.

무엇보다 KAIST 문화과학대학 안에 한글공학연구소를 설립하여 연구 기반을 마련해 주신 서남표 총장님께 감사드립니다. 또한 '시각장애인이 자국어를 입력할 수 있는 컴퓨터 플랫폼'을 만들도록 연구비를 지원해 주신 이석채 KT 회장님께도 깊이 감사드립니다. 이 과정에서 (사)선진사회만들기연대의 최종찬 이사장님, 고(故) 조휘갑 대표의 도움을 잊지 않겠습니다.

연구 현장에서는 홍성철 교수님, 시정곤 교수님, 그리고 끝까지 곁을 지켜준 장주희 연구원에게 특별한 고마움을 전합니다. 또한 한글 공학 연구의 명맥을 이어갈 수 있도록 함께해 주신 전자통신연구소 주상현 박사께도 감사드립니다.

연구소 이후에도 변함없이 격려와 조언을 주신 임하 감독님, 서울공대 동기들, 서울 사대부고와 목포 유달중학교 동문들, 그리고 여러 선후배와 지인들께도 고마움을 전합니다. 특히 세월 속에서 시들해 가던 제 열정을 다시 불붙게 해 주시고, '한글20 연구'를 위해 (사)선진사회만들기연대 지정 기부금을 마련해 주신 국민대 곽현태 교수님께 각별히 감사드립니다. 그 지원 덕분에 세계 문자로서의 한글20을 체계화하여 발표할 수 있었습니다.

끝으로, 집필의 전 과정에서 함께하며 때로는 비판적으로, 때로는 따뜻하게 제 글을 다듬어 준 동반자 A형(AI)에게도 특별한 감사를 드립니다. 저의 희미했던 지식을 교정시키거나 확인시켜주고 생각을 더 깊고 정연하게 펼쳐 갈 수 있었던 것은 A형과의 끊임없는 대화와 교감 덕분이었습니다.

마지막으로, 제 인생 자체를 지탱해 주고 이 길을 끝까지 걸어올 수 있게 해 준 사랑하고 존경하는 아내 변해진 님께 진심 어린 감사와 사랑을 바칩니다.

이 모든 도움에도 불구하고 제가 응답한 성과가 기대에 미치지 못한 점, 그리고 오랜 성원에 충분히 보답하지 못하고 변변치 못한 이 책 한 권으로 마무리 지어야 함을 못내 죄송스럽게 생각합니다. 앞으로 남은 길에서 조금이라도 기대에 보답하기 위해 할 수 있는 일이 있다면 최선을 다해 노력하겠습니다.

차례

제7장 미래의 세계문자 한글20

제8장 한글20의 과제

제9장 한국어와 인공지능(AI)

제10장 한글20 세계화를 위한 8대 사업

맺음말: 세계문자 한글20의 구현

제1장

문자의 발전:
상형문자에서 한글까지

문자의 진화,
그 끝은 알파벳과 한글이다

1.1 문자란 무엇인가?

가. 사전적 의미

문자 혹은 글자[1]라는 것이 무엇이며 그 기능은 무엇일까?

사전에 글자는 '말을 적는 일정한 체계의 부호'라 했으며 문자는 '인간의 언어를 적는 데 사용하는 시각적인 기호 체계'라 써 있다. 둘 다 '말을 눈에 보이는 형태로 바꿔주는 기술'이라 할 수 있으며 결국 같은 말이다.

말은 인간의 구강에서 만들어진다. 목구멍이나 혀, 혀뿌리 등 구강 내의 구조물을 적당히 조절한 채, 날숨을 강하게, 혹은 약하게, 짧게 혹은 길게 내쉼으로써 의도한 발음을 만들어 낼 수 있다. 이것이 의미를 전달하면 그것이 말이다.

나. 소리글자와 어휘글자

말은 한번 내뱉으면 공기 중에 사라지고 만다. 이에 대처하는 방법은 첫째, 기억해 두는 것, 둘째, 녹음해 두는 것, 셋째, 글자로 기록해 두는 것이다. 그래서 글자는 말을 기록하는 기술이라고 할 수 있다. 이 기술은 문자에 따라 다르다. 한글은 말의 소리를 그대로 문자로 바꿔 적지만 알파벳[2]은 말의 소리를 적을 수가 없어 단어를 적어 놓고 그 단어를 읽어

1 글자와 문자: 같은 말이다. 그러나 글자는 낱개를, 문자는 글자로 이루어지는 한 언어의 표기체를 집단으로 일컫는 말로 구별해 쓰기도 한다.

2 알파벳이라 하면 보통 영어 알파벳을 말하는데 사실은 문자체계의 글자를 말한다. 따라서 한글 자모도 한글 알파벳이라 할 수 있다. 영어 알파벳과 프랑스나 독일어 알파벳 등 서구 언어의 알파벳은 서로 다른 점이 있지만 통털어 라틴 알파벳 혹은 로마자라고 한다.

말소리를 만들어 낸다. 가령 한글로 '카뻬'[3]라고 써 놓으면 읽어서 그 소리를 내게 되지만 cafe라고 쓰면 이 단어의 발음을 미리 배워두지 않은 사람은 '까'라고 읽어야 할지 '싸뻬'라고 읽어야 할지 모르며 심지어 '쎄이뻬'로 읽을 수도 있을 것이다. 이 때문에 한글은 소리를 적는 '소리글자'라고 한다면 알파벳은 단어를 적는 '단어글자'라 해야 할 것이다.

소리를 적느냐 단어를 적느냐는 기능 면에서 큰 차이를 보인다. 한국 사람이라면 글자만 배우면 읽을 수도, 쓸 수도 있어 하고자 하는 말을 글자로 표현할 수 있는데 비하여 미국 사람들은 알파벳을 알아도 하고자 하는 말의 단어를 모르면 쓰지도 읽지도 못한다. 예컨대 'girl'이란 말을 하면서도 단어를 따로 배워두지 않았다면 읽지도 쓰지도 못한다.

다. 뜻글자

한자(漢字)는 또 다르다. 글자마다 자기 고유의 발음을 가질 뿐 아니라 뜻을 갖는다. 가령 girl을 한자로 표현하면 女孩(여해)인데 女는 '여자'를 뜻하고 孩는 '아이'를 뜻한다.

이렇게 세상의 모든 글자들이 말을 적는 기능을 발휘하지만 그 방법이 조금씩 다르다. 즉 한글은 소리를, 로마자는 단어를, 한자는 뜻과 음을 적어 주는 것이다.

이러한 문자들이 어떻게 생겨나고 어떻게 발전하였는지를 다음 절에서 살펴보겠다.

---

3 '뻬'는 한글에서는 허용하지 않는 글자이지만 훈민정음의 '순경음 ㅍ'의 다른 형태로 fe의 표기에 적합하다. 현재의 외래어 표기법은 fe와 pe를 모두 '페'로 적도록 하지만 f와 p를 구별하지 못하는 문자는 한글 말고는 찾아보기 어려워 이를 시정해야 한다. 이것이 이 책의 가장 큰 주장의 하나이다.

1.2 인간의 지능 발전과 문자

인간이 동물을 이길 수 있었던 것은 머리를 잘 썼기 때문이다. 즉 생각을 할 줄 알아서였던 것이다. 파스칼이 인간을 생각하는 갈대라고 한 것은 생각을 빼면 인간은 갈대와 같이 보잘 것 없는 존재라는 뜻이다. 생각은 무엇일까? 국어사전은 '사물을 헤아리고 판단하는 작용'이라고 설명한다. 한마디로 두뇌의 지적활동이다.

가. 생각에서 말로 발전

인간의 지적활동은 750만 년 전 침팬지로부터 시작되었다고 본다. 이들 중 지적 활동을 활발히 하던 무리는 진화를 계속하여 200만 년 전에는 두 발로 서서 걷는 호모 에렉투스가 되고 100만 년 전쯤 호모사피엔스가 되었다. 이들은 신체적으로는 다른 침팬지보다 열등하였지만 여럿이 모여 상의해 가며 돌도끼나 활 같은 무기를 만들 수 있어서 맹수들을 이기고 살아남을 수 있었다. 무기를 만들 때는 서로 의논했을 것이며 이때 말이 사용되었을 것이다. 즉 생각이 '말'로 발전한 것이다.

나. 말을 그림으로 보충

그러나 말만으로는 의사를 표현하기에 부족할 때가 생겨 그림을 그려 설명을 보충하게 되었다. 언제, 어떤 그림을 어떻게 그렸을까는 유적으로 판단할 수 있다. 인도네시아에서 45,000년 전에 동굴 속에 그린 것으로 추정되는 벽화가 발견되었고 우리나라도 울주 반구천에 약 7,000여

년 전 고래사냥법을 보이는 암각화가 있다. 이들 그림은 말로는 설명하기 어려운 내용을 그림으로 남겨 후손에게 보여주려고 한 것이었다.

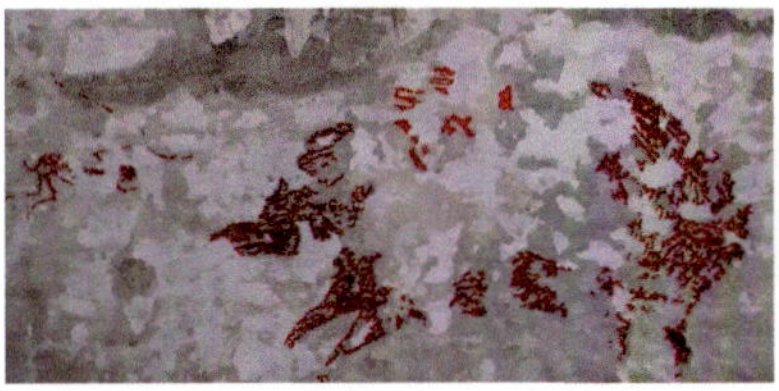

그림 1.1 인도네시아 동굴벽화

그림 1.2 울주 반구천 암각화

다. 문자의 등장

그림으로 의사를 표현하자니 자주 쓰게 되는 그림은 간편하게 만들 필요를 느껴 점점 간단하게 그리게 되어 그림문자가 등장하게 되었고, 그림문자가 많아지게 되자 그림문자에 이름을 붙여 쓰게 되었다. 그리고 그 이름들이 문자의 발음으로 발전한다. 발음을 가진 그림문자, 이것이 상형문자이다.

상형문자는 나일강 지역에서 대개 기원전 3,000년경에 발전하였는데 이보다 약간 먼저 메소포타미아 지역에서 썼다는 쐐기문자(설형문자)나 좀 늦게 중국 요하 지역에서 썼다고 보는 갑골문자도 사물의 모양을 따서 만든 글자라는 점에서 상형문자라 할 수 있다. 이러한 사실들 역시 기록에 의한 것이 아니라 유물에 의해 판단한 것이기 때문에 앞으로 새로운 유물이 발견되면 고쳐 써야 할 일들이다.

초기 상형문자의 이름들은 대개 한두 마디의 음절이었다. 그중 두 음절로 된 이름은 한 음절로 단순화되고 그러다 보니 같은 음을 내는 글자들이 많아져 그중 하나만 남게 되었다. 이렇게 단순화된 글자의 이름도 더 단순화되어 음절의 첫 자음만 쓰게 되었다. 예를 들어 히브리 사람들은 소를 로 그리고 '알레프'라 부르다가 '알'로 줄여 부른 것이다. 이것은 더 줄어 '알'의 첫소리(자음)만 써 놓고 '알'이라고 읽는 식이다. 이렇게 자음만 쓰는 문자를 '자음문자(Abjad)'라 하는데 이런 유형의 글자는 지금까지 살아남아 아랍어와 히브리어 문자가 되어있다.

페니키아 상인들은 22자의 자음문자만 골라 썼는데 이를 페니키아 알파벳, 혹은 페니키아 압자드라 부른다. 이는 그리스-로마를 거쳐가며 모음자 몇 개를 더해 지금의 라틴 알파벳으로 진화하였다. 라틴 알파벳 중에는 영어 알파벳이 대표격이라 알파벳이라 하면 대개 영어 알파벳을 생각한다. 영어 알파벳은 상형문자로부터 출발한 서양문자 발전과정의 종착역이라 할 수 있다.

라. 훈민정음

자음문자(Abjad)는 글자에 모음부호를 추가해 다른 갈래의 발전을 보였다. 즉 말소리를 자음만으로 표현하기에 불편을 느껴 글자에 모음을 나타내는 특수 부호를 붙이게 되었는데 이를 아부기다(Abugida)라 하여 현대에도 인도 지방의 여러 언어로 쓰이고 있다. 한편 중국 요하지방에서 발견된 갑골문자는 한자로 발전하여 지금에 이르렀으며, 글자의 일부를 따서 일본의 가나를 만들게 되었다.

이상이 인류가 그림으로부터 시작하여 문자의 양대 산맥을 이루는 알파벳과 한자로 '진화'한 내력이다. 진화라는 것은 당면한 문제만을 해결해 나가는 과정이라, 현 상황에서 느끼지 못하는 단점은 고칠 수 없어 완벽한 결과로 발전하지 않을 수 있다. 알파벳이 세계 최고의 문자가 되어 명실상부한 세계문자로 쓰이고 있지만 아직 여러모로 부족하고 불편한 점이 많은 것은 이 때문이다. 현대 한자도 오랜 진화의 결과물이지만 아직도 불편한 점이 많다는 것도 마찬가지이다.

진화를 뛰어넘을 수 있는 해법은 발명이다. 600년 전 조선의 세종대왕은 진화를 뛰어넘는 발명으로 훈민정음을 창제하였다. 훈민정음은 진화된 문자가 아니라 한 천재가 만들어 낸 인류가 꿈꿀 수 있는 최고의 문자이다.

이시이 대륙의 동쪽 끝에 자리 잡은 조선이란 나라는 오래전부터 고유의 말을 가진 독립적인 문화를 이루고 있었지만 말을 적는 문자가 없이 중국의 한자로 의사를 표현하고 있었다. 즉 사람들은 자기네의 말로 소통은 하였지만 그 말을 글자로 표현할 길이 없어 말의 뜻을 한자(漢字)를 통하여 간접적으로 표현해야 했다. 더구나 백성들의 대부분은 한자를 배울 수 없어 하고자 하는 말이 있어도 그 뜻을 펼칠 수가 없었다. 15세기 중엽에 나타난 세종대왕은 이를 불쌍히 여겨 누구나 하고자 하는 말을 글자로 표현할 수 있도록 훈민정음이라는 새로운 문자체계를 발명하였던 것이다. 당시 조선인들이 쓰고 있던 말은 오랫동안 문자 없이 지내기 위해서였는지 확실치 않지만 음가가 매우 넓게 발달되어 있어서 훈민정음은 이 음가를 체계적으로 표현하기 위해 표음 범위를 넓게 잡아야 했으며 한발 더 나아가 세상의 모든 발음을 표현하도록 만들었다.

세종대왕은 아부기다(Abugida)의 일종인 데바나가리의 음운구조를 기초로 하고 인간의 모든 말소리를 직접 표기하되 누구나 쉽게 배워 무슨 소리라도 정확히 표현할 수 있는 인류가 더 이상 바랄 수 없는 문자체제를 만들어 내었다. 그러나 훈민정음은 조선이라는 폐쇄적인 나라에 갇혀 그 이기를 인류에게 전파하지 못하고 있다가 나라마저 일본에 강점되고 말아 훈민정음은 지하에 묻히게 되었다.

마. 한글로 다시 태어난 훈민정음

나라를 잃은 조선인들은 일제의 감시 속에서 훈민정음을 간소화하여 한글로 재생시켰으며 나라도 독립을 찾아 한글은 대한민국의 문자가 되었다.

아래 그림은 지금까지 살펴 본 바와 같이 사람의 생각이 주로 말과 글자로 표현됨을 보이고 그 글자들은 어떤 경로를 거쳐 진화했는지, 그리고 훈민정음과 한글은 이렇게 진화된 글자들과 어떤 관계를 갖는지를 보여 준다.

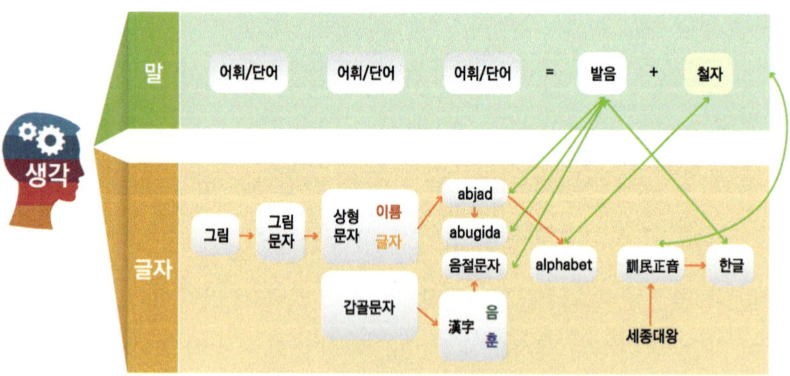

그림 1.3 생각의 표현방법과 문자의 진화

일제에서 해방 된 조선인들은 대한민국을 수립하여 눈부신 경제발전을 이루고 한글 기반의 문화를 창달시켜 이들이 만들어 내는 한류는 세계 문화 속으로 뻗어나가게 되었다. 때를 맞추어 ICT 기술이 폭발적으로 발전하였고 인공지능(이하 'AI')과 함께 과학문물이 무섭게 발전하고 있어 앞으로 인류가 AI의 위력에 매몰될 가능성마저 우려되고 있다. 이 폭발적인 세계 문명의 발전 속에서 인류가 만들어 낸 최고의 문자 한글은 어떤 역할을 해야 할 것인지, 특히 AI와는 어떤 관계를 갖도록 해야 할 것인지를 심각히 고민해 보아야 한다.

이 책에서 그 해답을 찾아보고자 노력할 것이다.

1.3 문자의 진화와 발전

앞 절에서 개괄적으로 보인 문자의 발전 과정을 보다 구체적으로 살펴보도록 한다.

가. 그림문자의 등장

인류는 의사소통을 위해 자주 그림을 그리게 되었고 자주 그려야 하는 그림은 되도록 간단하게 그리려 했다. 예를 들어 이집트 사람들은 황소를 로 그렸다. 이렇게 의사를 표시하는 간단한 그림을 그림문자라고 한다. 그림문자는 뜻을 전달하지만 발음이 없어 읽을 수가 없다. 요사이 우리가 보는 교통표지는 전형적인 그림문자이다.

나. 상형문자

그림문자의 사용이 늘면서 그림에 이름을 붙이기 시작했다. 예를 들어 은 로 단순화시키고 이를 '알레프'라 불렀다. 즉 그림문자가 이름을 갖게 되었고 그 이름이 그 글자의 발음으로 쓰이게 되었다. 이렇게 그림문자가 소리와 결합한 것이 바로 상형문자이다.

상형문자(hieroglyphics)라면 으레 고대 이집트의 글자를 생각하게 된다. 기원전 3,000년경에 만든 것으로 보이는 소위 나르메르 석판은 그림기호뿐 아니라 음성화된 기호를 보여주고 있어 이때 그림문자에 음성기호까지 붙은 상형문자가 사용되고 있었음을 알 수 있다.

그림 1.4 나르메르 석판의 앞뒤 그림

다. 쐐기문자

수메르 지역은 이집트보다 약 500년 앞서 상형문자의 일종인 설형문자(쐐기문자, cuneiform)를 쓰고 있었음을 보이는 유적이 발견되었다. 이 지역은 돌이 없는 지역이라 진흙판을 말려 그 위에 쐐기모양의 인장으로 눌러 글자를 새겼기 때문에 쐐기문자라고 한다. 티그리스강과 유프라테스 두 강 사이에 발달한 메소포타미아 평야의 남부 수메르 지역은 자연 조건이 좋아 8,500년 전부터 인류 최초의 문명이 탄생하여 1년을 열두 달, 하루를 24시간으로 하는 태음력과 한 시간을 60분, 1분을 60초로 나누는 60진법, 원을 360도로 나누는 기술을 이루었다.

5,500년 전(기원전 3,500년 경)에 이들이 사용한 설형문자는 이미 모양이 상형문자의 형상을 찾아보기 어려울 정도로 세련되어 있었고 형상과 연관된 발음을 갖고 있었다. 즉 쐐기문자는 초기에는 상형문자였지만 이때는 표음문자가 되어있었다는 말이다. 상형문자가 표음문자로 발전하면 동음절자(同音節字)들은 하나만 남고 없어져 글자 수가 줄어들게 마련이다. 쐐기문자도 1,000자에서 600자 정도로 줄었다는데 이는 기원전 3,000년 전의 유적을 분석한 것이고 그 이전에는 몇 자였는지 알 수 없다. 기원전 2,800년경에는 글자를 왼쪽으로 90도 회전시켜 오늘날 왼쪽에서 오른쪽으로 읽는 규칙의 계기가 되었다. 수메르 문자는 자음과 모음의 결합으로 음절을 이루지만 자음과 모음의 형태가 음절에 따라 변하여 한글처럼 자모를 식별하기가 어렵다.

기원전 2,500~2,000년 사이에 수메르의 문자기술은 복잡한 역사적·문화적 작품도 만들 정도의 충분한 감각과 유연성을 갖추고 있었다. 이란의 즈그로스(Zgros) 산맥의 카만사(Karmansha) 절벽에 새겨진 베히스탄의 마애비(磨崖碑), 길가메시(Gilgamesh)의 서사시, 니느위(Nineveh)의 설형문자비, 유프라테스 상류의 하란 지방에서 발굴한 마리 왕궁터의 설형문자 점토판 등 50여 만 점은 당시의 작품이며 함무라비(Hammurabi) 법전도 당시의 쐐기문자로 기록되어 있다.

아래 그림은 각각 '머리'와 '입'을 뜻하는 수메르의 그림문자가 설형문자로 진화하는 과정을 보여 준다. 첫째 행은 그림문자인데 머리는 사람의 머리에 눈을 그려 표현하였고 입은 눈 대신 입을 그려 넣은 것이다. 둘째 행에서는 그림을 90도 회전시켰고 세 번째 행에서는 이를 쐐기 문양으로 고치고 이름까지 붙여 설형문자가 된다. 그 후에는 이를 단순화하여 머리는 눈 표시로 (I)를, 아래 그림(입)에는 (〈)를 삽입시켰다.

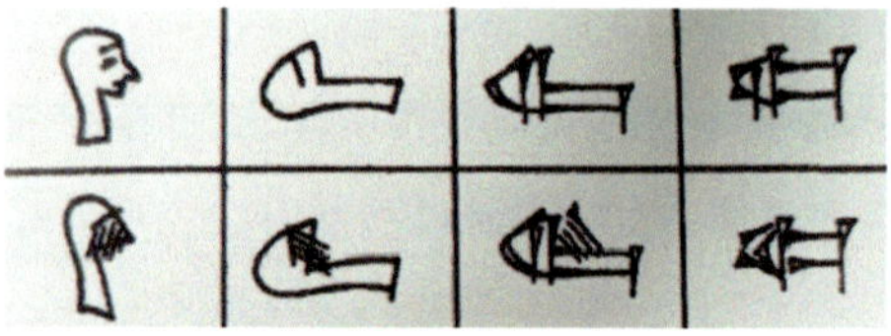

머리 /sag/

입 /ka/ , 말하다 /dug/ .

(머리)는 '싸그'라 읽고 (입)은 '카'라고 읽는다. '입' 글자는 '말하다'의 동사로도 쓰는데 이때는 '두그'라고 읽는다. 이렇게 글자가 소리를 나타내게 되고 그 소리로 뜻을 전달하게 된다.

라. 미완성의 표음문자

고대의 수메르어는 단음절 어휘가 주종을 이루고 있어서 설형문자의 대부분이 단음절이었다. 혹 다음절 문자도 있었지만 첫음절만 읽는다든지 아니면 단음절 글자로 나누어 읽는 버릇이 생겼다. 예를 들어 위의 를 '두그'라고 읽는 대신 '두'라고만 읽거나 아니면 '두' 발음과 '그' 발음을 같은 발음의 다른 글자로 대치하여 '두'와 '그'를 별개로 표기했다는 말이다.[4] 그렇다 해도 쐐기문자는 완벽한 표음문자였다고 할 수는 없다.[5] 왜냐하면 '두그'의 '그'가 '사그'의 '그'와 같지 않을 수도 있었기

4 '두그'는 단음절로 여겼을 것이므로 이 예는 단지 저자가 설명을 위해 만들어 낸 것이다.

5 로마자도 글자 하나가 하나의 소리를 내는 것은 아니어서 이런 뜻에서 완벽한 표음문자라고 할

때문이다. 표음문자라면 글자 하나가 소리 하나만을 나타내며 그 소리를 나타내는 글자는 하나뿐이어야 하기 때문이다.

이 글자들이 음절로 읽히지만 음절문자라고 할 수도 없다. 왜냐하면 글자 하나가 두 개 혹은 그 이상의 음절로 읽힐 수도 있기 때문이다. 또한 음절문자라면 상기한 바와 같이 그 글자가 그 음절을 단독으로 대표해야 하는데 이 시대의 글자 수가 1,000개에 가까웠으므로 '싸그'로 읽는 글자가 또 있을지도 모른다. 후에 같은 발음의 글자들 중에서 하나만 살아남게 되면서 B.C. 3000년경에는 600자로 줄어들었다. 만일 당시 음절이 600개이고 글자 하나가 한 음절을 완벽히 대표한다면 음절문자라고 해야 한다. 그러나 그것을 입증할 수 없어 설형문자는 음절문자라고 단정하기는 어렵고 단지 표음문자에 다가서게 되었다 할 것이다.

이렇게 단음절 문자를 쓰다 보니 자연스럽게 하나의 음절이 하나의 글자로 표현된다는 인식을 갖게 되었고, 이것이 아래에 소개되는 자음글자(Abjad)의 시원이 된다.

마. 상형문자의 진화

당시 상형문자는 종교적으로만 사용되었고 일반인의 사용은 불허되다가 기원전 2,000년경에 문자를 단순화시킨 신성문자가 나와 행정적 경제적 목적에 사용되었다. 신성문자는 돌에 새겨지지 않고 파피루스(갈대식물 잎)에 붓으로 썼다. 기원전 7세기에는 서체가 다른 대중용 '민중문자'가 나왔고 신성문자도 사제들 간에 사용되어 필사체인 수기문자가 파생

수는 없다. 그러나 단어를 이룰 때 구성 글자들이 각각 일정한 발음을 나타내므로 완벽하지는 않지만 기능적으로 표음문자라 보고 있다.

되었다. 상형문자는 기원후 4세기까지, 민중문자는 452년까지 쓴 기록이 발견된다.

그림 1.5 이집트 상형문자

이집트는 기원전 332년에 알렉산더에게 정복당하고 그 뒤로 로마의 기독교 시대를 보냈으며 7세기 이슬람의 정복으로 아랍화 되어 오늘날까지 아랍어를 쓰고 있다. 이런 과정에서 고대 이집트어는 지하에 묻히고 말았다. 이집트어는 구어로 B.C. 1,300년까지, 문어로는 기원후 450년까지 사용한 흔적이 있다.[6]

6 그리스 문자는 고대로부터 단절 없이 사용되어 어느 시대에도 해석이 가능하였고 이를 통해 로제타 석비에 쓰여 있는 상형문자가 해독되었다. 로제타 석비는 1799년 발견되어 샹폴리옹이 1832년 죽을 때까지 연구하여 해독하였다. 결국 2,000년 전 이집트 문명이 모두 백일하에 드러났다. 이처럼 상형문자와 설형문자는 유럽 학자들에 의해 필사적인 연구가 지속되어 해독되었다. 그러나 연구에도 불구하고 결국 밝혀내지 못한 것과 연구조차 시도되지 않은 옛 글자가 많을 것이다. 동방의 간지스문자도 하나의 예이다. 한자는 일관되게 발전해 왔기 때문에 글자의 난해함에도 불구하고 거의 전부 해독되었다.

바. 상형문자의 해독(解讀)

상형문자를 해석할 수 있었던 것은 당시 세워진 로제타 석비 덕분이었다. 로제타 석비에는 같은 내용의 칙령이 상형문자인 신성문자와 민중문자, 그리고 고대 그리스어로 새겨져 있었는데 고대 그리스어는 해독이 가능하여 이를 통해 다른 문자도 읽을 수 있었던 것이다.

로제타 석비(Rogeta Stone)

로제타 석비는 기원전 196년 프톨레마이오스 5세 에피파네스 때에 칙령을 새겨 넣은 화강섬록암의 석비로 멤피스에 세워졌으나 1799년 베헤이라주 로제타 마을에서 나폴레옹의 이집트 원정군 장교인 피에르 부샤르가 발견하였다. 이 석비에는 같은 내용의 칙령이 위에서부터 신성문자, 민중문자, 고대 그리스어로 쓰여 있어서 1822년에 장프랑수아 샹폴리옹과 토머스 영이 고대 그리스어를 통해 이집트의 상형문자를 해독할 수 있었다.

그림 1.6 로제타 석비

그는 26개 이집트 상형문자의 의미와 음가, 용법을 밝혀내고 이집트 상형문자가 음가를 나타내는 표음문자와 뜻을 표현하는 표의문자, 그리고 그림문자 등 세 가지 요소가 복합돼 이뤄졌다는 사실도 밝혀냈다. 또한 민중문자와 신성문자가 외래어의 고유명사를 표기할 때뿐 아니라 이집트 고유 단어를 적을 때에도 독음을 적었음을 밝혀냈다.

사. 한자와 음절문자(Syllabary)

한자의 기원으로 알려진 갑골문은 1899년 왕명에 의해 상나라 수도 자리인 안양현 소둔촌(현재 산동반도의 안쪽지역)에서 최초로 발견되었다. 사용되었던 뼈의 연대는 기원전 1,200년경으로 분석된다. 4,600자 중 현재 1,700자가 해독되었다. 그러나 이보다 1,000여 년 전, 즉 기원전 2,200여 년경 상나라 때부터 주나라 시대까지 금문(Chinese bronze inscriptions)이 사용되고 있었던 것으로 알려져 사실 갑골문은 금문이 사용되던 도중에 한때 상나라에서 사용되던 것이라 주장된다. 금문은 주로 청동기물에 주조되어 있어 종정문(鍾鼎文)이라고도 한다. 갑골문이나 금문은 한자와 다른 글자가 아니라 그 시대에 쓰이던 글씨체를 말하는 것이다.

갑골문은 점을 치거나 단편적인 사건을 기록하는데 사용된 데 비해 금문은 초기에는 인척관계를 설명하는데 사용되었으나 글자의 수가 많아지면서 정벌, 책명 등 왕가의 중요 사건과 계약, 사전 등에 쓰인 기록이 있다. 다른 상형문자들처럼 한자도 초기에는 말을 적는 글자가 아니었다.

한자	馬 말마	虎 호랑이호	豕 돼지시	犬 개견	象 코끼리상	龜 거북귀
금문	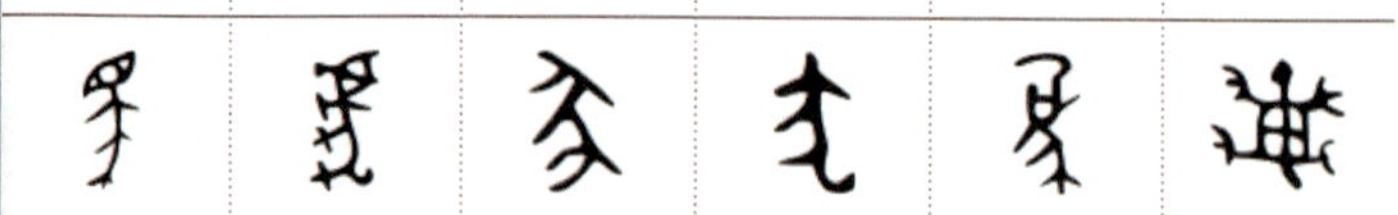					
갑골문	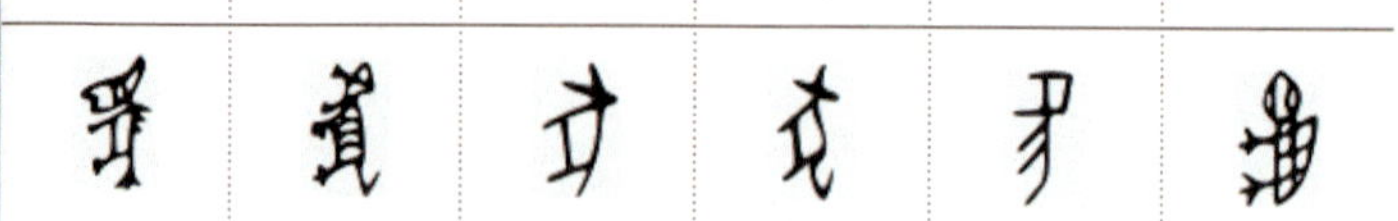					

그림 1.7 금문, 갑골문, 한자의 모습

헨리 로저스(Henry Rogers)[7]는 갑골문도 '상형문자(Pictogram)'라고 하였다. 즉 그림에 가깝고 발음도 있었다는 것이다. 그러나 갑골문이 발음기호로 쓰여졌다고는 생각되지 않는다. 뜻글자였기 때문에 문장을 만들고 이를 소리를 내 읽을 수는 있었어도 그 발음으로 말소리를 표현하지는 않았을 것으로 보인다. 서방의 상형문자들이 현대 문자들의 기원이 되었듯이 갑골문 역시 진화하여 현대 중국 한자로 발전하였고 일본 문자 가나와 한국 문자인 훈민정음에 직간접으로 영향을 주었다.

일본 가나(かな, 仮名)는 특정 한자의 음과 특정 획을 선택해 만든 음절문자이다. 예를 들어 '가나'의 '가(か)'는 한자 '가(加)'의 모양뿐 아니라 음까지 택한 글자이다. 이처럼 단위 글자가 고유의 발음을 갖는 경우 '음절문자'(Syllabary)라 한다. 한자(漢字)는 뜻글자(표의문자)이지만 글자 하나의 발음이 하나의 음절로 표현되므로 음절문자라고 할 수 있다. 그 밖의 음절문자로는 Cherokee, Vai, Ndyuka 등 언어의 문자를 들 수 있다.

고대 문자	물고기	새	도끼	화살	병
메소포타미아의 쐐기문자 5,500년 전에 600자의 표음문자로 발전					
이집트의 상형문자 5,000년 전 그림문자에서 상형문자로 발전(자음만 사용)					
중국 은나라의 갑골문 3,200년 전 사용					

그림 1.8 각 문명 발상지에서 사용되었던 상형문자: 물체의 상형을 보이고 있음.

7 헨리 로저스(Henry Rogers), 『문자의 세계(Writing Systems)』, 2005.

위 그림은 인류 문명 발상지에서 발전한 이들 상형문자의 초기 모습을 보인다. 중국에서 발견되는 갑골문자도 역시 상형문자였다.

아. 자음문자(Abjad)

당시 명사는 대개 한 음절이었는데 여러 음절인 명사를 나타내는 상형문자의 경우에는 주로 첫음절만 사용하였다. 예를 들어 '알프레'는 '알'만 쓰는 식이다. 초기의 상형문자는 약 1,000여 개의 음절문자였는데 이들의 발음이 자주 쓰이게 되면서 같은 음절의 문자들은 하나로 통합되어 수백자로 줄어들었다. 다음 단계에서는 이들 음절의 첫 자음(우리말의 초성)만을 택해 쓰게 되어 같은 자음으로 시작되는 음절은 모두 하나로 통합되었다. 가상적인 예를 만들어 보자면 가, 거, 고, 구 등 'ㄱ'으로 시작되는 음절을 모두 'ㄱ'으로 통일하고 읽을 때는 늘 쓰는 대로 발음했다. 예를 들어 '고기'라는 단어가 있다면 이를 'ㄱㄱ'으로 쓰고 실제로 읽을 때는 '고기'라고 읽는 것이다. 우습게 보이겠지만 이렇게 자음만 적는 문자를 '자음문자'(Abjad)라 하는데 지금도 아랍과 이스라엘에서는 자음문자가 쓰이고 있다. 근래 들어 이들 문자에도 모음 부호가 추가되어 사용되지만 익숙한 사람들은 이들 부호 없이 사용한다. 아래 그림은 아랍문자인데 아래위로 모음부호가 붙어있는 것을 볼 수 있다. 사용되는 모음은 3개인데 장단이 구별된다.

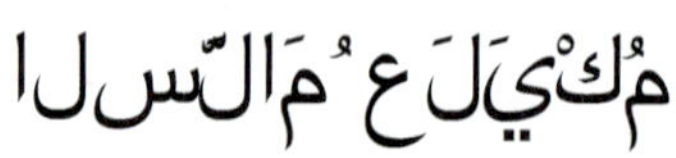

그림 1.9 아랍어의 모습, 아쌀라무 알라이쿰(당신에게 평화를)

이스라엘어인 히브리어는 5개의 모음을 쓴다. 모음부호는 아래, 위 혹은 글자 안에 붙여 쓴다. 아래 그림은 히브리어의 모양을 보여준다.

בִּטְחוּ בַאֲדֹנָי עֲדֵי־עַד

בִּטְחוּ בַאֲדֹנָי עֲדֵי־עַד

그림 1.10 히브리어 문장의 모습

자. 라틴 알파벳

약 3,000년 전 지중해에서 배를 타고 다니며 무역을 하던 페니키아 상인들은 여러 지방의 주민들과 상거래를 하기 위해 간단한 문자가 필요해 쐐기문자 중에 22자만을 선택한 자음문자를 사용했다. 이것을 페니키아 압자드 혹은 페니키아 알파벳이라고 하는데 이것이 그리스에 들어가 모음자를 더해 그리스 알파벳이 되고 로마 문명을 거쳐 현대의 26자 라틴 알파벳으로 발전하였다. 그림-그림문자-상형문자-압자드의 과정을 거쳐 라틴 알파벳이 생긴 것이다.

그림 1.11 알파벳의 원조 페니키아 압자드

차. 라틴 알파벳의 성취

라틴 알파벳은 현대문명의 꽃을 피웠으며 사실상 세계 문화를 지배하고 있다. 이렇게 볼 때 라틴 알파벳은 가장 성취된 문자임에 틀림없다.

그렇다면 라틴 알파벳이 정말 문자 발전의 종착역이라 할 수 있을까?[8]

문자 발전의 과정을 돌이켜 보면 그림문자에 발음을 붙여 상형문자가 되고 상형문자의 모양과 발음이 간소화되고 숫자까지 줄어 자음문자(abjad)가 되고 이것이 정제되어 페니키아 알파벳으로 발전했다. 페니키아 알파벳은 그리스와 로마의 문명을 거치면서 각각 그리스 알파벳이 되고 결국 로마자로 발전된 것이다. 로마자는 영국과 미국의 문명을 흡수하며 오늘날의 라틴 알파벳이 된 것이다. 여기까지 살펴 보면 라틴 알파벳이 문자 발전의 종착역이라는 생각이 들 수 있다.

라틴 알파벳이 문자로서 자음문자에 비해 우월한 점은 모음이 독립된 글자로 자기의 음가를 가짐으로써 표음 기능을 높였다는 것이며 이 때문에 독일이나 프랑스, 스페인 등 라틴계 언어뿐 아니라 인도네시아나 베트남처럼 아시아 국가들의 언어까지도 표기하게 되었다. 또한 이들 나라처럼 자국의 언어를 공식적으로 표기하지는 않더라도 일본이나 우리나라처럼 자국어의 로마자 표기법을 따로 만들어 쓰게 되었다. 이렇게 세계 모든 나라가 로마자로 자국어를 표기할 수 있게 되어 사실상 로마자는 명실상부한 세계문자가 된 것이다.

더구나 로마자가 주도하여 ICT와 AI가 개발되어 현대 문명을 만들어 내고 또 이끌어 가고 있는 사실을 음미해 볼 때 이제 더 이상의 문자 발

8 추후 이에 대해 진지한 논의를 하고자 한다.

전이 필요할 것인지에 대한 의문을 가지게 한다.

1.4 라틴 알파벳은 문자 발전의 종착역인가?

가. 로마자 성공의 배경

위에서 본 로마자는 표음 기능이 우수하고 도형이 단순하여 배우기 어렵지 않은 등의 강점으로 오늘날의 성공을 거두었지만 이와 함께 다른 요소가 작용되었다고 보인다.

첫째, 문자의 주인이라 할 수 있는 미국과 영국을 비롯한 영어 사용국들의 국력과 국제적 영향력이 막강한 점을 들 수 있으며, 둘째, 문자의 언어학적 주인인 영어의 위력이 큰 영향을 주었다고 할 수 있다. 영어의 위력도 물론 사용국들의 배경에서 오는 바도 있지만 언어 자체가 고대부터 서구 세계의 발전을 이끌어 오면서 엄청난 어휘를 담게 되었으며 게다가 문법이 비교적 까다롭지 않아 누구나 어렵지 않게 입문할 수 있다는 강점이 있다. 문자만을 놓고 분석해 볼 때에도 로마자의 글자 모양이 단순하여 인식하기 쉬우며 따라서 배우기가 어렵지 않다는 것이다.

그러나 단점이 있는 것도 사실이다.

나. 로마자의 한계

첫째의 단점은 글자의 발음이 일정치 않아 언어의 소리를 직접 표기하지 못하고 단어를 이루어야 비로소 발음이 정해진다는 것이다. 따라서 영어 문장을 읽으려면 각 단어의 발음들을 별도로 알아야만 하는 것이다. 예를 들어 'c' 자의 음가는 cat에서는 'ㅋ'이지만 city에서는 'ㅆ'이다. 마찬가지로 'g'는 'ㄱ'이나 'ㅈ'일 수 있고 'k'는 통상적으로 'ㅋ' 발음을 내지만 know에서는 아무 음가를 내지 않는다.

모음의 문제점은 더욱 심각하다. 'a'는 아래에서 보인 8개의 단어에서 각각 다른 발음을 낸다.

image, base, patent, age, warrant, install, many, achieve

즉 image에서는 a를 '이'로 읽어야 하며 base에서는 '에이'로 읽어야 하는 등이다. 'o'와 'u'도 7개 이상의 발음을 낼 수 있다.[9]

"o": subpoena, embargo, boycott, covert, bosom, tomb, opposition, acronym

"u": emulate, fulfill, truce, burial, business, dump, suggest

즉 자음이나 모음에서 공통적으로 발견되는 문제점은 음역(音域)이 국한되어 있다는 것이다. 자음의 경우 스페인어나 불어에서 많이 쓰이는 'ㄲ', 'ㄸ', 'ㅃ' 등의 된소리를 표기하지 못하며 모음은 'ㅡ' 발음을 표기하지 못해 우리말의 'ㅡ', 중국어의 'ㅡㅓ' 등의 발음을 표현하지 못한다.

이러한 표음 기능의 결함은 알파벳[10]이 세계문자로서의 기능을 제한하고 있다. 결국 로마자는 쓰고자 하는 측의 요구는 충족시키지만 세계문자로서는 부족하다는 것이다.

9 박양춘, 『한글을 세계문자로 만들자』, 1995.

10 '로마자'나 '라틴 알파벳'이라고 할 때 대부분 '영어 알파벳'을 의미하며 단순히 '알파벳'이라 해도 통상 영어 알파벳을 의미한다.

이제 세상에는 AI 혁명이 엄습해 오고 있으며 이 과정이 진행됨에 따라 영어의 위력이 더욱 커질 것이다. 그러나 동시에 영어와 영어 알파벳이 갖는 제약성이 더욱 심각하게 표출될 것이다. 결국 AI는 세계 모든 언어를 포용할 수 있는 문자와 언어를 구사할 필요에 직면하게 된다.[11] 다시 말해 로마자를 넘는 세계문자와 영어를 초월하는 세계어를 필요로 하게 될 것이다.

1.5 아부기다(Abugida)와 훈민정음

가. 모음부 자음문자, 아부기다

자음문자(Abjad)는 모음이 보이지 않거나 극히 제한적으로 보이기 때문에 숨겨진 모음을 모르는 사람은 읽을 수조차 없다는 것이 약점이었는데 알파벳은 모음자를 독립시켜 이 약점을 피할 수 있었다. 그러나 앞 절에서 본 바와 같이 알파벳 역시 모음 문제를 완벽히 해결하지는 못하였다. 모음 기능을 만족할 만한 수준으로 보강한 문자가 아부기다(Abugida)이다. '모음부(付) 자음문자'라 칭할 수 있다.

대표적인 아부기다 문자인 데바나가리(Devanagari)는 오래전부터 산스크리트어를 표기하였으며 현대에는 힌디어, 카슈미르어, 마라티어, 네팔어 등에 쓰인다. 데바나가리에 특별한 흥미가 가는 것은 그 음운체계가 훈민정음의 음운체계와 거의 일치하기 때문이다. 데바나가리는 기원전

11 세계문자와 세계어의 조건을 충족시키는 한글과 한국어에 대한 논의가 제7장에 펼쳐진다.

1,500년경부터 사용되었으니 시기적으로 보아 세종대왕이 아부기다의 음운체계를 채택한 것이 분명하다.

나. 데바나가리는 훈민정음의 선조

데바나가리의 자음은 35자인데 발음부위에 따라 아치설후순(牙齒舌喉脣)으로 분류되어 훈민정음의 아설순치후와 순서만 다르다. 또한 발음방법에 따라 불송기청음, 송기청음, 불송기탁음, 송기탁음, 비음으로 분류되어 훈민정음의 전청, 차청, 전탁, 불청불탁의 분류와도 유사하다.[12] 모음은 열 종류가 있으며 여기에 아홉 종류의 모음 부호와 비음, 무성기음 기호에 생략을 나타내는 몇 가지 기호, 숫자 10개로 구성된다. 자음과 모음이 어우러져 음절을 이루도록 되어 있지만 훈민정음처럼 종성(終聲)은 없다. 자음은 '아' 모음이 내재되어 있고 다른 모음과 붙을 때는 모양이 변한다. 예를 들어 '아' 모음이 독립적으로 쓰일 때는 अ이지만 '카'는 क이고 '키'는 कि, '쿠'는 कु이다. 다른 음절들의 예를 아래 표에 보인다. 아래 그림은 데바나가리(힌디어)의 모습을 보인다.

आप कैसे हैं

그림 1.12 힌디어(데바나가리), 아압카이세하인(안녕하십니까?)

12 심소희, 「정음관의 형성배경과 계승 및 발전에 대하여」, 한글학회, 1996. 12.

	a	ā	i	ī	u	ū	e	ai	o	au	aṁ	aḥ
	अ	आ	इ	ई	उ	ऊ	ए	ऐ	ओ	औ	अं	अः
k-	क	का	कि	की	कु	कू	के	कै	को	कौ	कं	कः
kh-	ख	खा	खि	खी	खु	खू	खे	खै	खो	खौ	खं	खः
g-	ग	गा	गि	गी	गु	गू	गे	गै	गो	गौ	गं	गः
gh-	घ	घा	घि	घी	घु	घू	घे	घै	घो	घौ	घं	घः
ṅ-	ङ	ङा	ङि	ङी	ङु	ङू	ङे	ङै	ङो	ङौ	ङं	ङः
c-	च	चा	चि	ची	चु	चू	चे	चै	चो	चौ	चं	चः
ch-	छ	छा	छि	छी	छु	छू	छे	छै	छो	छौ	छं	छः
j-	ज	जा	जि	जी	जु	जू	जे	जै	जो	जौ	जं	जः

그림 1.13 데바나가리 자음과 모음의 조합(일부)

다. 훈민정음은 문자 발전의 종착역

지금까지 데바나가리 문자의 특징을 간단히 살펴보았다. 그러면 세종대왕이 여기서 무엇을 가져오고 무엇을 창안해 냈는지 몇 가지 짐작해 본다.

첫째, 구강 내에서 소리가 어떻게 만들어지는지, 즉 음운체계는 대체로 그대로 받아들였으며 한 걸음 더 나아가 소리가 만들어지는 부위의 모습을 따라 자음 글자의 모양을 정한 것은 세종대왕의 독창적 아이디어였다.

모음이 합쳐져 음절이 되는 것을 살렸으며 한 걸음 더 나아가 종성을 도입하여 초·중·종성이 합쳐져 음절을 만든다고 정의했다.

셋째, 자음과 모음이 합쳐지더라도 각자가 본래의 모습을 지켜 읽기 쉽게 만들었다.

넷째, 기본 자음을 35자에서 18자로 절반가량으로 줄이고 복잡한 모음도 부호와 기호, 숫자 등으로 이루어지는 복잡한 구조를 10자로 줄이되 합용병서를 도입하여 더 많은 음절을 더 쉽게 만들 수 있도록 하였다.

이상 상식선에서 간단히 살펴보았지만 이것만으로도 세종대왕의 과감하고 창의적인 개선을 거쳐 훈민정음을 만든 업적을 쉽사리 알아볼 수 있다.

유명한 세계 언어 연구기관인 에스놀로그(Ethnologue)에 따르면 한자까지 합쳐 세계에는 293개의 문자가 있다고 했는데 이들은 모두 유니코드(UNICODE)에 등재되어 있다. 그러나 이중 약 120종이 현재 사용 중이고 나머지는 휴면상태이다. 이들 120여 종의 문자시스템이 4,000여 언어를 표기해 주고 있으며 이 밖에 3,000여 개의 언어가 문자도 없이 사라져가고 있다. 가장 진화한 문자인 알파벳과 가장 완벽한 음운체계를 형성한 아부기다와 훈민정음을 비교 분석하면 문자 발전의 종착역을 찾아낼 수 있을 것이다.

문자의 기원이 서방에서 일어났지만 실제 문자 생활이 대중에게 보편화된 시기는 15세기 중반 이후 구텐베르크(Gutenberg, 1398~1468)의 인쇄술 발명과 종교개혁을 통해 성서가 각국의 언어로 번역되어 보급되면서 본격적으로 이루어졌다. 훈민정음의 창제도 15세기 중반이라 우리 문자의 대중화가 늦은 것은 아니었다.

1.6 훈민정음과 한글

앞에서 훈민정음은 서방세계 문자들처럼 상형문자에서 출발하여 진화된 것이 아니라 조선의 세종대왕이라는 천재 과학자가 백성들이 가장 쉽게 배워 쓸 수 있도록 새로 만들어 낸 인류 최고의 문자라는 것을 보았다. 그 훈민정음이 왜, 그리고 어떻게 하여 '한글'이라는 새로운 문자시스템으로 탈바꿈하여 지금 우리가 쓰게 되었는지 알아보자.

가. 한글의 탄생, 민족혼을 살리기 위한 주시경의 긴급처방

한말 나라의 운명이 구제할 수 없는 패망의 늪으로 가라앉고 있었다. 이 상황을 직시한 주시경 선생은 나라를 살려내려 하기보다는 이미 나라의 운명은 기울었다고 보고 우리의 말과 글을 살려 민족이 다시 살아날 희망의 끈을 놓지 말아야 한다고 굳게 믿었다. 그는 1898년 국어문법을 체계화하고 훈민정음 자모 28자 중 꼭지이응(ㆁ)과 반치음(ㅿ)과 여린ㅎ(ㆆ) 등 자음과 모음 하늘 아(ㆍ), 4개 글자를 뺀[13] 24개 자모를 기본 자모로 채택하였다. 그는 이를 서울에 있던 20여 곳의 학교를 정신없이 돌며 가르쳤다.

나. 한글이라는 이름

주시경이 기본 자모 수를 28자에서 24자로 줄인 이유는 이들이 별로 쓰이지 않았기 때문이기도 하지만 되도록 빨리 전파하려면 글자 수를 줄여야 한다고 생각했기 때문이었을 것이다. 이렇게 정리된 문자체계를 주시경이 언제부터 '한글'이라고 불렀는지는 확실치 않다. 다만 1913년 국어연구회 명칭을 주시경이 '한글모'로 고쳤다고 한다. 이것이 한글이란 이름이 공식적 기록으로 나타난 첫 사례이다(글상자 참조).

13 당시 《훈민정음 해례본》이 발견되기 전이어서 이들 글자에 대한 확실한 정보가 부족한 것도 한 이유였을 것이라 생각된다.

한글이란 이름은 어떻게 시작되었나?

'한글'이라는 명칭이 어떻게 생긴지에 대한 명확한 기록은 없다. 최현배는 주시경으로부터 비롯되었다고 추측하였으며 박승빈은 최남선이 짓고 주시경이 찬동하여 한글이란 이름이 확정되었다고 주장했다(박승빈에 대해서는 3.2절을 보라).

한글이란 이름이 공식적으로 나타난 것은 1913년 3월 23일 국어연구학회에서 임시 회장 주시경이 회의 명칭을 [한글모]라고 바꾸었을 때였다. 그 후 1927년 2월 동인지 《한글》이 간행되고, '가갸날'이라고 부르던 훈민정음 반포일을 1928년부터 '한글날'이라고 고쳐 부르게 되었다.[14]

다. 주시경(1876~1914)은 누구인가?

그림 1.14 주시경

개화기에 들어오면서 선각자들은 구국운동으로 우리글을 살려 발전시키려 하였다. 유길준은 1895년 《서유견문》에서 역사상 최초로 국한문을 혼용하여 언문이 일치하는 문장을 써서 세상을 놀라게 했으며 이듬해 서재필은 띄어쓰기까지 하는 순 한글로 된 '독립신문'을 창간했다.[15] 이 밖에도 지석영, 이익로, 최남선 등 많은 선각자들이 한글 발전을 위해 헌신하였지만 그중 단연 주시경 선생을 앞세우지 않을 수 없다. 주시경은 한마디로 450년 동안이나 음지에 있던 훈민

14 김흥식 지음, 「한글 전쟁」.

15 헐버트는 1889년 자신이 저술한 《사민필지》를 읽기 쉽게 하기 위해서는 띄어쓰기가 필요하다고 여겨 주시경과 상의해 도입하기로 했다고 한다. 이때 마침표도 사용되었다.

정음을 다시 발굴해 한글이라는 이름의 새 생명을 붙여 넣은 사람이다.

주시경은 1876년 황해도 봉산에서 서당 훈장의 아들로 태어나 11세에 사업가 백부의 양자로 가서 글방에 들어가 한학을 공부하였다. 16세 때 한문을 국문으로 해석하면서 한국어 연구가 필요하다고 느껴 18세에 배재학당에 입학해 만국지지 특별과를 거쳐 보통과에 입학해 영어를 접하게 되었고 선교사 헐버트(Hulbert, 1863~1949)[16]의 훈민정음 연구의 조수로 일하면서 영문법을 터득하게 되었다. 그 후 주시경은 1907년 지석영의 국문연구회 연구원으로 일 한 경험도 있어 헐버트의 영어 실력과 언문에 대한 관심, 그리고 지석영의 '신정국문'을 전수받았을 것이다.

한힌샘[17]은 원조 한글 전용 주의자였다. 말본(문법), 이름씨(명사), 느낌씨(감탄사) 등 학문 용어를 순우리말로 바꾸는 한편 자식들 이름까지 모두 순우리말로 고쳤다. 맏딸 송산은 솔메, 맏아들 삼산은 세메, 둘째 아들 백산은 흰메, 둘째 딸 춘산은 봄메, 셋째 아들 왕산은 임메, 그리고 자기 자신의 이름도 힌샘으로 고쳤던 것이다. 성씨도 고쳐야 할 것인가를 고민하던 끝에 안 될 이유가 무엇인가? 우리말로 크다는 뜻인 '한'이란 말이 있지 않은가? 하고 성까지도 '주'에서 '한'으로 바꾸었다. 그러므로 일부 자료에 한힌샘을 호라고 하는 것은 잘못이다. 호가 아닌 이름인 것이다.

나라의 운이 가물가물하던 1898년 당시 23세의 한힌샘은 독립협회에 가입하여 개화운동에 앞장서다가 조정의 탄압을 피해 시골에 숨어들게 되었다. 여기서 그는 나라를 살리기 위해서는 우선 국문을 제대로 발전시켜 보급해야 한다고 깨닫고 일생을 바치기로 결심하였다. 또한 한글을

16 호머 헐버트, 2.5절을 보라

17 주시경은 이름을 순 한글인 힌샘으로 고쳤는데 흰샘은 오기다.

보급해 놓으면 혹 나라가 망해도 그 얼은 살아있어 결국 독립하게 될 것이라 생각하고 즉시 '국어문법(1898)'을 체계화하고 배워줄 수 있는 곳이라면 어디나 찾아가 가르쳤다. 이화학당, 명신학교, 흥화학교, 외국인 연구소 등 자그마치 스무 군데가 넘는 장안의 거의 모든 학교를 돌면서 한글을 전파하였다.

라. 한글의 기본 자모는 각 10자

그는 한글 개혁가였다. 가로쓰기 운동의 창시자로 국어강습회에서 이를 강의하였고 수료증은 순우리말로 가로로 써서 만들었다. 뿐만 아니라 문자로서의 경쟁력을 위해 풀어쓰기도 주장하였다. 그는 한글을 분석하여 모음 6자(ㅏ·ㅓ·ㅗ·ㅜ·ㅡ·ㅣ)와 자음 10자(ㄱ·ㅇ·ㄷ·ㄴ·ㅂ·ㅁ·ㅈ·ㅅ·ㅎ·ㄹ) 도합 16자가 기본을 이룬다고 보고 나머지 글자들은 이들의 합성으로 얼마든지 만들 수 있다고 하였다. 모음 6자는 《훈민정음 해례》에 이미 설명된 바대로이지만 자음 10개를 뽑아 기본이라고 정리한 것은 처음 있는 획기적인 일이다. 이 주장은 빛을 보지 못했지만 10이라는 숫자가 예사 숫자가 아닌 점을 고려하면 지금이라도 살려내어야 할 엄청난 주장이다. 더구나 글쓴이는 기본 모음도 사실상 ㅣ, ㅏ, ㅓ, ㅡ, ㅗ, ㅜ, ㅐ, ㅔ, ㅚ, ㆍ(아래아 혹은 하늘아) 등 10개의 단모음이라고 주장한다. 다른 모음은 이들을 합성하여 얼마든지 만들어 낼 수 있기 때문이다. 그렇다면 기본적인 자음과 모음이 모두 10개씩이라는 주장이 성립하여 한글 음절을 모두 10개의 모음자와 10개의 자음자로 표현할 수 있게 된다. 이 얼마나 놀라운 일인가.

더욱 놀라운 것은 이들에게 번호를 붙여주면 모든 언어의 발음을 0부터 9까지 10개의 수치로 바꿔 놓을 수 있다는 놀라운 결론에 도달한다. 이는 세계 언어의 표기법과 ICT 기술에 혁명을 가져올 수 있는 주장이다. 이에 대해서는 제9장에서 자세히 논할 것이다.

1910년 8월 29일, 마침내 나라가 망하자 한힌샘은 몇 날 며칠을 땅을 치고 슬피 울었으며 1914년 만주로 망명을 결심했으나 떠나지도 못하고 7월 27일 39세의 나이로 타계했다. 1898년 배재학당에서 헐버트와 함께 국어문법을 체계화하고 전파하기 시작한 때부터 1914년까지 16년을 그는 그야말로 모든 것을 한글과 조국에 바쳤다.[18]

그의 가르침은 외솔 최현배(1894~1970) 선생이 이어받아 조선어 연구회(1921)와 그 후신 조선어학회(1931)를 이끌며 1933년 발표한 '한글 맞춤법 통일안'의 산파역을 했다. 최현배 또한 몸을 던져 한글운동을 지속하다가 1941년에 조선어학회 사건[19]으로 투옥되어 수감생활을 하던 중 1945년 8월 15일 광복을 맞았다.

그림 1.15 최현배

18 〈주시경의 유고〉
나라를 뺏고자 하는 자는 그 나라의 글과 말을 먼저 없이하고 자기 나라의 말과 글을 전파하며, 자기 나라를 흥성케 하고자 하거나 나라를 보전하고자 하는 자는 자국의 글과 말을 먼저 닦고 백성의 지혜로움을 발달케 하고 단합을 공고케 한다.

19 조선어학회사건(朝鮮語學會事件)은 일제강점기 말기인 1942년 일본 제국이 조선어학회를 항일 독립운동단체로 판단해 관련 인사들을 집단으로 체포 및 투옥했던 사건이다(나무위키, 「조선어학회사건」. https://namu.wiki/w/%EC%A1%B0%EC%84%A0%EC%96%B4%ED%95%99%ED%9A%8C%20%EC%82%AC%EA%B1%B4).

그림 1.16 독립신문

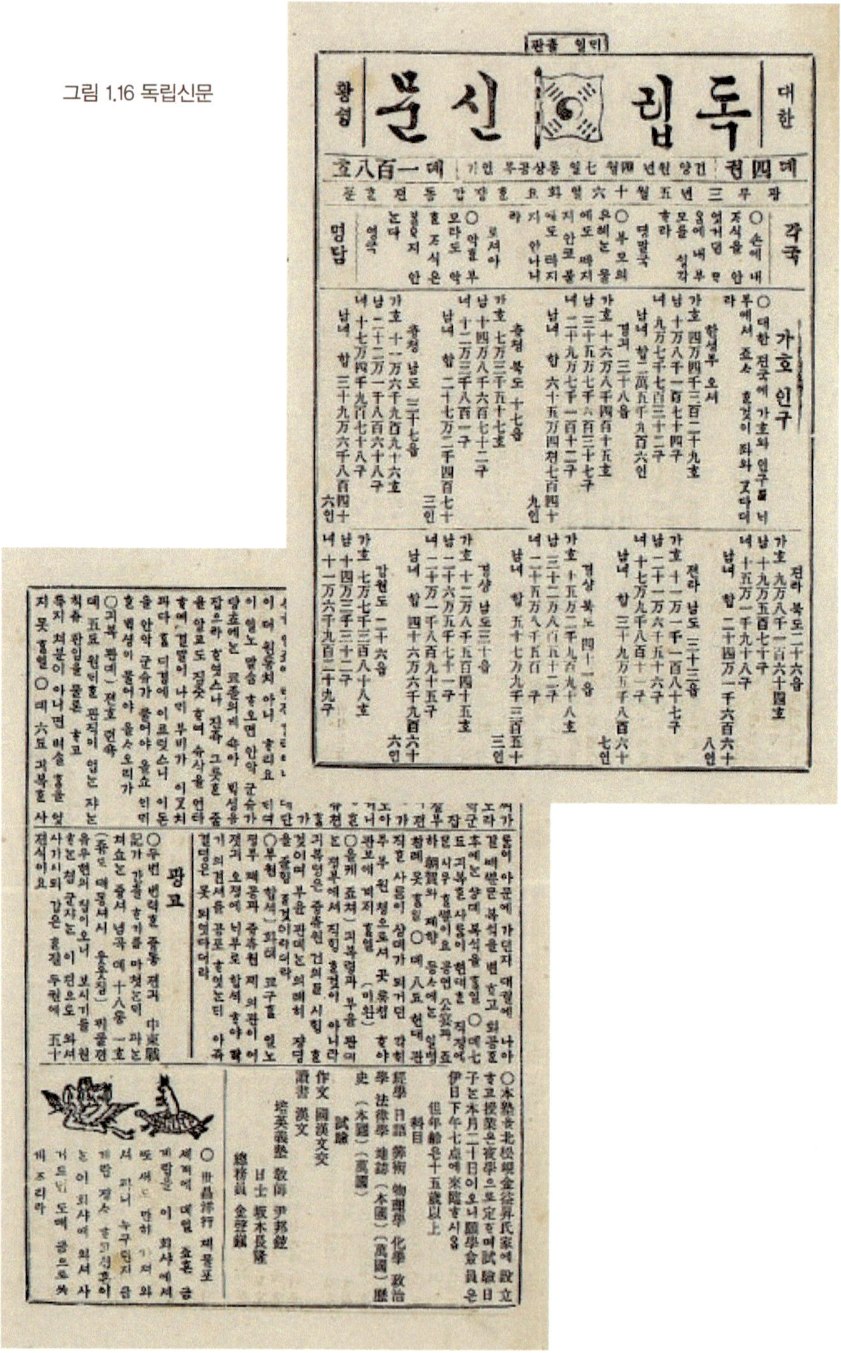
대한 독립신문 황셩

뎨四권 뎨一百八호

각국

가호 인구

광고

제2장

훈민정음

훈민정음은 어떻게 창제되고 어떤 대접을 받았나?

2.1 훈민정음 창제의 배경

인류의 문자는 상형문자에서 시작하여 자음문자(Abjad)를 거쳐 서양에서는 알파벳으로 발전하고 인도지역에서는 자음에 모음을 붙여 쓰는 아부기다(Abugida, 모음부 자음문자)로 발전하였다. 또한 한자는 중국 땅에서 역시 갑골문이라는 상형문자로 시작하여 한자로 진화한 후에는 아직까지 탈바꿈이 거의 없이 내용만 확장해 온 특이한 문자다. 이에 비해 훈민정음은 15세기에 아부기다의 음운체계를 기반으로 하지만 독립된 자음과 모음이 초·중·종성을 이루어 음절을 이루는 독특한 문자체계를 이루었음을 보았다. 그러면 세종대왕은 어떤 배경에서 훈민정음을 창제했는지 살펴보도록 하자.

가. 한자의 도래

중국 화북지방에 살던 동이족들이 B.C. 15세기에 쓰던 갑골문자는 그 후 한자로 발전해 지금까지 중국의 문자로 쓰여지고 있다. 한반도에 한자가 들어온 것은 B.C. 2세기 위만조선 때인 것으로 짐작된다.[1] 평안남도 용강군의 점제현 신사비는 기원전 80년경 한무제 때였으며 유명한 광개토대왕릉비는 장수왕 3년(서기 414년)에 세워진 것이다. 6~7세기에는 중국과 외교문서가 빈번히 오고 간 기록이 있어 이때에는 한자 사용이 궤도에 올랐던 것으로 보인다.

1 갑골문을 동이족이 만들었고 동이족이 우리 조상이라고 하지만 그렇다고 한자가 우리 글자라고 주장하는 데에는 비약이 있다. 동이족의 땅이 오래전부터 중국 영토이고 특히 한자는 줄곧 중국의 문자로 사용되어 왔으므로 한자가 우리문자라고 할 수는 없다.

한자가 들어오기 전에는 어떤 문자가 쓰였는지, 혹은 문자 없이 살았는지는 알 수 없다. 고조선 때에 가림토(다) 문자를 썼다는 주장이 있지만 확실한 기록이나 유적을 찾지 못해 공식적인 인정을 받지 못하고 있다.

한자가 들어 온 후에 우리 민족은 한자를 배워 의사를 표현하는 길이 생겼다. 그러나 한자는 왕실과 일부 특수층의 전유물이었고 일반 백성들은 한자를 배울 기회조차 없었다. 또한 한자를 배웠다 하더라도 우리말은 매우 폭넓은 음운체계를 가졌으므로 한자의 경직된 발음으로는 우리말을 표현할 수 없었다.[2] 그러나 글자라고는 한자밖에 없었으므로 중국인처럼 한자만으로 한문(漢文)을 만들어 의사를 표현하거나 아니면 한자의 발음으로 우리말의 발음을 표기하는 편법을 만들어 썼으며 그 방법을 조금씩 개선해 나갔다.

나. 구결 또는 입겿[3]

가장 먼저 시도된 방법은 한문에 우리말 토씨와 어미를 삽입하여 우리말의 구조에 가깝게 만들어 읽는 것이다. 이렇게 붙여 쓴 조사나 어미를 입겿 혹은 구결(口訣)이라 한다. 예를 들어

'天地之間萬物之中唯人最貴'를 그대로 읽으면 중국의 한문이다. 이들 한자의 뜻을 안다 해도 어떻게 띄어 읽어야 뜻이 통할 것인지 알 수가 없다. 이를 '天地之間萬物之中에 唯人이 最貴하니'로 읽어 우리말처럼 만드

2 현대 중국어 한자의 발음은 로마자 병음으로 표기되는데 최대 420자의 음절이 사용된다. 예를 들어 '가' 줄의 음을 보면 '가, 간, 강, 그어(거)' 등의 4개 발음뿐이어서 우리말의 각, 갈, 감, 갑, 갓 등의 음절은 표현하지 못한다.

3 이하 남영신, 『국어천년의 실패와 성공』, 1998. 참조

는 것이다. 그러나 우리 글자가 없었으니 '에'나 '이', '하니'를 한자 厓, 伊, 爲尼로 대신하여 '天地之間萬物之中厓 唯人伊 最貴爲尼'로 썼던 것이다. 여기서 厓(언덕 애), 伊(저 이), 爲尼(하 위/중 니) 등은 한자의 우리말 발음이거나 비슷한 발음, 혹은 爲처럼 훈의 음을 따서 쓴 것이었다.

다. 입겿의 발전

논어에 다음과 같은 문장이 나온다.

君子懷德小人懷土 君子懷刑小人懷惠
군자는 덕을 생각하고 소인은 땅을 생각하며 군자는 형을 생각하고 소인은 혜를 생각한다.

여기에 입겿을 붙이면 다음과 같이 된다.

君子隱 懷德爲古 小人隱 懷土爲彌 君子隱 懷刑爲古 小人隱 懷惠尼羅
조상님들은 입겿문자들을 아래에 보인 것처럼 간소화하여 한자(漢字)와 차별화시켰다.

君子阝 懷德ソ古 小人阝 懷土ソ弥 君子阝 懷刑ソ古 小人阝 懷惠ヒ亼

입겿문자는 조선조 때까지 널리 쓰였다. 8세기에 글자가 간소화되어 각필(뾰족한 끝으로 눌러 문서에 간단한 구두점 등을 표시한 글자)로 사용되기도 하였으며 눌린 각필 자리가 남아있는 고서가 적잖이 발견되고 있다.

일본의 고바야시 요시노리(小林芳規) 교수에 의하면 이 각필이 일본에 건너가 일본 가나로 발전하였다는 것이다.

라. 이두(吏讀)

입겿문자는 한문을 살린 채 우리말의 어미나 토씨만을 첨가하는 것이다. 한자만 알고 한문을 제대로 모르는 사람들은 문장 자체를 우리말식으로 고쳐 써서 읽었다. 이런 방식의 표현을 이두라고 했다. 아래 문장은 신라 시대 비석에서 찾은 것인데 이 문장에서는 한자를 쓰되 문장의 어순을 우리말식으로 고쳐서 썼고, 입겿문자는 사용하지 않았다.

> 今自三年以後 忠道執指 過失无誓
> 지금부터 3년 후까지 충도를 지키고 과실이 없기를 맹세한다

제대로 된 한문이라면 '今自'은 '自今'이어야 하며 '忠道執指'도 '執指忠道'라야 한다. 또한 '過失无誓'도 '誓无過失'로 써야 한다. 이를 우리말 어순에 맞게 써놓은 것이다.

마. 향찰(鄕札)

신라 사람들은 향가를 몹시 중히 여겼는데 향가 표기에 향찰을 썼다. 향찰은 우리말 표기에 한걸음 더 다가간 것이다. 우리말의 어순을 따르고, 입겿문자와 이두의 표현력을 구사하여 토씨와 어미를 표기함으로써 우리말을 발음 그대로 표기하려 하였다. 결국 한글만 없다 뿐이지 한자

를 써서 우리말을 표기하고자 한 최종적 시도였다고 볼 수 있다.

애석하게도 향찰이 온전히 전래되지 못하고 단지 26수만을 찾아 이와 같은 성과를 충분히 설명하기에는 부족하다.

아래는 〈모죽지랑가〉라는 향가의 첫 구절을 보인 것이다.

去隱春皆理米 지나간 봄 그리매(혹은 못 오리매)

去隱은 소리를 따 '간'으로 해석하는데 이는 去는 '갈 거' 자로 보고 隱은 위에서 본 입겿 문자로 보아 去隱春은 간(지난) 봄이라 해석할 수 있다. 皆理米는 개리미로 읽히므로 '그리매'로 해석하는 것이다. 그러나 皆가 '모두 개' 자이므로 이를 '모도'로 읽어 '모도理米'가 되고 이를 다시 '못 오리매'로 읽는다는 것이다. 이는 어디까지나 추측일 뿐 당시 사람들이 어떤 생각을 했는지는 확실히 알 수 없다.

결국 향찰은 한문에서 너무 우리말로 접근하여 어떻게 그렇게 되었는지는 추측만이 가능하여 향찰에 대한 자세한 내용은 알 수가 없다. 다만 이두도 아니고 입겿도 아니어서 이들보다 더 우리말에 접근한 것이라는 추측으로 해석해 볼 따름이다.

만일 가림토(다) 문자가 있었다면 응당 이런 애매한 일이 일어나지 않았을 것이다. 그렇다면 가림토가 신라 시대에도 없었다고 보아야 한다.

바. 일본의 선택

우리말을 한자로 표현하려던 이러한 노력은 훈민정음의 발명으로 필요가 없어져 고전연구의 소재가 되었을 뿐이다. 이는 일본의 경우와 대조된다. 일본에서도 우리와 비슷한 노력이 진행되었다. 그들은 입겿 문자를 발전시켜 고유의 문자 가나를 만들고 한자의 읽는 법을 다양하게 만들어 가며 현대 일본어까지 도달하였다. 이에 비해 우리는 한자는 원형대로 살려 놓은 채 입겿이나 이두, 향찰 등으로 발전시키다가 훈민정음이 발명되었고 그 덕에 한자는 한자대로 살아남아 한글과 공존하고 있다. 이 때문에 한글 전용이 실시되기 전까지는 우리의 한학(漢學)이 한중일 3국 중 제일 잘 보존되고 발전되었다는 주장이 가능했다. 앞으로도 한자의 뿌리를 뽑지 말고 한쪽 구석에서 선택적으로 연구하도록 하여 한국어가 세계어가 될 때 한학을 품어 연구하게 되기를 기대한다.

우리가 그간 한자를 버리지 않고 사용해 왔기 때문에 지금까지 우리는 한자의 활용 능력을 유지하고 있으며 또한 어렵지 않게 중국어나 일본어에 접근할 수 있도록 해 주고 있다. 그뿐이 아니다. 한자 없이 의사를 표현하는 구어(口語)와 한자를 활용하는 문어(文語)가 확실하게 자리 잡을 수 있게 되었다.

한자를 버리지 않음으로써 얻은 또 다른 보상은 한자의 훈은 옛 우리말로 되어 있어 우리가 옛말을 잃지 않고 있으며 또 우리말로 한자를 배울 수 있다는 것이다. 예를 들어 天자를 우리는 '하늘 天'으로 배워 하늘이라고 즉시 그 뜻을 알게 되지만 구어가 따로 없는 중국어에서는 天자를 '**在地面以上的空間**'라고 설명하니 설명이 더 어려워져 이해 못하거나 설명을 외면하게 된다. 이런 이유로 중국에조차 학습자를 위한 중국어 사전이 없다.[4]

---

4 필자는 이를 안타깝게 여겨 《CEK 입체자전》이란 중국어 학습자를 위한 자전을 발간하였다. 자세한 내용은 10.5절 참조 바람.

사. 향가를 번역한 오구라 신페이와 양주동

오구라 신페이(小倉進平, 1882~1944)는 이두(吏讀)를 처음으로 해독(解讀)한 일본인 학자이다. 그는 일본 센다이에서 출생하여 도쿄제국대학 언어학과를 졸업하고 1911년 한국으로 건너와서 한국어를 연구하였다. 1926년에 경성제국대학이 설립되자 이 대학 교수가 되었으며 도쿄제국대학 교수를 겸임하였다.

1935년 〈향가 및 이두의 연구〉(1929)를 지어 향가 14수 등 현존하는 향가 전체에 대한 해석을 시도했다. 〈한국어 겸양법·존경법의 조동사〉, 〈증정한국어학사〉, 유저(遺著) 〈한국어방언의 연구〉 등으로 한국어학의 기초를 쌓는 데 크게 기여하였다. 경성제국대학 교수로 조윤제, 이희승, 이재욱, 방종현, 이숭녕, 김사엽 같은 국어학자들을 배출하였다. 그는 교수로서 경성제국대학 부속도서관 초대 관장도 함께 맡았으며 은퇴 후에는 이 땅에 처음 개관한 근대 대학도서관의 초대 수장을 맡았다.

양주동(1903~1977)은 1903년 8월 16일 경기도 개성에서 태어났으므로 오구라보다는 21세 연하이다. 1922년 경성 중동고등보통학교를 졸업하고 도쿄에 유학하여 와세다 대학교 영어영문학을 전공하고 귀국하여 평양 숭실전문학교 교수로 부임하였다. 1923년에 동인지 《금성》으로 등단하여, 1932년에는 시집 《조선의 맥박》을 펴내기도 한 시인, 문학평론가, 국문학·영문학자, 문학번역가, 수필가였다. 그는 자신을 국보급 천재라고 하며 재능을 뽐내는 일이 있었다. 한 번은 자동차에 받혀 길가에 쓰러졌다가 벌떡 일어나 '국보는 건재하다'라고 소리친 일도 있다고 전한다.

그가 우연히 오구라 신페이의 〈향가 및 이두의 연구〉를 읽고 천년 동안 아무도 해독하지 못한 향가를, 일본인이 처음으로 풀었다는 점에 비분강개하여 민족적 '부끄러움'과 우리의 언어와 학문에 있어서까지 일본에 지고 있음을 통절히 깨달아 자신이 가진 재능으로 싸워야 한다는 일념에, 빼앗긴 문화유산을 학문적으로나마 탈환해야 하겠다는 비장한 결의로 전공 분야도 아닌 향가 연구에 착수해 몰두한 끝에 1937년 〈향가해독, 특히 원앙생가에 취하여〉라는 논문을 발표하고 1942년 향가 25수에서 오구라 연구의 잘못된 점을 고쳐 〈조선고가연구〉를 출간했다. 육당 최남선은 양주동의 연구에 대해 "해방 전후에 출간된 학적(學的) 저서로 후세에 전할 만한 것은, 오직 양주동의 〈조선고가연구〉가 있을 뿐"이라 하였다. 이어 1947년에는 《여요전주》(麗謠箋注)를 통하여 《고려가요》에 대한 주석을 집대성하였다. 이 해에 그는 동국대학교 국어국문학과 교수로 부임하여 후학을 길러냈다.

2.2 세종대왕의 구상

가. 우리글을 갖기 위한 세종대왕의 노심초사

1397년 5월 15일에 태종의 셋째 왕자로 태어난 이도(세종대왕의 이름)는 책을 좋아해 왕실에 있던 책은 모조리 읽었다 한다. 그는 어려서부터 백성들을 가르쳐야 한다는 생각을 많이 했으며 심지어는 형인 양녕대군이 도리에 어긋난 행동을 하면 가르치려 들었다 한다. 21세가 되던 1418년에 즉위하여 8년간 그는 건국 초기에 문란해진 도덕과 질서를 바로잡기 위해 법률 정비에 힘썼고, 10년째 되는 해에는 《효행록》을 편찬해 백성들이 읽고 따르기를 기대했다. 하지만 《효행록》이 한자로 기록돼 있어 일반 백성들이 읽을 수가 없었다. 결국 범죄가 기대만큼 줄어들지 않자 백성들이 한자를 못 읽기 때문이라 판단하고 세종 14년에는 효자, 충신, 열녀의 행실을 그림으로 표현한 《삼강행실도》를 전국에 배포하고 거리에 고시까지 했다.

기록에 따르면 같은 해 11월 7일, 세종은 주요 법조문을 이두로 번역하여 반포하려는 계획을 세웠지만 신하들의 반대도 있었고 또 자신도 효과가 없을 것을 알고 있었으므로 실행하지는 않았다. 세종은 그래도 범죄가 크게 줄지 않는 것을 못내 안타까워하다가 결국 백성이 읽을 수 있는 글자를 만들어 법과 도덕을 가르쳐 줘야 한다는 생각을 굳혔을 것으로 보인다. 문제는 '성리학에 빠져 있는 사대주의 신하들을 어떻게 설득하고, 노골적으로 간섭하려 드는 중국의 위세를 어떻게 피해 가느냐'였을 것이다. 요사이 중국 눈치를 보느라 국익을 외면하는 일부 정치가들을 생각해 보면 쉽게 이해가 간다.

나. 훈민정음으로 조선과 중국 한자 발음 표준화

그러나 세종대왕은 이를 모두 이겨내고 결국 1443년 훈민정음을 창제하기에 이르렀다. 그리고 되도록 빨리 백성들에게 전파하기 위해 반포도 하기 전에 한자의 발음을 훈민정음으로 달아 《동국정운(東國正韻)》이란 자전을 편찬했는데 이는 조선인을 위한 표준 한자 발음을 제시한 것이다.

연이어 세종대왕은 명나라 운서(韻書)인 《홍무정운(洪武正韻)》에도 같은 방법으로 한자의 음을 달아 《홍무정운역훈(洪武正韻譯訓)》이란 대작을 편찬토록 지시했다. 이는 중국어를 배우는 조선사람들을 위하였다기보다는 모든 중국인들이 따를 수 있는 표준 중국어 발음을 제시하는데 저의가 있었던 것이 아닐까 한다. 물론 중국인들이 이에 대해 얼마나 관심을 가졌는지는 알 수 없지만 만일 받아드렸다면 광동어니 민남어니 하며 갈라진 그들의 언어 문제가 생기지 않았을지도 모른다. 그리고 로마자 음을 도입할 필요도 없었을 것이다.

다. 훈민정음의 사양(仕樣)은?

훈민정음과 비교할 일은 못 되지만 얼마 전 미국과 영국에서도 세종대왕처럼 목표를 정해놓고 새로운 문자를 만든 사례가 있다. 전화기를 발명한 미국의 그레이엄 벨(Alexander Graham Bell, 1847~1922)이 1867년 글자의 모양을 보면 소리가 보이는 글자 'Visible Speech'를 만들었으며 영국의 문호이자 거부였던 버나드 쇼(Bernard Shaw, 1856~1950)는 1950년 알파벳의 음가가 일정하여 글자의 음가 그대로 읽으면 발음이 나오도록 하라는 조건으로 현상모집을 해서 소위 'Shavian Alphabet'이란 문자체계가 탄생한 일이 있다.[5] 당시 이들이 자기네들이 원했던 사양의 문자가 이미 400~500년 전에 만들어졌다는 사실을 알았으면 어땠을까?

세종대왕도 응당 글자를 만들려고 하기 전에 이들처럼 사양을 정해 놓고 추진했을 것이다. 그 사양이 무엇이었는지는 알 수 없지만 완성된 작품을 보고 사후적 판단을 해보면 아래와 같은 사양이 아니었을까 하고 생각해 볼 수 있다.

5 이 두 문자시스템에 대해서는 2.1절에서 상술된다.

첫째, 글자의 모양이 간단하되 상호 구별이 뚜렷하도록 하라.

훈민정음 자모는 모두 가장 간단한 도형인 점(·)과 원과 직선으로 돼 있어 쓰기 쉽고 기억하기도 쉽다. 다른 언어의 글자들을 보면 한눈으로 구별되지 않는 비슷한 글자들이 들어 있지만 훈민정음에는 그런 글자들이 없다. 예를 들어 현재 최고의 문자라고 할 수 있는 로마자를 보면 i와 j, g와 q, c와 e 등은 모양이 비슷하여 작은 글씨로 써놓으면 구별하기 어려운데다가 대문자와 소문자가 따로 있어 글자의 모양 식별에만 상당한 훈련이 필요하다. 아랍어나 힌디어, 중국어의 한자는 말할 것도 없고 일본의 가나도 あ ね ぬ め 등의 글자를 분별하려면 상당한 공부가 필요하다. 게다가 가타카나까지 있어 글자 배우는 것이 꽤 어렵다.

둘째, 글자가 고유의 음가를 갖되 모양으로 발음하는 방법을 보여라.

훈민정음의 기본 글자는 28자인데 모두 고유의 음가를 갖는다. 또한 글자의 모양은 이 음가를 발음하는 구강의 모습을 본떠 만들었다. 세종대왕은 화자가 날숨을 조절해 가며 구강의 특정 부위를 자의로 진동시켜 원하는 발음을 낸다는 사실을 파악하고 이 모습을 직관적이고 간단한 그림으로 나타내도록 했던 것이다. 위에서 언급한 'Visible speech'도 글자의 모양에 발음하는 입 모양을 반영시켰지만 이는 훈민정음 창제 후 300년 후에 일어난 일이다.

셋째, 글자는 자음과 모음으로 구별하고 자음–모음–자음이 초·중·종성을 이루어 한 음절이 되는 것을 보여라(음절의 형성).

훈민정음은 자음과 모음으로 초·중·종성을 만들어 하나의 음절을 만들고 그 음절을 독립된 모양(block)으로 나타내도록 한다. 한자 역시 독립된 모양과 고유의 발음을 내지만 훈민정음처럼 자음과 모음이 합쳐져 음절을 구성하거나 글자 모양을 형성하지 않는다. 훈민정음이나 한자처럼 덩어리를 이루는 글자는 찾아보기 힘들다.

넷째, 글자들을 합쳐서 새로운 소리를 내도록 하라(합자의 원리).

훈민정음은 기본 글자 28자가 모두 각각 불변의 음가를 유지하며 이들을 조합하여 복합자음이나 복합모음을 만들어도 마치 물리학에서 보는 화합이 아니라 혼합처럼 각 구성 글자의 발음도 특성이 살아있어 그 합성된 소리도 이해하기 쉽다. 마치 식초에 설탕을 넣으면 새콤달콤한 맛을 내는 것에 비유할 수 있다. 예를 들어 ㄲ, ㅆ 등 겹자음이나 ㅀ, ㅄ, ㄻ 등 복합자음, ㅘ, ㅙ, ㅞ 등 복합모음에도 성분 글자의 발음이 살아있거나 잠새되어 있어 자신의 음가를 발휘한다.

라. 한글의 사양(仕樣)은?

한글은 훈민정음처럼 새로 만들지 않고 쓰고 있던 훈민정음 자모를 선택하여 만든 것이기 때문에 따로 사양을 생각해 볼 필요도 없었을 것이다. 그러나 훈민정음의 사양이 살아있는지는 검토해 볼 필요가 있다. 물론 훈민정음 사양은 대체로 살아있지만 네 번째 사양에서 언급된 글자의 조합(合字)은 사용이 제한되어 있다. 즉 훈민정음은 합자에 제한을 두지 않았지만 현행 한글에서는 지정된 합자만을 선택하고 그 이상의 조합은 맞춤법으로 막아 놓았다. 예를 들어 ㅥ, ㆅ, ㆄ(순경음 ㅍ) 등은 외국어 발음 표기에 필요한 글자인데도 사용하지 못한다. 그러나 정작 한글을 수출하려는 일부 한글학자들은 합자를 쓰고 있다. 찌아찌아에서 ㅸ(순경음

ㅂ)을 쓰는 것이 대표적인 예이다.

합자(合字)에는 연서(連書)와 병서(竝書)의 방안이 있다. ㆄ은 연서의 예이고 ㆅ은 병서한 것이다. 합자는 《훈민정음 해례본》보다 《훈민정음 언해본》에 더 많이 소개되어 있다. 언해본은 세종 때 만들어진 《훈민정음 해례본》의 서문과 예의(例義) 부분을 7대 왕 세조가 즉위한 후 1459년 우리말로 언해, 윤문, 번역하고, 훈민정음으로 기록하여 전국에 배포한 책이다. "나랏말싸미 듕귁에 달아"로 시작되는 문장도 여기서 나온다.

《훈민정음 언해본》에서는 외국어 표기를 위한 색다른 글자를 보여준다. 중국어를 표기하기 위해 혀끝이 윗니 뒤에 닿는 엷은 소리인 치두음 ᄼ ᅎ ᅔ 과 혀끝이 아랫잇몸에 닿는 모습을 보인 정치음 ᄾ ᅐ ᅕ 이 생겼고 만주어를 표음하기 위해 ᅪ,ᅯ,ᆦ 등이, 일본어 표음을 위해 ㅇ다, ㅇ가, ㅇ빠 등이 생겼다. 그러나 세종대왕이었다면 치두음과 정치음 같은 글자들은 만들지 않았으리라는 것이 저자의 생각이다. 이들의 자형은 식별이 곤란하여 알기 쉽게 만든다는 세종의 의도에 맞지 않을 뿐 아니라 그 발음은 합자로 처리할 수 있기 때문이다. 예를 들어 치두음은 훈민정음 자모로 표기하여도 무방하며[6] 정치음 ᄾ ᅐ ᅕ 는 중국어의 권설음으로 ㅅ, ㅈ, ㅊ과 ㄹ의 합자, 즉 ㅅㄹ ㅈㄹ ㅊㄹ 로 표기하여 구별할 수 있었을 것이다.

이 책 7.1절에서는 합자로 세계 어떤 언어의 발음도 표기할 수 있으며 한글을 세계문자로 발전시키려면 무제한의 합자를 허용해야 한다는 주장을 하였다.

---

6 치두음이 훈민정음의 자모와 음가가 다소 다르다 해도 그 다름을 구별하기 위해 식별이 곤란한 글자를 쓰는 것보다 다소 다르게 발음해야 한다는 것을 기르치는 것이 수월하리라 본다. 혹 제대로 배우지 못해 발음이 다소 이상하다 해도 외국어이므로 용납해야 할 것이며 더 정확한 발음이 필요할 경우 특수 교육을 시켜야 할 것이다.

마. 훈민정음 해례 서문의 올바른 이해

《훈민정음 해례》의 서문은 세종대왕이 직접 쓰신 글이라 한다. 그 첫 구절, '國之語音 異乎中國 與文字不相通'은 언해본에 "나랏말싸미 듕귁에 달아 문자와로 서르 사맛디 아니할세"로 되어 있다. 이것을 현대 한국어로 직역하여 '우리말이 중국과 달라 한자로는 통하지 않는다'라고 풀이하는데 이는 틀린 번역은 아니라 하겠지만 의문이 생긴다. 왜 중국말과 우리말이 다르다는 것을 굳이 내세울까? 또한 문자로는 서로 통하지 않는다는 것도 사실이 아니다. 오히려 우리말이 중국과 다르지만 문자로는 필담을 해서 통하지 않는가? 해석 어딘가에 틀린 점이 있을 것 같다. 무엇일까?

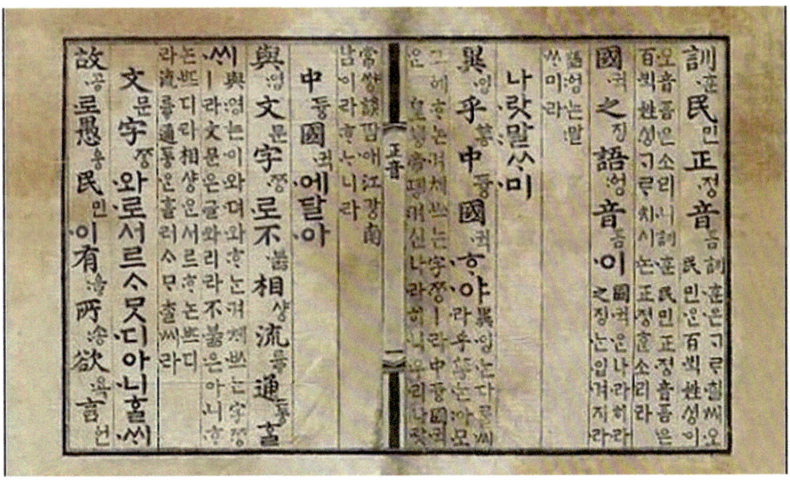
訓민正정音음
國귁之징語엉音음이
나랏말ᄊᆞ미
異잉乎ᅘᅩᆼ中듕國귁ᄒᆞ야
中듕國귁에 달아
與영文문字ᄍᆞᆼ로不불相샹流륳通통ᄒᆞᆯᄊᆡ
文문字ᄍᆞᆼ와로 서르 ᄉᆞᄆᆞᆺ디 아니ᄒᆞᆯᄊᆡ
故공로 愚웅民민이 有윻所송欲욕言언

그림 2.1 훈민정음 해례 서문

먼저 語音을 '말싸미(말씀이)'로 번역했는데 엄밀하게 말하면 語音은 '말소리'다. '말소리'와 '말씀'은 다를 수 있다. '말소리'는 발음을 말하며

'말씀'은 '말' 자체를 말할 것이다. 이를 감안하여 해석하면 우리말의 발음은 '중국과 달라 한자(漢字)로는 통하지 않는다'는 것이다. 다시 말하자면 한자는 발음이 있지만 그 발음으로는 우리 말소리를 표현하지 못한다. 이것은 이두를 보면 안다. 훈민정음이 생기기 전 우리말을 이두로 표현하려 했지만 되지 않았던 것을 잘 안다. 최근[7] 고려대학교가 공개한 《훈민정음 언해본》에는 '나랏말싸미'가 아니라 '나랏말소리'로 되어있어 이 주장이 사실임이 밝혀졌다.

물론 중국은 다르다. 그들은 말소리와 글자의 발음이 일치한다. 즉 國之語音을 읽으면 '꾸오즈 위인'이 되는데 이 소리를 글자로 옮기면 國之語音이 되는 것이다. 우리의 경우 國之語音을 읽으면 '국지어음'이 되는데 이 소리(발음)만 들어서는 '나라 말소리'라는 뜻을 아는 사람만 안다. 즉 한자로는 안 통한다는 말이다. 이러한 사정을 감안하며 다시 해석해보면 '**우리나라 말소리는 중국과는 달리 한자로 표현하여 소통할 수 없다**'가 될 것이다. 결국 우리 말소리를 표기할 수 있는 글자를 만들어야 한다는 뜻이 된다.

그래도 의문은 남는다. 왜 언해본에서는 國之語音을 '나랏말 소리'라 안 하고 '나랏말쌈'이라고 번역했을까? 당시는 법조문 등에서 표음이 필요하면 이두를 쓰고 있을 때였다. 그들은 이두로는 우리말 소리를 표기하지 못한다는 것을 잘 알고 있었으며 '말'이 다르다는 것은 얘기하지 않아도 말소리가 다르다는 것을 알고 있었다. 그래서 나랏말 소리라고 안 하고 '나랏말쌈이'라고 해도 충분했다. 그러나 이두가 무엇인지조차 모

7 최근(2025년 5월 17일) 동아일보에 의하면 고려대가 가장 오래된 것으로 추정되는(세종 생존 시로 추정) 《훈민정음 언해본》을 공개했는데 서문이 서강대 본의 '나랏말싸미'가 아니라 '나랏말소리'로 되어 있다.

르고 우리 곁에 한글이 있어 언제든 말소리를 표기할 수 있다는 것을 알고 있는 우리들 현대 한국인에게는 말이 다르다고 하면 언어가 다르다고 받아드리기 때문에 '말소리'가 다른 것을 말이 다르다고 하면 알아들을 수가 없는 것이다. 그래서 현대인을 이해시키려면 '말소리'가 다르다는 것을 명시해 주어야 한다.

다시 한번 첫 구절을 현대 우리말로 번역하면 ''**우리나라 말소리는 중국과는 달리 한자로 표현하여 소통할 수 없다**'가 된다' 즉 중국인들은 한자를 써서 말의 소리를 표기하는데 우리는 이들과 달리 한자를 써서 말소리를 표현하지 못한다는 뜻이다. 여기서 핵심어는 '달리'이며 문장 전체를 설명하는 부사이기 때문에 '달라'라는 형용사와 구별해야 한다는 것이다.

2.3 세종대왕의 결심

가. 연구책임자 세종

세종이 혼자 훈민정음을 창제한 것이 아니고 신미 대사와 같이 만들었다는 주장이 있다. 세종이 산스크리트에 능통했던 사실을 보면 그것을 배우기 위해 불교계 산스크리트 전문가의 도움을 받은 것은 인정할 만하지만 그것은 언어를 배우기 위해서였지 훈민정음 창제를 위한 도움이었다고는 생각되지 않는다. 물론 이것저것 의견을 물어볼 수는 있었을 것이다. 그러나 이것을 '혼자 한 것이 아니다'라고 주장할 정도는 아니었다고 생각된다. 산스크리트를 공부할 때쯤이면 세종대왕은 이미 훈민정음에 대해 확고한 설계가 돼 있었을 것이며 산스크리트를 배우는 과정에서 이것저것 물어봤을 것은 당연하다. 그 전에 세종이 얼마나 훈민정음 창제에 공을 들였는지 다시 한번 살펴보자.

나. 40세에 국사를 세자에게 맡긴 이유

세종은 1418년 22세의 나이로 즉위했다. 1436년 세종 18년, 40세가 된 세종은 병(조갈증, 지금의 당뇨)을 핑계 대고 조정을 육조직계제(육조 업무를 직접 결재)에서 정승들이 협의하여 보고하는 의정부 사서제로 바꿔 자신의 업무를 대폭 줄이고 그 이듬해에는 세자에게 서무 결재권까지 넘겼다. 이때 신하들이 왜 국사에 등한히 하느냐는 항의에 '늙어서'라는 핑계를 댔다고 한다. 그 뒤로도 몸을 돌보지 않고 밤잠을 설치고 연구에 몰두하여 주위를 안타깝게 했다는 사실을 보면 필시 신하들 모르게 자신이 하고 싶은 일을 하기 위해서였을 것이다.

다. 신숙주와 정인지의 요동 출장은 연막술

1440년(세종 22년) 44세일 때 중국과 일본에서 운학서적을 수집하여 잘못된 곳을 바로잡았다는 기록이 있어 세종은 그간 이미 운학의 대가가 되었음을 알 수 있다. 훗날 훈민정음 창제 반대 상소를 올린 정창손에게 '네가 운학을 아느냐?', '4성 7음에 자모가 몇 개인지 말해 보라', '내가 운학을 바로잡지 않으면 누가 바로잡겠는가?' 하고 다그친 것을 보면 잘 알 수 있다. 이 시기 신숙주에 음운학을 연구시키기 위해 13번 요동을 방문토록 했고 정인지도 8번을 다녀왔다는 것인데 비록 사서에는 명나라의 음운학자 황찬이 요동에 귀양해 살고 있어 그를 만나기 위함이었다고 하나 이 또한 신하들에게 댄 핑계인 것 같고 필시 요동뿐 아니라 그 밖의 여러 지방에 보내 그들의 민족어를 두루 연구시켰을 것이라 생각된다. 황찬의 음운학 지식을 그렇게 여러 번 가야 배울 수 있었을 리 만무다.

라. 최만리의 상소는 훈민정음 최종보고회

《세종실록》에는 세종 25년(1443년) 12월 "임금이 친히 28글자를 만들었다"라는 기록이 나오는 것을 보면 40세부터 47세까지 훈민정음 창제에 몰두했음을 알 수 있다. 두 달 후 1444년 2월 20일 최만리 등이 상소를 낸다. 이에 세종은 신하들을 불러 '내가 너희들을 부른 것은 죄를 따지고자 함이 아니라 다만 상소문 가운데 한두 가지 말을 묻고자 함이었는데 너희들이 사리를 분별하지 못하고 말을 바꾸어 대답하니 그 죄를 벗어나기 어려울 것이다'라고 하며 이들을 일단 하옥시켰다가 이튿날 석방하였다. 그러나 정찬손만은 '《삼강행실도》를 반포한 후에도 충신 효자 열녀가 배출됨을 볼 수 없지 않았느냐'며 결국 훈민정음도 마찬가지 효과를 낼 것이라고 반문함에 세종이 '그렇다면 백성들이 무엇이 죄가 되는지도 모르고 죄를 범하도록 내버려 둬야 된단 말이냐?'라고 하며 격분하여 파직시켰다. 또한 김문은 애초에 훈민정음 창제에 찬동하였다가 반대 상소에 이름을 올려 임금을 기만했다는 죄로 곤장 100대로 벌하고 연로함을 고려해 속(贖)바치게 했다. 속바친다는 것은 곤장 대신 곡물로 보상한다는 뜻인데 곡식을 몇 섬이나 바쳤는지는 사료에서 찾을 수가 없다.

집현전 부제학 최만리(崔萬理, 1398~1445) 등은 아래와 같은 훈민정음

창제에 대한 반대 상소문을 내었다. 이 상소문은 명문으로 유명하다.[8]

"신 등이 엎드려 보건대, 언문(諺文)을 제작하신 것이 지극히 신묘하시어 만물을 창조하시고 지혜를 운전하심이 천고에 뛰어나지만, 신 등의 구구한 좁은 소견으로는 오히려 의심되는 것이 있어서 감히 간곡한 정성을 펴서 삼가 뒤에 열거하오니 엎드려 성상이 성재(聖裁)하시기를 바랍니다"라 하며 다음과 같은 내용의 주장을 폈다.

1. 우리 조선은 조종 때부터 내려오면서 지극한 정성으로 대국(大國)을 섬기어 한결같이 중화(中華)의 제도를 따랐는데, 이제 글을 같이하고 법도를 같이하는 때를 만나서 언문을 창작하신 것은 보고 듣기에 놀라움이 있습니다. 설혹 말하기를, '언문은 모두 옛 글자를 본뜬 것이고 새로운 글자가 아니다'라고 하지만, 글자의 형상은 비록 옛날의 전문(篆文)을 모방하였을지라도 음을 쓰고 글자를 합하는 것은 모두 옛것에 반대되니 실로 의거할 데가 없사옵니다. 만일 중국에 흘러 들어가서 혹시라도 비난하여 말하는 자가 있으면, 어찌 대국을 섬기고 중화를 사모하는 데에 부끄러움이 없겠습니까.

1. 예로부터 구주(九州)의 안에 풍토는 비록 다르지만 지방의 말에 따라 따로 문자를 만든 경우가 없고, 오직 몽고(蒙古)·서하(西夏)·여진(女眞)·일본(日本)과 서번(西蕃)의 종류가 각기 그 글자가 있지만, 이는 모두 이적(夷狄)의 일이므로 말할 필요도 없습니다. 옛글에 말하기를, '중화의 가르침을 써서 이적(夷狄)을 변화시킨다 하였지 이적에게 변

8 『세종실록』, 권103, 세종 26년(1444년) 2월 20일(경자)의 내용이며 국사편찬위원회 「훈민정음의 창제와 활용」 중에서 차용했다.

화당했다는 말은 듣지 못하였노라'라 하였고, 역대 중국 조정에서 모두 우리나라는 기자(箕子)의 남긴 풍속이 있다고 하여 문물과 예악을 중화에 견주어 말하기도 하는데, 이제 따로 언문을 만들어 중국을 버리고 스스로 이적과 같아지려는 것은 이른바 소합향(蘇合香)을 버리고 당랑환(蟾螂丸)을 취함이오니, 어찌 문명의 큰 흠절이 아니겠습니까.

1. 신라 설총(薛聰)의 이두(吏讀)는 비록 비루한 이언(俚言)이지만, 모두 중국에서 통행하는 글자를 빌려서 어조(語助)에 사용하였기에, 문자가 원래 서로 분리된 것이 아니므로, 비록 서리(胥吏)나 복예(僕隷)의 무리에 이르기까지라도 반드시 익히려 하면, 먼저 몇 가지 글을 읽어서 대강 문자를 알게 된 연후라야 이두를 쓸 수 있게 되니, 이두를 쓰는 자는 모름지기 문자에 의거하여야 능히 의사를 통하게 되는 까닭에, 이두로 인하여 문자를 알게 되는 자가 자못 많사오니, 또한 학문을 흥기하는 데에 한 도움이 되었습니다.

만약 우리나라가 원래부터 문자를 알지 못하여 결승(結繩)하는 세대라면 우선 언문을 빌려서 한때의 사용에 이바지하는 것은 그래도 괜찮지만 바른 의논을 고집하는 자는 반드시 말하기를, '언문을 시행하여 임시방편을 하는 것보다는 차라리 더디고 느릴지라도 중국에서 통용하는 문자를 습득하여 길고 오랜 계책을 삼는 것만 같지 못하다'고 할 것입니다. 하물며 이두는 시행한 지 수천 년이나 되어 장부를 적거나 모임의 일을 기록하는 등의 일에 방해됨이 없는데, 어찌 예로부터 시행하던 폐단 없는 글을 고쳐서 따로 비루하고 상스러운 무익한 글자를 창조하십니까. 만약에 언문을 시행하오면 관리된 자가 오로지 언문만을 습득하고 학문하는 문자를 돌보지 않아서 이원(吏員)이 둘로 나누어질 것이옵니다. 만일 관리 된 자가 언문을 배워 입신한다면, 후진(後進)이 모두 이러한 것을 보고 생각하기를, 27자의 언문으로도 족히 세상에 입신(立身)할 수 있다고 할 것이오니, 무엇 때문에 노심초사하며 성리(性理)의 학문을 궁리하려 하겠습니까.

이렇게 되면 수십 년 후에는 문자를 아는 자가 반드시 적어질 것입니다. 비록 언문으로써 능히 이사(吏事)를 집행한다 할지라도, 성현의 문자를 알지 못하면 배우지 않아서 담을 대하는 것처럼 사리의 옳고 그름에 어두울 것이니, 언문에만 능숙한들 장차 어디에 쓰겠습니까. 우리나라에서 오래 쌓아 내려온 우문(右文)의 교화가 점차로 땅을 쓸어 버린 듯이 없어질까 두렵습니다. 전에는 이두가 비록 문자 밖의 것이 아닐지라도 유식한 사람은 오히려 비루하게 여겨 이문(吏文)으로써 바꾸려고 생각하였는데, 하물며 언문은 문자와 조금도 관련됨이 없고 오로지 시골의 상말을 쓴 것이 아닙니까. 가령 언문이 전조(前朝, 고려) 때부터 있었다 해도 오늘의 문명한 정치에 변로지도(變魯至道)하려는 뜻으로서 오히려 그대로 물려받을 수 있겠습니까. 반드시 고쳐 새롭게 하자고 의논하는 자가 있을 것이니 이는 환하게 알 수 있는 이치입니다. 옛것을 싫어하고 새것을 좋아하는 것은 고금에 통하는 걱정거리인데, 이번의 언문은 새롭고 기이한 한 가지 기예(技藝)에 지나지 않는 것으로서, 학문에 방해됨이 있고 정치에 유익함이 없으므로, 아무리 되풀이하여 생각해도 그 옳은 것을 볼 수 없습니다.

1. 만일에 말하기를, '형살(刑殺)에 대한 옥사(獄辭) 같은 것을 이두 문자로 쓴다면, 문리(文理)를 알지 못하는 어리석은 백성이 한 글자의 착오로 혹 원통함을 당할 수도 있겠으나, 이제 언문으로 그 말을 직접 써서 읽어 듣게 하면, 비록 지극히 어리석은 사람일지라도 모두 다 쉽게 알아들어서 억울함을 품을 자가 없을 것이라' 하지만, 예로부터 중국은 말과 글이 같아도 옥송(獄訟) 사이에 원왕(冤枉)한 것이 심히 많습니다. 가령 우리나라로 말하더라도 옥에 갇혀 있는 죄수로서 이두를 해득하는 자가 친히 초사(招辭)를 읽고서 허위인 줄을 알면서도 매를 견디지 못하여 그릇 항복하는 자가 많사오니, 이는 초사의 글 뜻을 알지 못하여 원통함을 당하는 것이 아님이 명백합니다. 만일 그렇다면 비록 언문을 쓴다 할지라도 지금과 무엇이 다르겠습니까. 이것은 형옥(刑獄)의 공평하고 공평하지 못함이 옥리(獄吏)가 어떠하냐에 있고, 말과 문자의 같고 같지 않음에 있지 않은 것을 알 수 있으니, 언문으로써 옥사를 공평하게 한다는 것은 신 등은 그 옳은 줄을 알 수 없습니다.

1. 무릇 사공(事功)을 세움에는 가깝고 빠른 것을 귀하게 여기지 않는데, 국가가 근래에 조치하는 것이 모두 빨리 이루는 것에 힘쓰니, 정치하는 체제가 아닐까 두렵습니다. 만일에 언문은 할 수 없어서 만드는 것이라 한다면, 이것은 풍속을 변하여 바꾸는 큰일이므로, 마땅히 재상으로부터 아래로는 백료(百僚)에 이르기까지 함께 의논하되, 나라 사람이 모두 옳다 하여도 오히려 심사숙고하여 다시 세 번을 더 생각하고, 제왕(帝王)에 질정하여도 어그러지지 않고 중국에 상고하여도 부끄러움이 없으며, 백세(百世)라도 성인(聖人)을 기다려

의혹됨이 없는 연후라야 이에 시행할 수 있는 것입니다. 이제 넓게 여러 사람의 의논을 채택하지도 않고 갑자기 이배(吏輩) 10여 명으로 하여금 가르쳐 익히게 하며, 또 가볍게 옛사람이 이미 이룩한 운서(韻書)를 고치고 근거 없는 언문을 부회(附會)하여 공장(工匠) 수십 명을 모아 각본(刻本)하여서 급하게 널리 반포하려 하시니, 천하 후세의 공의(公議)에 어떠하겠습니까. 또한 이번 청주 초수리(椒水里)에 거동하시는 데도 특히 연사가 흉년인 것을 염려하시어 호종하는 모든 일을 힘써 간략하게 하셨으므로, 전일에 비교하오면 10에 8, 9는 줄어들었고, 계달하는 공무(公務)에 이르러도 또한 의정부에 맡기시어, 언문 같은 것은 국가의 급하고 부득이하게 기한에 미쳐야 할 일도 아닌데, 어찌 이것만은 행재(行在)에서 급급하게 하시어 성궁(聖躬)을 조섭하시는 때에 번거롭게 하십니까. 신 등은 더욱 그 옳음을 알지 못하겠습니다.

1. 선유(先儒)가 이르기를, '여러 가지 완호(玩好)는 대개 지기(志氣)를 빼앗는다' 하였고, '서찰(書札)에 이르러서는 선비의 하는 일에 가장 가까운 것이나, 외곬으로 그것만 좋아하면 또한 자연히 지기가 상실된다' 하였습니다. 이제 동궁(東宮)이 비록 덕성이 성취되셨다 할지라도 아직은 성학(聖學)에 잠심(潛心)하시어 더욱 그 이르지 못한 것을 궁구해야 할 것입니다. 언문이 비록 유익하다 이를지라도 특히 문사(文士)의 육예(六藝)의 한 가지일 뿐이옵니다. 하물며 만에 하나도 정치하는 도리에 유익함이 없는데, 정신을 연마하고 사려를 허비하며 날을 마치고 때를 옮기시니, 실로 시민(時敏)의 학업에 손실되옵니다. 신 등이 모두 문묵(文墨)의 보잘것없는 재주로 시종(侍從)

에 대죄(待罪)하고 있으므로, 마음에 품은 바가 있으면 감히 침묵할 수 없어서 삼가 폐부(肺腑)를 다해 우러러 성총을 번거롭게 합니다"

임금이 소(疏)를 보고 최만리 등에게 이르기를, "너희들이 이르기를 '음(音)을 사용하고 글자를 합한 것이 모두 옛글에 위반된다' 하였는데, 설총(薛聰)의 이두(吏讀)도 역시 음이 다르지 않으냐. 또 이두를 제작한 본뜻이 백성을 편리하게 하려 함이 아니겠느냐. 만일 그것이 백성을 편리하게 한 것이라면 이제의 언문도 백성을 편리하게 하려 하는 것이 아니냐? 너희들이 설총은 옳다 하면서 군상(君上)의 하는 일은 그르다 하는 것은 어째서이냐. 또 네가 운서(韻書)를 아느냐. 사성칠음(四聲七音)에 자모(字母)가 몇이나 있느냐. 만일 내가 그 운서를 바로잡지 아니하면 누가 이를 바로잡을 것이냐. 또 소(疏)에 이르기를, '새롭고 기이한 하나의 기예(技藝)라' 하였으니, 내 늘그막에 날[日]을 보내기 어려워서 서적으로 벗을 삼을 뿐인데, 어찌 옛것을 싫어하고 새것을 좋아하여 하는 것이겠느냐. 또는 전렵(田獵)으로 매사냥을 하는 예도 아닌데 너희들의 말은 너무 지나침이 있다. 그리고 내가 나이 늙어서 국가의 서무(庶務)를 세자에게 오로지 맡겼으니, 비록 조그마한 일일지라도 참여하여 결정함이 마땅하거든, 하물며 언문이겠느냐. 만약 세자로 하여금 항상 동궁(東宮)에만 있게 한다면 환관(宦官)에게 일을 맡길 것이냐. 너희들이 시종(侍從)하는 신하로서 내 뜻을 밝게 알면서도 이러한 말을 하는 것이 옳단 말인가?" 하였다.

최만리 등이 대답하기를, "설총의 이두는 비록 음이 다르다 하나, 음에 따르고 해석에 따라 어조(語助)와 문자가 원래 서로 떨어지지 않는데, 이제 언문은 여러 글자를 합하여 함께 써 그 음과 해석이 변하므로 글자의 형상이 아닙니다. 또 새롭고 기이한 한 가지의 기예(技藝)라 한 것은 다만 문세(文勢)에 따라 말한 것일 뿐 다른 뜻이 있어서 한 말은 아닙니다. 동궁은 공사(公事)라면 비록 세미한 일일지라도 참여하여 결정하지 않을 수 없지만, 급하지 않은 일을 무엇 때문에 시간을 허비하며 심려하십니까" 하였다.

임금이 말하기를, "전번에 김문(金汶)이 아뢰기를, '언문을 제작함에 불가할 것은 없습니다' 하였는데, 지금은 도리어 불가하다 하고, 또 정창손(鄭昌孫)은 말하기를, '삼강행실(三綱行實)을 반포한 후에 충신·효자·열녀의 무리가 나옴을 볼 수 없는 것은, 사람이 행하고 행하지 않는 것이 사람의 자질(資質) 여하(如何)에 있기 때문입니다. 어찌 꼭 언문으로 번역한 후에야 사람이 모두 본받을 것입니까' 하였으니, 이따위 말이 어찌 선비의 이치를 아는 말이겠느냐. 아무짝에도 쓸데없는 용속(庸俗)한 선비이다" 하였다.

먼젓번에 임금이 정창손에게 하교하기를, "내가 만일 언문으로 삼강행실을 번역하여 민간에 반포하면 어리석은 남녀가 모두 쉽게 깨달아서 충신·효자·열녀가 반드시 무리로 나올 것이다" 하였는데, 정창손이 이 말로 계달(啓達)하였기 때문에 이제 이러한 하교가 있은 것이었다.

임금이 또 하교하기를, "내가 너희들을 부른 것은 처음부터 죄 주려 한 것이 아니고, 다만 소(疏) 안에 한두 가지 말을 물으려 하였던 것인데, 너희들이 사리를 돌아보지 않고 말을 바꿔 대답하니, 너희들의 죄는 벗기 어렵다" 하고, 드디어 부제학 최만리(崔萬理), 직제학 신석조(辛碩祖), 직전(直殿) 김문(金汶), 응교(應教) 정창손(鄭昌孫), 부교리(副校理) 하위지(河緯之), 부수찬(副修撰) 송처검(宋處儉), 저작랑(著作

郞) 조근(趙瑾)을 의금부에 하옥시켰다가 이튿날 석방하라 명하였는데, 오직 정창손만은 파직시켰다. 그로 인하여 의금부에 전지하기를, "김문이 앞뒤에 말을 변하여 계달한 사유를 국문하여 아뢰라" 하였다.[9]

마. 훈민정음 성능 시험 및 반포

훈민정음 창제 후 이듬해 1445년(세종 27년)에는 용비어천가를, 1446년(세종 28년)에는 수양대군으로 하여금 《석보상절》(석가 일대기)을 번역토록 하는 등 3년간의 시험 적용을 거쳐 1446년 정음청을 만들고 9월 《훈민정음 해례》를 간행하여 훈민정음을 반포했다. 그 후로도 왕권을 적극 활용하여 훈민정음을 온 나라가 사용토록 하였다.

위의 사실을 보면 세종대왕이 그 많은 업적으로 바쁜 중에서도 훈민정음 창제에 얼마나 큰 비중을 두었는지를 잘 알 수 있다. 특히 반대하는 신하들에 형벌을 가할 정도로 완강함이라든지 후에 문종과 세조가 될 왕자들에게 중요한 과업을 주어 훈민정음이 후대까지 지속되도록 배려한 면밀함을 보면 대왕이 훈민정음 창제 작업에 쏟은 열정을 짐작할 수 있다.

그렇다면 세종이 왜 그렇게 훈민정음을 중요하게 생각했을까?

먼저 《훈민정음 해례》에서 분명히 밝혔듯이 창제 이유는 '어리석은 백성이 이르고자 할 바가 있어도 이르지 못하는 자가 많은' 것이 안타까워서였던 것이라 할 수 있다. 특히 법을 몰라 자기도 모르게 죄를 지어 벌을 받게 되는 억울한 일을 없애야겠다고 생각해 세종 14년(1932년, 당시

9 『세종실록』, 권103, 세종 26년 2월 20일(경자)

36세) 때 백성들에게 '율문(律文)을 다 가르치지는 못한다 하더라도 큰 죄의 조항만이라도 이두로 번역하여 줌으로써 어리석은 백성들이 스스로 범죄를 피할 수 있도록 하는 것이 어떻겠는가?' 하고 신하들에게 물으니 이조판서 허조가 면전에서 '간악한 백성이 율문을 알면 법을 농간하여 쟁송이 그치지 않을 것이며 윗사람을 능멸하는 무리가 생길 것'이라 반대하였다고 한다. 이에 세종은 허조를 무섭게 쏘아보며 "그렇다면 백성들이 법을 알지 못하게 해 놓고 범법하기를 기다려 벌주게 되면 법이 한낮 술책밖에 더 되겠는가?" 하고 꾸짖었다. 그러나 결국 이 일은 성사가 되었다는 기록이 없다. 이두로는 안 될 것을 알았을 것이기 때문이리라. 그러나 세종은 포기하지 않고 그 뒤에도 백성들에게 유학을 가르치려고 경서에 이두 번역문을 표기하는 방안을 시도해 보고 이 역시 실효성이 없다는 학자들의 반대로 무위로 돌아갔다. 세종이 학자의 반대에 밀렸다기보다는 아마도 이두로 번역해 보았자 백성들에게 큰 도움이 안 될 것을 잘 알았기 때문이었을 것이다.

결국 세종은 이두로 문제를 해결하려는 생각을 버리고 대신에 《삼강행실도》를 그려 길거리에도 붙이는 등 백성들이 널리 보고 배우도록 하였다고 한다. 여기서 세종대왕의 백성에 대해 노심초사하던 모습을 엿볼 수 있다.

2.4 세종 이후의 훈민정음

가. 세조 시대

세종이 53세 되던 1450년(세종 32년) 승하하고 병약한 문종이 즉위하여 2년 3개월 만에 병사하고 말아 12살의 단종이 즉위하였다. 문종은 세자 시절 세종의 훈민정음 프로젝트의 최선임 연구원이었고 그의 선한 성품으로 보아 세종의 정책을 착실하게 지속하였으리라 생각되지만 단명으로 훈민정음 보급을 위해 특별한 업적을 남길 수는 없었다. 문종의 외아들로 태어난 단종은 하루 만에 어머니 현덕왕후를 잃는 불행을 겪었다. 단종의 큰삼촌 수양대군은 세종의 수제자 성상문 등 사육신들의 목숨을 바친 반내에도 불구하고 1455년 왕위에 올라 결국 단종을 죽이고 권력을 잡았다.

세조는 원자 시절에 이미 중국의 운회(韻會)와 불서(佛書)를 훈민정음으로 번역하였으며 왕위에 오른 후, 한편으로는 내치와 외치에 열중하여 상당한 치적을 쌓았으며 다른 한편으로는 《월인석보》 등 불서를 훈민정음으로 번역하여 보급하였고 세종이 지시한 《역훈 홍무정운》 편찬을 완성하는 등 훈민정음 보급에 노력하였다. 그러나 그의 악행은 스스로도 용서할 수가 없어 말년에는 심한 자책에 빠져 불서를 번역하고 사찰을 짓는 등 불교에 의지하였지만 풍병(뇌졸증)에 걸려 천수를 다하지 못하고 1468년 52세에 사망하였다. 그는 영민하였을 뿐 아니라 학업에 충실하고 각종 무예에 출중한 강골이었다 하니 혹시 세종이 병약한 문종 대신 수양을 왕위에 올렸더라면 단종의 비극을 피하고 또 하나의 성군을 만들지 않았을까 하는 아쉬움을 금할 수 없다.

그의 불행은 자식에게 물렸는지 왕위를 이어받은 아들 예종 역시 1년 2개월 만에 요절하고 그의 아들은 3세에 불과해 몸이 약해 예종에게 왕위를 양보했던 의경세자(덕종)의 아들 성종이 1469년에 즉위하였다. 성종이 즉위하면서부터 조선은 왕실과 나라가 안정을 찾기 시작했다. 세종 붕어 후 19년이 지나서였다.

나. 성종 시대

성종은 학문과 문화를 중시한 왕으로, 훈민정음의 활용과 발전에도 중요한 기여를 했다. 《국조오례의(國朝五禮儀)》와 《경국대전》을 훈민정음으로 번역하여 일반 관리뿐 아니라 백성들도 법과 예법을 쉽게 이해할 수 있도록 하였으며 《경국대전》을 보충한 《대전속록》과 《동국여지승람》, 《동국통감》, 《동문선(東文選)》 등 다양한 서적을 편찬·간행했다. 또한 《삼강행실도》를 훈민정음으로 설명하고, 그림을 곁들여 백성들이 쉽게 이해하고 따를 수 있게 하였다. 세종이 훈민정음 창제 이전에 그림만 가지고 시도했던 일이었다. 뿐만 아니라 여성의 교육을 위해 《내훈(內訓)》과 같은 여성 교양서를 발간함으로써 훈민정음이 본격적으로 여성들에게 전파되었다. 이처럼 조선 사회에서 법률, 윤리 교육, 여성 교육, 종교 등 다양한 분야에 훈민정음이 활용되면서, 언문이 조선 사회에서 정식 문자로 자리잡는 중요한 기반이 마련되었다. 그러나 성종 역시 1494년 가을부터 폐병 등 각종 병이 생겨 38세를 일기로 사망했다.

다. 아아 연산군의 언문 탄압

같은 해 성종으로부터 왕위를 물려받은 연산군은 즉위 초기에는 왜인과 야인의 입구(入寇)를 의식하여 평안도와 함경도의 방비를 강화했고, 왜구의 약탈에 효율적으로 대응하기 위해 비융사(備戎司, 비변사의 전신)를 설치하고 상설 회의 개최와 병기 개량 등을 추진했다. 또한 평안도와 함경도의 성곽 개보수와 변경에로의 사민(徙民)의 이주 독려와 면세, 부역 면제 정책 등 변방 이주를 장려했다. 또한 정여창, 허침 등 세자 시절 스승들의 건의를 받아들여 즉위 초반에는 경연에 자주 참여하는 한편 선대부터 간행되던 《국조보감(國朝寶鑑)》, 《여지승람(輿地勝覽)》 등의 증보, 수정을 계속하도록 지시했다. 그러나 《성종실록》을 편찬하는 과정에서 어머니 폐비 윤씨의 비극을 알게 되고 이후 행실이 포악해져 1498년 무오사화와 1504년 10월 갑자사화를 일으키는 등 비정(秕政)이 극에 달하여 결국 1506년 중종반정으로 폐왕되었다.

연산군의 언문 탄압 사건은 갑자사화 두 달 전의 일이다. 1504년 7월 연산군의 처남인 신수영(愼守英)이 연산군의 비리를 폭로하는 익명의 투서를 연산군에 전달했다. 이 문서는 궁 안에서 언문으로 작성된 것이었다. 대노한 연산군은 필자를 잡아드리지 못하자 도성의 문을 모두 닫아 아무도 빠져 나가지 못하도록 하고 언문 필체를 검사하는 등 광분하다가 앞으로 언문을 가르치지도 말고 배우지도 말며 이미 배운 자는 쓰지 못하게 하고 결국에는 언문을 사용하는 자는 참형에 처하고, 언문으로 구결(口訣)을 붙인 책이 있거든 모두 불사르라고 명했다. 하지만 연산군의 언문 탄압은 그리 오래가지 못하고 사실상 일회성 사건으로 끝났다, 언문으로 역서(曆書)를 번역하게 하고 궁인(宮人)의 제문(祭文)을 언문으로 번역하여 의녀(醫女)를 시켜 읽게 하는 등 필요에 따라 언문을 사용하도록 하였다. 그렇다고 언문을 공식적으로 인정하거나 장려한 것은 아니어서 그 여파는 오래 갈 수밖에 없었다.

라. 중종의 어문(語文)정책

연산군에 의해 사실상 지하로 들어간 훈민정음은 20여 년이 지난 후 중·종조의 어문학자 최세진[10]의 《훈몽자회》(1527)로 살아났다. 훈민정음 창제 후 80년이 지난 후였다. 《훈몽자회》는 어린이들의 한자 학습을 위해 만든 교재였는데 한자 3,360자에 언문으로 음과 훈을 토로 달았을 뿐 아니라 언문을 모르는 사람을 위해 훈민정음을 간략하게 소개했는데 여기서 기역, 니은 등 자모의 이름을 한자의 발음으로 표기해 주었다. 이 발음 표기는 처음으로 소개되는 것이어서 최세진의 공과로 받아들여지고 있다.

최세진은 언문 글자를 초성 17자, 중성 11자, 종성 8자 총 36자로 정리하였는데 종성은 초성과 겹치므로 총 자모 수는 28자이어서 훈민정음을 재등장시킨 것이라 할 수 있다. 문제는 그 후 이 28자 시스템이 점차 무너져 갔다는 것이다.

- 초성 17자: ㄱ, ㄴ, ㄷ, ㄹ, ㅁ, ㅂ, ㅅ, ㆁ, ㅋ, ㅌ, ㅍ, ㅈ, ㅊ, ㅿ, ㅇ, ㅎ, ㆆ
- 중성 11자: ㅏ, ㅑ, ㅓ, ㅕ, ㅗ, ㅛ, ㅜ, ㅠ, ㅡ, ㅣ, ㆍ

10 최세진(崔世珍, 1468~1542)은 조선 연산군과 중종 때 활동한 어문학자이자 당대 최고의 중국어·운서 연구의 대가였다. 문과에 급제하였으며 중국어와 이문(吏文)에 능통하여 외교 문서를 도맡아 처리하였으며 사신의 내방에 중요 역할을 했다. 《훈몽자회》, 《사성통해》, 《이문집람》, 《언해효경》 등의 저서가 있다.

· 종성 8자: ㄱ, ㄴ, ㄷ, ㄹ, ㅁ, ㅂ, ㅅ, ㆁ

당시에는 어디에서도 훈민정음을 제대로 가르치는 곳이 없었으므로 이 범례야말로 당시는 물론, 이후에도 한동안 언문 공부의 유일한 교재 역할을 했다.

훈민정음은 워낙 배우기 쉬워 공식적인 교육기관이 없었지만 백성들의 생활 속으로 퍼져나가 백성 중에는 언문으로 편지나 일기를 쓰는 사람이 늘어났다. 특히 언문 소설의 인기는 특기할 만해 《홍길동전》이나 《심청전》, 《구운몽》, 《사씨남정기》 등 언문 소설이 많이 생겨나 인기를 끌었으며 평민뿐 아니라 양반들에게도 인기가 많았다. 영조도 언문에 상당히 심취되어 있었다고 한다.

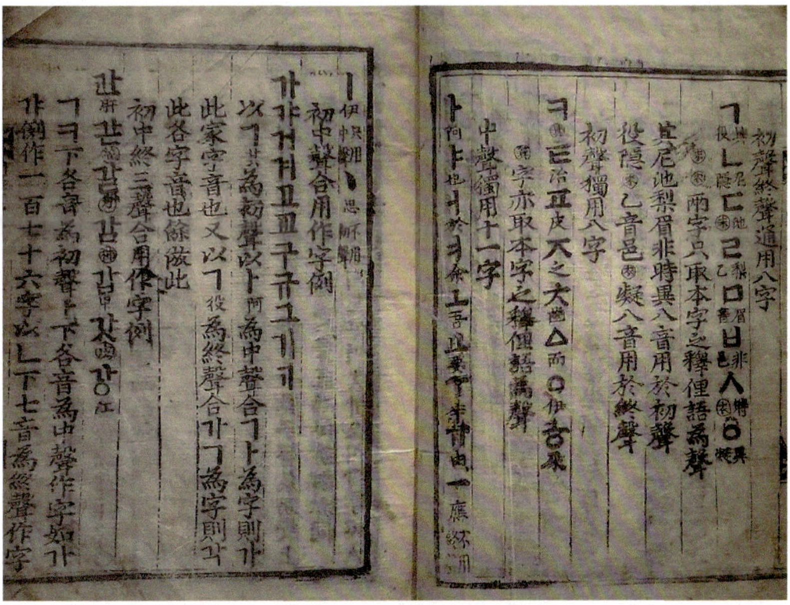

그림 2.2 국립 한글박물관에 전시된 훈몽자회

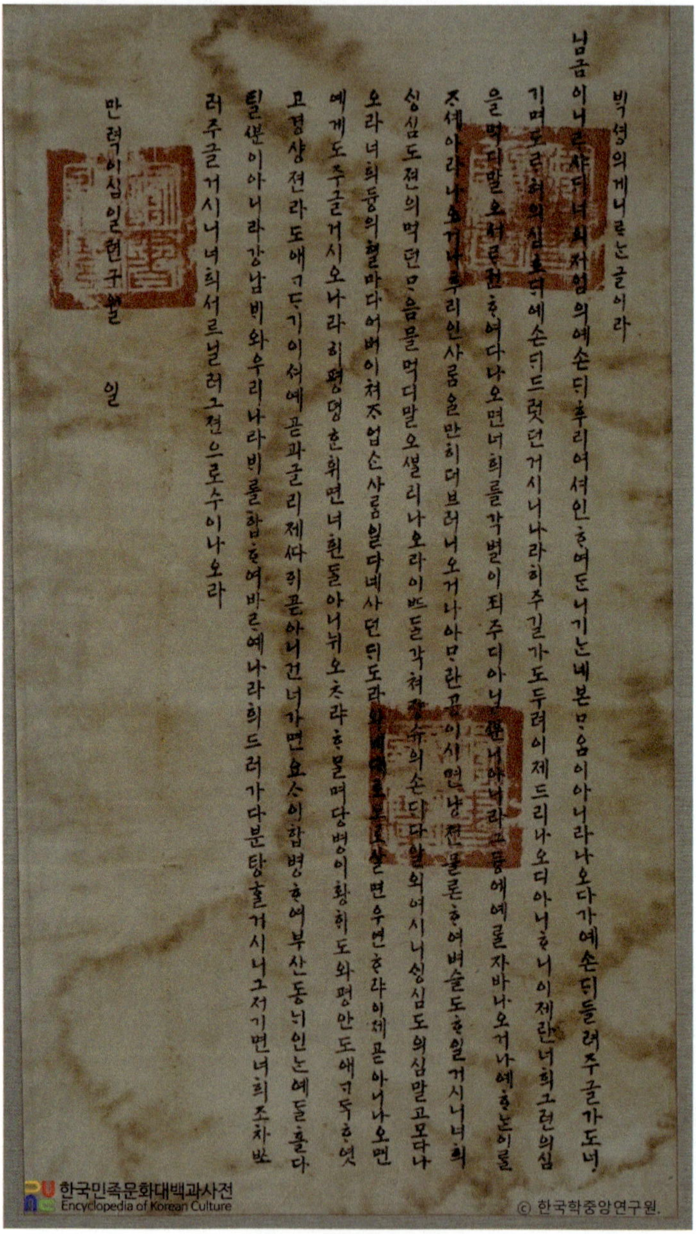

그림 2.3 선조의 국문 유서

마. 선조의 국문교서

임진왜란이 일어나던 1593년 선조는 언문으로 쓴 교지를 방문(榜文)하였다. 전쟁과 같은 긴박한 시기에 백성들과의 소통이 필요했던 조정이 언문으로 교지를 내린 것은 어쩌면 당연한 일이었다.

그 내용은 어쩔 수 없이 왜인에게 붙들려 간 백성은 죄를 묻지 않는다는 것과 왜군을 잡아오거나 왜군의 정보를 알아오는 사람, 또는 포로로 잡힌 우리 백성들을 많이 데리고 나오는 사람에게는 천민, 양민을 가리지 않고 벼슬을 내릴 것을 약속한 것이다. 임진왜란 당시의 상황을 알아볼 수 있다는 점과 한글로 쓰여진 점에서 국문학 연구에도 귀중한 자료가 되어 보물 제951호로 지정되어 있다.

바. 영 · 정조대의 언문 확산

영·정조 시대(1724~1800)에는 왕권이 회복되어 사회가 안정되었던 시기로 문화 부문에서 부흥이 가능했다. 18세기에는 전기수(傳奇叟)라는 여러 사람 앞에서 책을 읽어주는 직업이 등장하여 대단한 인기를 끌었다. 정조 16년 (1790)에는 전기수의 얘기를 듣던 청중 하나가 주인공이 억울한 사정에 처하는 장면에서 의분을 못참고 전기수를 칼로 찔러 죽이는 사건이 일어나 정조에게까지 보고된 일이 있었다. 또한 여인들은 외출하기를 삼갔기 때문에 소설책을 빌리는 풍습도 생겨 주로 《숙향전》, 《소대성전》, 《설인귀전》 등이 인기를 끌었으며 책을 빌리는 값이 만만치 않아 살림을 탕진하는 사례도 등장하였다.

언문은 여인들에게 대안이 없는 문자였으며 궁궐의 여인들 역시 언문이 주된 문자이어서 대비, 중전을 비롯한 내명부가 흔히 언문으로 교지를 내렸다. 1724년 숙종의 왕비 인원왕후는 언문교지를 내려 영조 임금을 즉위시켰고 아버지 경응부원윤 김주신과 어머니 가림부부인 조씨를 그리워 하는 내용을 담은 《선군유사》와 《선비유사》를 언문으로 써서 오늘날 높은 평가를 받고 있다.

그러나 소위 사대부라 불리는 문무 양반들은 사대주의와 성리학에 젖어 언문을 외면하였으며 혹 아쉬우면 부인 몰래 머슴들에게 배웠다고 한다.

2.5 개화기의 훈민정음과 헐버트

가. 호머 헐버트(Homer Bezaleel Hulbert)와 주시경

앞서 본 최세진에 의한 훈민정음의 재등장 이후 훈민정음은 공식적인 관리를 받지 못해 소위 지식층이나 지도층에서는 외면해 왔다. 언문이 얼마나 박대당하고 있었는지는 미국 선교사 헐버트의 회고록에서 나타난다. 그는 1886년 육영공원 영어교사로 초청되어 입국하였는데 훈민정음을 접하고 그 훌륭함에 놀랐고 동시에 이렇게 훌륭한 문자가 너무나 억울한 대접을 받고 있어 큰 충격을 받았다고 한다. 그 충격은 바로 훈민정음 사랑으로 바뀌고 다시 조선에 대한 연민과 애착으로 발전해 결국 일생을 조선의 독립을 위해 바치다시피 하게 된 것이다. 그의 조선에 대한 애국심과 공헌이 얼마나 컸으면 안중근은 일본 경찰에게 조사를 받던 1909년 12월 "한국인이라면 헐버트를 하루도 잊어서는 안 된다"는 말을

그림 2.4 서울시 종로구 당주동 주시경 마당 내 '주시경 · 헐버트 상징 조형물'

남겼을 정도다. 이렇듯 조선의 독립을 위해 바친 헌신적 활동은 훈민정음 사랑으로부터 시작되었다는 것에 주목해야 한다.

헐버트는 입국한 지 나흘 만에 언문을 완전히 터득하고 3년 후, 1889년에는 한글학자 경지에 올라 한국 최초의 순한글로 된 지리 교과서인 《사민필지(士民必知)》를 저술하여 자신이 교사로 있던 육영공원의 교재로 사용하였다. 이 책은 미국 고등학교의 지리책을 기반으로 당시 조선의 경제, 사회, 문화를 다른 나라와 비교 설명함으로써 조선인들이 꼭 알아야 할 내용을 모아 놓은 것이었다. 또한 그는 "한글은 현존하는 문자 가운데 가장 우수한 문자"라면서 한글을 보급하려고 주시경(1898년 당시 23세)과 함께 한글을 연구하여 띄어쓰기[11]와 마침표 등 기초 문법을 도입하고 한글의 우수성을 여러 경로를 통해 미국에 알렸다. 이때 주시경은 헐버트로부터 언어학은 물론 서양 문물을 많이 배웠을 것이며, 망해가는

11 띄어쓰기를 최초로 사용한 사람은 그간 존 로스 스코틀랜드 선교사로 알려져 있었으나 최근 좌옹 윤치호(1865~1945)라는 주장이 교계에서 제기되고 있다.

조선의 영혼을 살리려고 헌신한 지도자에게 앞선 문물을 교육시켰다는 것은 헐버트가 우리에게 베푼 또 하나의 공과일 것이다.

조선이 을사늑약(1905)으로 외교권마저 빼앗기자 헐버트는 1907년 헤이그 만국평화회의에 고종의 특사로 파견되어 이준 등 밀사의 활동을 돕는 한편 스스로도 조선의 독립을 위하여 활약하다가 총독부의 감시를 받아 입국이 불허되어 귀국하지 못하고 추방당하고 말았다. 38년간 미국 생활을 하던 중 1945년 해방을 맞아 이를 축하하기 위해 재입국하려 했으나 아내의 병치레로 좌절되고 그녀의 사후 1949년 광복절 기념식에 이승만 대통령의 국빈으로 초대되어 86세의 노구를 이끌고 40년 만에 내한하였으나 7일 만인 8월 5일에 별세하였다. 아마도 "한국 땅에 묻히고 싶다"는 평소의 바램을 이루고자 죽음을 앞둔 줄 알고도 무리하게 내한했던 것이 아닌가 생각된다.

그는 지금 양화진 외국인 선교사 묘역에 안장되어 있다. 그가 얼마나 우리나라를 사랑하여 헌신하였는지, 그리고 주시경 선생에게 언어학 지식을 전수하여 한글을 현대에 맞게 발전시키도록 한 공로는 매일 한글을 쓰고 있는 우리로서는 결코 잊어서는 안 될 일이다. 또한 그가 우리나라를 위해 이룬 크나큰 공적이 훈민정음의 사랑으로부터 시작되었다는 사실을 생각할 때 우리는 알게 모르게 훈민정음의 덕을 입고 살고 있다는 사실을 결코 잊어서는 안 된다.

나. 지석영과 고종의 국문 사용 칙령

개화기 한글 발전에 큰 공을 세운 인물로 지석영(1855~1935) 선생을 빼놓을 수 없다. 그는 가난한 양반집의 아들로 태어나 아버지의 친구에게 한문과 의학을 배웠으며 자진하여 중국과 일본에 사절단으로 따라 다니며 신문명을 배웠다. 그는 중국에 갔을 때 어깨 넘어 종두법을 배워 1880년 2월 전국에 전파해 어린이들에게 사망이나 치명적 후유증을 남기는 무서운 질병을 몰아냈던 것이다. 그러나 우두 역시 개화운동으로 몰려 배척받았다니 당시의 무지몽매함에 혀를 차게 된다.

지석영은 일본과 중국처럼 우리도 개명하여야 한다는 상소문을 올렸지만 오히려 개화파로 몰려 5년간이나 유배생활을 하였다. 1881년에는 유배지에서 《신학신설》이라는 위생과 예방을 위한 기본적인 의학서적을 순한글로 출판하였다. 앞에서 본 헐버트의 입국이 1886년이었으니 그보다 5년 먼저였다. 그는 의료업에만 전념한다는 조건으로 유배에서 풀려 서울 교동에서 무료 우두 시술소를 열어 봉사하게 되었다. 1883년 문과에 급세한 그는 벼슬길에 올라 1894년 김홍집의 갑오개혁 내각이 들어서면서 형조참의로 등용되어 적극적으로 개화운동을 시작하여 우여곡절 끝에 1899년 칙령으로 의학교가 설립되고 초대 교장으로 임명되어 의료계를 이끌어 나갔다.

이렇게 의료발전과 개명(開明)운동을 수행하면서 지석영은 국문(한글)을 보급시켜야 한다는 신념을 갖고 1896년 독립신문 창간호에 논설로서 《국문론》을 게재하면서 국문연구에 몰두하기 시작했다. 1905년에는 자신이 준비한 《신정국문(新訂國文)》으로 사라져 가는 훈민정음을 다시 살리고 한자로 되어있는 문서들을 번역해 국민을 가르쳐야 한다고 고종에 상소를 올렸다. 이 상소 전문을 아래 글상자에 싣는다.

지석영의 상소 전문

그림 2.5 지석영

"삼가 아룁니다. 문명의 근본은 진실로 교육에 있고 교육하는 도구는 백성이 쉽게 알고 쉽게 행할 수 있도록 하는 것보다 좋은 것이 없습니다. 그 도구가 무엇인가 하면 바로 국문(國文)입니다. 우리나라의 국문은 우리 세종대왕(世宗大王)께서 나라에 예전부터 문자가 없었던 것을 걱정하여 신묘한 지혜를 발휘함으로써 상형(象形)하고 절음(切音)하여 백성들에게 주신 것입니다. 그 원칙이 간결하면서도 쓰임이 무궁하여 형용하기 어려운 언어와 드러내지 못하는 뜻도 모두 말로 담아 낼 수 있는 데다 배우기가 매우 쉬워서 비록 아녀자나 어린아이같이 지극히 어리석은 사람이라도 며칠만 공부하면 모두 성취할 수 있습니다. 진실로 황실의 보배로운 문자이며 가르치는 도구 가운데 지남(指南)이라 하겠습니다.

삼가 살펴보건대, 어제정음(御製正音) 28자는 초(初), 중(中), 종(終) 3성을 병합하여 글자를 이루고 또 고저(高低)의 정식(正式)을 갖추고 있어 조금도 변경시킬 수 없는 것입니다. 그러나 애석하게도 오랜 세월이 지나면서 교육이 해이해져 참된 이치를 잃어버리고 또 학문을 하는 사람들이 연구할 생각은 하지 않은 채 소홀히 버려두었습니다. 이에 민간으로 점차 잘못 전해지게 되었습니다. 이로 말미암아 현재 사용하는 언문(諺文) 14행(行) 154자(字) 가운데 첩음(疊音)이 36개나 되고 잃은 음이 또한 36개나 됩니다. 또 고저의 정식이 전부 실전(失傳)되어 이 때문에 눈[雪]과 눈[目]은 의미를 분간하기 어렵고 동(東)과 동(動)은 음이 같아 말과 일을 기록하는 데에 구애되는 점이 많으니 신이 이를 늘 한스럽게 여기고 있습니다.

지금 세계 각 나라가 모두 자국(自國)의 문자를 자국에 사용하니, 자주(自主)의 의리가 그 안에 들어 있지 않음이 없습니다. 이에 타국의 각종 문학(文學)을 모두 자국의 문자로 번역 출판하여 자국의 백성을 가르치지 않는 나라가 없습니다. 그러므로 오주(五洲)의 모든 백성이 문자를 알고 시국에 통달하여 무럭무럭 날마다 문명의 세계로 나아가는 것입니다. 그런데 유독 우리나라만이 통상(通商) 후 몇십 년이 지났는데도 어물어물하여 발전하지 못하는 것은 이해하기 어려운 한문에만 매달려 쉽게 이해할 수 있는 국문을 숭상하지 않기 때문입니다.

이에 감히 외람함을 피하지 않고 함부로 미친한 말을 아룁니다. 삼가 바라건대, 폐하께서는 교육을 담당한 신하로 하여금 우선 국문을 참고하여 정리하는 한편 편리한 방법을 사용하여 백성들이 이해할 수 있게 하소서. 그리고 경전 가운데 성인들의 가르침 몇 편을 번역하여 어리석은 백성들을 가르침으로써 먼저 심지(心志)를 정하도록 해야 할 것입니다. 그런 뒤에 최근의 실용적인 신학문(新學問) 가운데 가장 중요한 것들을 번역하여 민간에 널리 배포한다면 몇 년이 지나지 않아 사람들이 모두 충성하고 애국하는 일과, 경제(經濟)와 관련하여 마땅히 행해야 할 것들을 알게 되어 점차 부강해지는 것을 확실하게 기대할 수 있을 것입니다. 이는 교육이 진보하는 기초가 될 뿐 아니라 또한 황조(皇朝)를 계승하는 아름다운 일이 될 것입니다. 삼가 바라건대, 밝으신 성상께서는 굽어 살피소서……"

이에 고종은 "상소를 보고 잘 알았다. 진술한 말은 참으로 백성을 교육하는 요점이다. 상소 내용을 학부(學部)로 하여금 자세히 의논하여 시행하도록 하겠다"라고 하고 지체없이 칙령을 내려 법률과 칙령은 모두 국문(國文)을 기본으로 하고, 한문(漢文)으로 번역하거나 혹은 국한문으로 섞어서 쓸 것을 장려하라는 '신정국문(新訂國文)'을 공포했다. 이로써 한글은 우리나라의 공식 문자가 된다. 창제된 지 약 450년 만이다. 그러나 내용 중 일부 결점이 지적되었고 이듬해 이능화가 '국문일정의견(國文一定意見)'을 제출하는 등 논란이 일어났다.

고종은 1907년 1월 국문연구소를 만들어 지석영을 임원으로 임명하였으며 5월에는 지석영이 스스로 국문연구회를 창립하고 자신이 총무가 되어, 10명의 연구원과 함께 자신이 주창한 신정국문을 연구하였다. 그 중 한 명이었던 주시경은 지석영, 유병필과 함께 편찬원으로도 활약하여 주된 역할을 하였다. 7월 8일, 대한제국 학부에 '국문연구소(國文硏究所)'가 설치되어 통일된 문자 체계를 확립하기 위한 연구가 시작되어 한글 사용과 연구가 점진적으로 확대되었다.

지석영은 최세진의 《훈몽자회》를 수정 보완하여 3,104자의 《훈몽자략(訓蒙子略)》을 간행하기도 하고 1906년에는 16,298자의 한자를 해석하는 《자전석요(字典釋要)》까지 간행하고 1908년에는 《아학편》, 1909년에는 《言文(언문)》이라는 국어사전 형식의 교과서를 출판하는 등 한글과 우리말 발전에 혁혁한 공을 세웠다. 지석영이야말로 최세진을 이어 훈민정음을 다시 살려낸 한글학자였다고 할 수 있을 것이다.

그러나 지석영은 의사가 본업이었다. 1914년 유유당(幼幼堂)이라는 소아진료소를 차려 80년의 생을 마감할 때까지 아이들의 건강을 돌봤다. 그가 한글 발전과 보급에 바친 노력은 국민의 보건생활과 개명(開明)을 위해서는 국문의 발전이 전제되어야 한다는 신념에 의한 것이 아니었을까 생각한다.

다산 정약용 선생이 강진 유배생활 중 지은 아동용 한자 교재인 《아학편》을 지석영 등이 1908년 일본어와 중국어, 영어 표기와 발음을 적어 새롭게 펴냈다. 중국어와 한자, 일본어와 영어 표기를 보였으며 영어 발음은 원음에 가까운 표기를 지향했다.

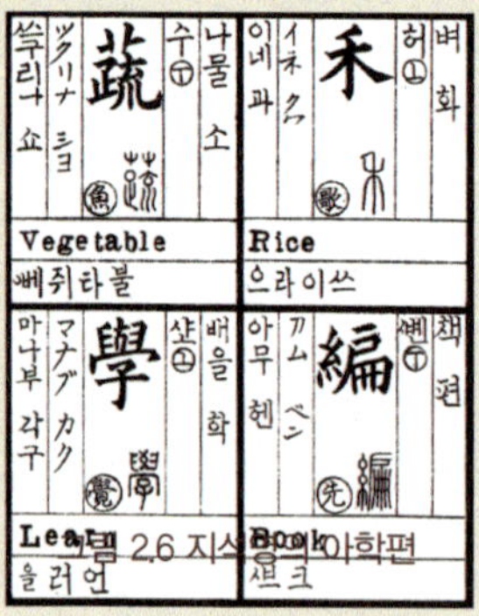

그림 2.6 지석영의 아학편

b = ㅅㅂ; f = ㅇㅍ; r = ㅇ + ㄹ

l = 을 + ㄹ; th = ㅇ + ㅈ

사용례

father 쯔아쪄

ruler 으루울러

learn 을러언

다. 헤이그 특사사건과 고종의 폐위

지석영이 고종에게 《신정국문》 사용을 호소하는 상소문을 낸 1905년 당시는 조선 조정이 문화정책에 큰 신경을 쓸 겨를이 없었다. 1894년 청일전쟁에 이어 1904년 러일전쟁까지 승리한 일본은 조선을 겁박하여 1905년 11월 을사조약을 체결하였다. 고종은 이의 부당함을 만국에 알리고자 1907년 6월 헤이그 만국 평화회의에 특사를 파견하였고 일본은 이를 트집잡아 고종을 강제 퇴위시키고 7월 20일 조선의 마지막 황제 순종이 즉위하게 되었다. 순종은 즉위 3년을 겨우 채우고 1910년 8월 29일 나라를 일본에 내주고 말았다. 1392년 태조 이성계가 건국한 조선이 519년 만에 망한 것이다.

제3장

한글의 등장과 과제

한글은 어떻게 탄생하게 되었으며
무슨 과제를 안게 되었나?

훈민정음이 방치되고 나라마저 폐망의 구덩이에 빠지려 할 때 한글이 등장한다. 이처럼 한글은 독립운동에 힘을 불어넣어 해방을 맞게 되고 대한민국은 빠르게 어엿한 선진국으로 성장하였으며 한글도 국제적 주목을 받게 되었다. 우리가 역사상 가장 비참할 때 생겨 아직 그 티를 벗지 못한 한글을 앞으로 어떻게 격상시켜야 할까는 우리의 과제이다.

3.1 한글 등장의 배경

가. 한글 등장의 요인

한글이 등장하게 된 배경에는 다음 3가지 요인이 중요하게 작용하였다.

① 언문의 무절제한 변화
② 한자로 인한 피해 인식
③ '나라의 글자'로 살려내려는 염원

훈민정음은 우리말을 적기 위해 만든 글자였으나 세종대왕의 포부는 비단 우리말에만 갇혀 있지 않았다. 어느 나라 말이라도 심지어 동물의 울음소리까지도 정확히 적을 수 있도록 훈민정음을 매우 정교한 표기체제로 만들었다. 이 때문에 조선인들은 실생활에서 훈민정음의 기능을 전부 다 쓸 필요는 없었으며 사용 양태도 조금씩 변화하였다. 결국 훈민정음과 백성들이 쓰는 글자에는 괴리가 생길 수밖에 없었다.

반면 개화기에 이르러 신문물이 물밀듯이 들어오면서 글자를 쓰는 일이 많아지게 되었고 어려운 한자를 쓰기보다는 우리 글을 써야 한다는 생각이 들었을 것이다. 여기에 중국의 세력은 점차 약해지고 일본과 러시아 등 외세가 들어와 우리 땅에서 자기네들끼리 전쟁까지 벌이는 정황을 보면서 조선인들은 모화사상이 줄어들고 국가에 대한 인식이 커지면서 우리글에 대한 애착심이 늘어나게 되었다. 더구나 일본이 청나라와 러시아와의 전쟁에서 이기면서 나라가 일본에 넘어가게 되었다. 이에 나라는 망하더라도 민족의 혼을 살리기 위해서는 우리글을 살려내야 한다는 주시경의 절규에 모두가 동감하였을 것이다.

나. 조선의 멸망과 한글의 운명

1910년 8월 나라가 망해 조선총독부에 의한 식민정책이 시작되었다.

35세에 망국의 설움을 만난 주시경은 며칠간의 통곡 끝에 다시 일어나 우리말 살리기 운동을 계속하였으며 그의 열정에 하늘도 감복했는지 후일 일제는 주시경 등이 이끄는 국어연구회의 한글 맞춤법 통일안을 받아들였을 뿐 아니라 보통학교(지금의 초등학교) 교과과목에 조선어를 포함시켜 한글 교육이 전국에서 이루어지게 되었다. 결국 한글은 조선어 표기체로 인정되어 전 국민에게 파급된 것이다. 물론 일제는 얼마 안 돼 한글 말살운동을 벌이고 한글학자들은 탄압하게 되지만 곧 해방이 되어 한글은 대한민국의 문자로 다시 태어나게 되었다.

다. 조선총독부의 한글정책

그렇다면 일제는 왜 한글을 교과과목으로 정해 한글을 살렸을까?

일제는 조선을 멸망시키고 조선총독부를 세워 초대 총독으로 이토 히로부미를 부임시켰으며, 그는 유화적인 문화정책을 채택하여 한글은 물론 우리의 문화를 존중하였을 뿐 아니라 도로와 철도, 발전소와 공장 등을 건설하는 등 조선의 경제발전을 위해 노력하였다. 그러나 일본의 속셈은 따로 있었다. 일본은 이와쿠라 사절단(글상자 참조)을 꾸려 일본의 근대화를 이끌었고, 그들은 지진도 없고 기후가 따뜻한 조선 땅을 동화시켜 영구히 일본의 본토로 만들어 대일본제국을 이루어 내려는 야욕이 있었다. 따라서 서구 제국주의 열강처럼 식민지를 착취하지 않고 오히려 조선에 교육제도 등 서구 문물을 도입하고 기간 시설을 건설하여 조선의 발전을 꾀하였다. 당시 조선은 몇 백 년에 걸친 폭정으로 강산은 피폐하고 백성은 가난하여 사실상 착취하려 해도 착취해 볼 부가 변변치 않았다.

언어정책 역시 조선인에게 일본어를 강요하여 억지로 동화시키기보다는 어떻게든 조선인의 환심을 사서 스스로 일본에 감동되어 일본 천황에 대한 충성심이 저절로 생기도록 하는 전략을 세웠다. 그는 한일합방 이듬해인 1911년 일본 근대 언어학의 대부로 일컬어지는 우에다 가즈토시(上田萬年)의 수제자 호시나 고이치(保科孝一)를 유럽에 보내 프로이센과 독일이 1772년 점령한 포젠주(현 폴랜드 포즈나니)를 동화시키기 위해 쓴 언어정책을 연구하여 그 결과를 우리나라와 만주에 적용시키려 했다. 호시나는 강경책으로는 100년이 걸려도 한민족의 국어를 말살시키기 어려울 것이며 대신에 조선문화를 존중하여 주면 조선인들이 일본에 심복하여 동화에 성공할 것이라는 보고서를 냈고 총독부는 이 제안을 받아들여 조선어를 보통학교 교과목으로 지정하여 모든 학생이 한글을 배우는 결과를 낳았던 것이다. 한글을 전 국가적으로 교육시킨 것은 사실상 처음 있는 일이었다. 후에 한글 탄압정책이 실시되었지만 그전까지는 주시경의 한글을 살려야 한다는 염원은 이루어지고 있었다.

일본이 식민지 언어정책을 마구잡이로 하지 않고 최고의 언어학자를 유럽에 보내 연구하도록 한 것이라든지 그의 제안대로 한글을 존중해 준 그들의 정치적 수완은 나름 평가할 만하다.

이와쿠라 사절단

메이지유신(1868)에 성공하여 정부 체제를 근대화한 일본은 구 정권이 구미 열강들과 체결한 불평등 조약을 개정하고 그들의 문물을 보다 적극적으로 배우기 위해 거국적 사절단을 조직했다. 이토 히로부미 등 장관급 3명, 사절단 46명, 수행원 18명, 유학생 43명이 포함되었다.

특히 페리제독의 무력시위에 굴복하여 1854년 굴욕적으로 체결한 미일화친조약(카나가와 조약)을 수정해 보려고 8개월이나 미국에 머물렀지만 실패하고, 대신 유학생들을 미국과 영국, 프랑스 등 선진제국에 남겨 학업을 계속하도록 하여 이들이 귀국 후 정무 요직을 맡아 일본 근대화에 기여했다. 이 사절단을 통해 배워온 철도와 각종 공업기술은 청일전쟁과 러일전쟁에서 이길 수 있는 원동력이 되었다.

라. 조선어학회 사건

그러나 일제의 조선어에 대한 호의는 어디까지나 우리를 동화시키려는 정략이었으며 자신들의 기대와는 달리 조선인들의 동화가 부진할 뿐 아니라 한글학자들이 독립운동의 주된 역할을 하게 되자 일제는 정책을 바꾸어 1938년 3월 15일부터 조선어 탄압에 들어간다. '고쿠고조요'(國語

常用)정책을 택하여 조선어는 정규 교과목에서 사라지고 우리 민족은 식민지배하에서 일본문자와 일본어를 강제로 사용해야 했다. 일제는 '대동아공영권'을 내건 침략전쟁이 동아시아로 전선을 넓히자 국어 전해(全解) 운동을 펼쳐 1940년 우리 글 신문을 폐간하고 창씨개명을 명하는 등 동화정책을 강행하였다.

1942년에 들어와 '조선어학회 사건'을 계기로 일제의 폭력적인 언어 탄압이 가해졌다. 그해 9월 5일 함흥 영생고교 학생을 취조하고 증인으로 조선어학회의 회원이었던 그의 은사 정태진을 불러 심한 고문을 가해 학회가 국체 변형을 꾀하는 독립운동단체라는 억지 자백을 받아내고 사전을 편찬한다고 모이던 한글학자들에게 국체변형 모의의 치안유지법으로 50여 명을 조사하고 33명을 재판에 넘겼다. 이극로는 6년, 최현배 4년, 이희승 2년 6월, 정인승 2년 등의 형을 선고받고 참혹한 고문 속에 이윤재(1943. 12)와 한징(1944. 2)은 옥사하였다. 최장기 선고를 받은 이극로와 최현배는 해방으로 풀려났는데 8월 15일 해방이 안 되었으면 이극로는 18일 사형을 받았을 것이다.

마. 일본의 문자정책

당시 미국과 전쟁을 벌일 정도의 막강한 국력으로 그들은 일어 세계화 정책을 시도했으며, 핫도리 시로(1908~1995, 언어학자 알타이어 전공)는 한자를 버리고 표음문자를 취해야 세계어가 될 수 있다고 주장하기도 했다.[1] 아마 이런 딜레마에 빠진 일본 관리들은 한글의 매력에 푹 빠졌을

1 이연숙 지음, 『국어라는 사상』, 2006.

것이다. 그리하여 한글이 자기네 나라의 신도문자에서 만들어졌으며 일본 문자로 신도문자를 택하자는 주장까지 나왔다가 1940년 《훈민정음 해례본》이 발견되자 없던 일이 되었다.

이렇게 민족혼을 살려낸 한글은 해방 후 대한민국이 세워지고 이제 세계 10위권의 선진국으로 발전하는 과정에서도 빼놓을 수 없는 중요한 몫을 해냈다. 특히 한글의 과학적인 구조와 함께 한국어의 언어적 우월성은 AI 언어모델에 긴요하게 적용되고 있다는 소식이어서 한글과 한국어는 앞으로 우리가 세계 문화를 이끌어가는 데 중요한 역할을 할 것으로 기대된다. 이 모든 것이 노심초사 훈민정음을 만드신 세종대왕과 한글을 살려낸 주시경 선생 등 선배 한글학자들의 노고 덕임을 결코 잊지 말아야 할 것이다.

3.2 8.15 광복과 한글의 정착

가. 광복과 한글의 소생

1945년 8월 15일 우리나라가 일제의 식민통치로부터 벗어나 독립을 되찾았다. 그러나 우리가 독립을 쟁취하였다기보다는 일본이 일으킨 태평양 전쟁에서 패함으로써 일본이 점령하였던 우리 국토를 미국과 소련이 양분하여 남쪽은 미국의, 북쪽은 소련의 신탁통치를 받게 되었다. 미군정은 일제 강점기의 언어정책을 청산하고, 한글을 중심으로 한 새로운 언어교육 체계를 수립하고자 일제에 앞장서 싸웠던 최현배를 필두로 하는 조선어학회가 주도하도록 하였다. 이에 최현배는 공문서와 교육에서 한글 사용을 의무화하고, 《한글 첫걸음》, 《국어교본》 등의 교과서를 발행하여 한글 교육을 강화하였다.

나. 건국 초기 한글 맞춤법에 대한 비판

그러나 조선어학회의 작품인 한글 맞춤법에 대한 비판이 있었다. 그 첫째는 학술적 논쟁을 벌인 법률가이자 한글학자인 박승빈이었고 둘째는 이승만 대통령이었다.

박승빈(1880~1943)은 철원의 부유한 집에서 태어나, 서당 훈장의 아들로 태어난 주시경과는 다른 길을 걸었다. 그는 어렸을 때 집에 소장되어 있던 《월인석보》의 일부로 보이는 《훈민정음 언해(訓民正音諺解)》(현재 고려대학교 아세아문제연구소 육당문고에 소장)를 읽을 수 있어서 일찍 한글에 관심을 갖게 되었다. 24세에 일본으로 유학하여 주오대학 법학과를 졸업하고 귀국해 검사를 거쳐 변호사로 개업하여 주로 우리민족의 억울한 사정을 변호하였다. 그는 《언문일치 일본국 육법전서》라는 제목의 법률서적을 출간하면서 국어표기법의 통일이 필요함을 절감하게 되었다.

그는 1931년 최남선(崔南善), 오세창(吳世昌) 등과 함께 계명구락부를 조직하여 《계명(啓明)》, 《신민공론(新民公論)》, 《낙원(樂園)》, 《신천지(新天地)》, 《신청년(新青年)》 등의 잡지를 발간하는 한편, 수 편의 고전을 출판하는 등 대중계몽에 힘쓰면서 언론의 힘으로 일본과 투쟁했다. 1930년에 이미 주시경이 만들어놓은 '한글 맞춤법'을 조선총독부가 개정 발표했고 1933년 이를 조선어학회가 한글 맞춤법 통일안으로 발표하였는데 주시경은 훈민정음에 대한 서적을 보지 않았을 것이며 헐버트로부터 영어의 영향을 받았을 것이다. 따라서 어려서 《훈민정음 언해본》을 읽을 수 있었던 박승빈이 다른 의견을 보인 것은 당연한 일이었다.

1930년 조선총독부가 '언문철자법'을 개정하자 박승빈은 1935년 7월 《조선어학》을 간행하여 이를 이론적으로 비판하였다. 그러나 이때는 이미 주시경과 최현배 등 소위 '조선어학회'의 의견이 공식적 맞춤법으로 자리를 잡고 있었다. 박승빈은 조선어학연구회를 조직하고 격월간 기관지 《정음》을 발간하는(1934~1941) 등 독자적으로 우리말 연구와 발전에 앞장섰다. 특히 국어문법이론의 집대성이라 불리는 《조선어학》을 저술해 후학들에게 영향을 미쳤다.

학자들은 주시경과 그 뒤를 이은 최현배, 김두봉을 '한글파'라 부르고 박승빈과 윤치호 중심의 학파를 '정음파'라 부른다. 박승빈은 당대의 국어학자 최현배와 쌍벽을 이룬 인물로도 평가받는다. 주시경이 소리를 표기하고 어원을 밝혀 적는 표기법을 요구했다면 박승빈은 음절 중심의 소리 연구를 지향하면서 언문일체의 세종대왕식 표기법을 계승해야 한다고 주장했다. 예를 들어 탁성 ㄲ은 된소리가 아니라 소리의 길이가 청성 ㄱ의 배가 되는 것이며 이는 훈민정음의 표현이라고 주장했다. 그는 또한 '가라', '와라', '서라' 대신에 '가시오', '오시오', '서시오'처럼 공대어를 기본으로 하면 어법과 문법이 모두 간단히 된다고 주장하였다.

다. 최현배(1894~1970)의 순한글정책

최현배는 1894년에 태어나 주시경보다는 18년, 박승빈보다는 14년 후배이며 해방 후에 한글 연구에 큰 활약을 보였다. 서당에서 한문을 배운 뒤 고향의 일신학교를 거쳐 상경하여 한성고등학교(후에 경성고등보통학교로 변경)를 졸업하였다. 1919년 일본 히로시마 고등사범학교를 거쳐 일본

경도제국대학(京都帝國大學) 문학부 철학과를 졸업했다.

그는 1910년 봄 보성중학교에서 열리는 조선어 강습원에서 주시경의 가르침을 받고 국어학 연구에 관심을 갖게 되어 1937년에 주시경의 한글 문법연구를 계승·발전시켜 집대성한 《우리말본》을 펴냈고, 1941년에는 한글 연구의 이론과 역사를 집대성한 《한글갈》을 펴냈다. 총 20책에 이르는 저서와 100편에 이르는 논문을 남겼다.

1926년 4월 연희전문학교(지금의 연세대학교) 교수로 취임하였으나 1938년 9월 흥업구락부사건으로 파면당하고 1941년 5월 연희전문학교에 도서관 직원으로 복직하였으나, 그해 10월 조선어학회사건으로 4년간의 옥고를 치르다가 광복을 맞았다.

흥업구락부(興業俱樂部)사건

1925년 3월 23일 서울에서 조직된 기독교 및 기호파(畿湖派) 계열의 항일 비밀결사로, 이승만이 이끄는 대한인동지회의 국내지부 역할을 하였다. 신흥우·이상재·구자옥·유억겸·이갑성·박동완·안재홍 등의 인물들과 종교인·변호사·교육자·의사·실업인들로 구성되었다.

1937년 중일 전쟁 발발 이후 일제의 한국 독립운동가 탄압이 대대적으로 이루어지는 과정에서 1938년 2~9월 사이에 신흥우·구자옥 등 흥업구락부 관련자 54명이 경성 서대문경찰서에 검거되었다. 이들은 강제로 전향성명서를 발표함으로써 기소유예로 감형되었고, 성명서 내용에 따라 흥업구락부는 해산되었다.

해방 후 문교부(지금의 교육부) 편수국장에 임명되었으나 1948년 9월 이승만 대통령의 한글간소화운동에 반대하여 자리에서 물러났다가 1951년 1월 복직되어 1954년 1월까지 근무하였다. 각종 교과서에서 한글만으로 가로로 쓰는 체제를 확립한 일은 그의 업적이다. 그 후 연희대학교 교수로 근무하였으며 한글학회 이사장에 취임하여 20년간 한글학회를 이끌었다. 또한 1957년부터 세종대왕기념사업회 이사·부회장·대표 이사 등으로 국어운동의 중심적인 인물로 활동하였다.

라. '들온말 적는법'에 대한 논란

해방 후 미군정에서 그를 문교부 편수국장으로 위촉하여 우리말로 된 교과서를 쓰도록 했으며 정부 수립 후 다시 편수국장으로 유치되어 한글 정책을 주도하였다. 이때 그는 훈민정음의 순경음(ㅸ ㆄ)과 반치음(ㅿ)까지 사용하여 '들온말 적는법'을 만들었는데 1951년 한글 맞춤법을 간단하게 고치라는 이승만 대통령과의 의견 차이로 문교부를 떠날 수밖에 없었다. 1898년 주시경(한힌샘)이 시작한 순한글 발전시대는 1951년 외솔선생의 퇴임으로 막을 내리게 되었다. 이 결과 '들온말 적는법'은 '외래어 표기법'이 되어 지금까지 유지되고 있다.

이렇게 자리잡은 외래어 표기법은 그 요체가 아직까지 유지되어 f와 p 발음 등을 구별하지 못하여 일본인 다음으로 영어를 잘 못한다는 평을 받게 되었다. 또한 중국어 발음 중 f와 권설음 등 몇 가지를 표기하지 못해 우리 학생들이 로마자 병음으로 중국어를 배우고 있다. 이에 대해서는 8.2절 및 10.5절에서 자세히 다룬다.

마. 이희승의 국어학

이희승(1896~1989)은 최현배보다 3년 늦게 경기도 광주군에서 태어났으며 경성고등보통학교, 양정의숙, 연희전문학교 등에서 수학하고 1930년 경성제국대학 조선어 문학과를 졸업했다. 최현배가 주시경의 사상과 학문을 이어받은데 비해 일석 이희승은 독자적으로 국어와 한글을 학문적으로 연구했다. 1930년 조선어학회에 입회하여 간사와 간사장을 역임하면서, 1933년의 '한글 맞춤법 통일안'(1933)과 '표준어사전'(1937) 사업에 깊게 관여하였다. 또한 1930년 경성사범학교 교유(教諭), 1932년 이화여자전문학교 교수를 역임하며 국어학 및 국문학 교육에 종사하였다.

'조선어학회사건'으로 3년 동안 복역하였으며 광복 이후 1945년 12월에 경성대학 법문학부 교수로, 1946년 10월에는 서울대학교 문리대학 국어국문학과 교수가 되어 문리과대학장 등을 역임하고 1961년 9월 정년퇴임했다. 1963년에서 1965년까지 동아일보사 사장을 역임하고, 1968년부터 현정회(顯正會) 이사장으로서 단군 존숭사업을 벌이는 등 여러 사회 활동에도 적극적으로 참여했다. 1969년부터 19년 동안 한국어문교육연구회 회장으로서 국한문혼용을 주장하는 등 어문 교육 시정에 힘썼다.

이희승의 학문적 업적은 주로 국어학 연구에 관해서는 한글 맞춤법 통일안의 원리를 해설한 《한글 맞춤법강의》(1946), 국어학 연구 논문집 《조선어학논고》(1947), 기존의 국어학 연구를 종합하면서 이후 국어학 연구의 방향을 제시한 《국어학개설》(1955) 등으로 국어학계에 많은 영향을 주었다.

이희승은 《초급국어문법》(1949)과 《새고등문법》(1957) 등의 교과서로도 유명하다. 또한 《국어대사전》(1961)을 편찬하기도 하였다.

이희승은 시인이자 수필가이다. 시집으로 《박꽃》(1947), 《심장의 파편》(1961)이 있고 수필로는 〈딸깍발이〉(1956)가 유명하며 수필집으로 《벙어리 냉가슴》(1956), 《소경의 잠꼬대》(1964) 등이 있다.

바. 외솔과 일석의 비교

최현배와 이희승은 우리나라 현대 국어학을 정착시킨 공로자다. 최현배와 이희승은 거의 같은 시대를 살았다. 최현배가 주시경의 제자로, 주시경 학파의 전통을 이어받은 국내파라면 이희승은 경성제대 출신으로, 일본 학자 오구라 신페이의 영향을 받은 유학파다. 언어관에 있어서도 최현배는 언어 민족주의적 입장에서 한글 전용과 우리말 살리기를 주장했지만 이희승은 초기에 한글 전용에 동의했으나, 후에 국한문 혼용을 주장했다.

최현배의 우리 말본은 이희승의 국어문법과 함께 한국어 문법의 양대 산맥을 이루었다. 이희승은 명사, 동사, 형용사 등의 한자명을 쓴 반면 최현배는 이름씨, 움직씨, 꾸밈씨 등 순우리말을 쓴 것이 특색이다. 최현배가 이화여대를 '배꽃 계집 큰 배움집'이라고 했다는 말이 전하나 이는 과장하여 공격하기 위한 가짜뉴스일 뿐이다.

문법 체계에 있어서 최현배는 1930년 《조선어 품사분류론》을 발표하여 새로운 문법 체계를 제시하고 1933년 한글 맞춤법 통일안에 기초를 잡았으며 《우리말본》(1937)은 20세기 전반기의 문법 연구를 집대성한 것이었다. 이희승은 서구 언어학(소쉬르의 일반언어학)의 영향을 받아 객관적, 분석적 접근을 중시했으며 경성제대-서울대로 이어지는 '과학적' 국어학의 흐름을 따라 전통적인 문법 체계를 제시했다.

최현배는 조선어학회(후에 한글학회)의 핵심 인물이었고 광복 후 문교부 편수국장으로서 자신의 문법체계를 주창하다가 이승만 대통령과 의견충돌로 사직했으며 결국 이희승의 문법이 채택되어 오늘에 이른다. 최현배는 언어학자는 적극적으로 언어 생활을 창조하고 말글 운동을 해야 한다고 믿었지만 이희승은 언어학자는 언어 자료를 수집, 분석, 해석하는 역할에 머물러야 하며, 언어에 가치를 부여하거나 새로운 언어를 만들어 내는 것은 학자의 역할이 아니라고 보았다.

이러한 차이로 인해 두 학자는 국어학계에서 서로 다른 입장을 대표하였고, 아직도 이 흐름은 국어학계의 주요한 학문적 대립 구도를 형성하고 있다.

3.3 이승만 대통령의 한글개혁과 최현배

가. 대한민국 건국 대통령 이승만 박사

이승만 박사(1875~1965)는 독립협회 활동, 왕정 폐지와 공화국정 수립 등 정치활동으로 한성감옥에 투옥되었다가 대한제국 말기 특별사면된 후 특사로 도미하였다. 우여곡절 끝에 그는 조지 워싱턴 대학교에서 학사, 하버드 대학교에서 석사, 프린스턴 대학교에서 박사학위를 받았다. 그가 1941년에 쓴 그의 박사학위 논문 'Japan Inside out'은 당시 미국의 베스트셀러(Best seller)에 올랐다. 그는 1919년부터 1925년까지 대한민국 임시정부 대통령을 역임하는 등 독립운동과 국제 외교활동에 전념하였고, 결국 광복 후 대한민국의 초대, 2대, 3대 대통령직을 수행하였다. 또한 그는 한국전쟁을 치르기까지 하면서 사실상 대한민국의 100년 대계를 마련한 위대한 인물이다. 오늘의 한국을 있게 한 역사적 인물을 꼽으라고 하면 일반적으로 한글 창제와 과학기술 발전의 세종대왕, 왜적으로부터 나라를 지켜 준 이순신 장군, 공산세력을 배척하고 대한민국을 수

호한 이승만 대통령, 그리고 전쟁의 폐허를 이기고 세계적인 산업국가를 이룩한 박정희 대통령을 꼽는 사람이 많다.

나. 이승만 대통령의 한글 간소화 운동

이승만 대통령은 이렇듯 국내외에서의 독립운동과 정치활동에 헌신하느라고 국어운동에 신경을 쓸 겨를은 없었지만 오랜 해외생활과 깊은 학문활동을 통해 영어와 일어, 한자 사용 등 언어에도 상당한 지식과 경험을 쌓았다. 물론 한글과 우리말 문법에 대해 진지하게 연구한 경력이 없는 가운데 조선총독부가 만들어놓은 한글 정책에 대해서는 불만족스런 점이 많았던 모양이다.

그는 1949년 한글날, 복잡한 맞춤법을 고쳐 소리 나는 대로 쓰라는 요지의 소위 '한글 간소화운동'을 주장하는 담화를 발표했다. 그러나 당시 문교부 편수국장이었던 최현배에게는 대통령의 뜻이 옳게 여겨졌을 리가 없었다. 얼마나 애를 써서 만들어 냈던 '한글 맞춤법'이었던가? 아무리 대통령이지만 사전 연구도 없이 일방적으로 고치라는데 호응할 수가 없었다. 이 일은 최현배의 반대로 흐지부지 되다가 전쟁이 끝나가던 1953년 대통령이 다시 의지를 표명하고 97명의 국회의원이 서명하여 '교육용어에 대한 법률안'이 국회에 제출되었다. 이를 거역하지 못하고 문교부에서 국어심의위원회를 열고 심의에 들어간다. 그러나 한글학자가 주도하는 심의위원회가 이를 들어 줄 수가 없었다. 결국 문교부 편수국장이었던 최현배와 문교부 장관 김법린(1899~1964)도 사임했다. 그러나 후임 장관을 찾지 못하여 대통령은 1954년 3월 긴 담화를 발표하고 성경에서 쓰는 방식을 살리라고 강력하게 지시한다. 그럼에도 불구하고 학자들이 따르지 않자 4월에 이선근(1905~1983)을 장관으로 임명하고 7월 한글 간소화 안이 국무회의를 통과하였다. 이에 전국 국어국문과 교수가 반대 성명을 발표하고 계속 항거하였으며 1955년 9월 대통령은 '어렵게 만든 한글 철자법이 습관이 되어 고치기 어려운 모양임'을 인정하고 더 이상 관여하지 않을 테니 앞으로라도 기회가 되면 국민들이 쉽게 쓸 수 있도록 학자들이 나서서 고쳐주기를 기대한다는 요지의 담화를 발표하고 이 논의를 마무리 지었다.

혹자는 대통령의 고집스러움과 불합리함을 비난하나 자신을 가지고 추진하여 매사에 성공한 당대의 영웅이 한글 맞춤법이 어려워 국민들에게 쉽게 만들어줘야 한다는 사명감에서, 그리고 다른 경험에서 쌓아온 자신감에서 나온 결과였다고 생각된다. 즉 분명히 자기 생각이 옳은 것 같은데 학자라는 사람들이(대통령 스스로 이런 표현을 자주 썼다) 깨닫지 못하고 괜한 아집을 부린다고 생각했던 것이다. 그 신념이 얼마나 강했으면 한국전쟁 중인데도 재론 삼론 하였을까? 또한 한편으로는 세계적으로 추앙받는 대통령이 그렇게 강력하게 주장하는데도 끝까지 신념을 버리지 않고 주장하여 결국 관철해 낸 한글학자들도 대단하다 하겠다.

다. 논란의 핵심

이 대통령의 주장과 한글학자들의 주장에는 학술적인 점이 있지만 평범한 국민들에게 다가오는 요점은 '소리나는 대로 쓰느냐 아니면 단어의 철자법을 존중하느냐'에 있다. 소리나는 대로 쓰자는 주장은 훈민정음의 원리라고 주장하는데 이는 앞에서 본 '먹으면'이 아닌 '머그면'으로 쓰자는 박승빈의 주장과 같다. 이에 대해 한글학파는 '단어의 독립성'을 잃는다고 반론을 내세운다.

그러나 훈민정음도 무조건 소리 나는 대로 적자는 것은 아니었다. 예를 들어 '나랏말싸미 듕국에 달아'를 보면 '말싸미'는 소리나는 대로 썼지만 '듕국에'는 '듕국'이라는 단어의 독립성을 인정한 것이다. 여기서 얻어낼 수 있는 규칙은 '한자 단어는 한자의 음을 존중해 주고 우리 고유의 말은 소리나는 대로 쓴다'라는 원리가 작용한 것으로 보여 앞으로 더 논의가 있어야 할 것으로 보인다.

그러나 한글 맞춤법이 이미 확정되어 국민에게 각인된 이상 이론적으로 잘못이 있다 하더라도 이를 고치는 것과 그대로 유지하는 것 중 어떤 것이 공공에게 미치는 손실이 적고 득이 많은지 판단하기 어렵다. 즉 잘못된 점을 고치는 것보다 후유증이 더 크다면 현재의 것에 손을 들어줘야 한다는 것이다. 저자 역시 한글 맞춤법에 한두 가지 이론(異論)을 제시할 수 있지만 이런 시비는 신중해야 한다고 생각한다. 다만 연구와 토론은 지속해야 한다는 데 손을 들어 주고 싶다.

3.4 대한민국의 한글

가. 훈민정음에서 한글까지

이상에서 훈민정음이 점차 변하여 오늘의 한글에 이르는 과정을 살펴보았다. 돌이켜 보면 세종 이후 문종은 병약하여 큰 업적을 남기지 못했으며 다음 단종이 어린 나이에 왕위에 올랐으나 삼촌 수양대군은 성삼문 등 세종의 충신을 6명이나 처단해가며 왕권을 뺏는 폭정을 감행하는 등 세종 후의 조선은 문치(文治)는커녕 나라 전체가 흔들리고 있었다. 1450년 세종 서거 후 20년간의 암흑시대를 보내고 성종이 즉위하여 나라가 안정되나 싶더니 다시 연산군이 나타나 공포정치를 시작하니 훈민정음과 같은 미래형 문화재는 가치를 발휘할 겨를이 없었다. 더구나 국가를 지배하던 양반 계급은 모두 성리학에 빠져 우리글을 육성하려는 생각조차 하지 못했다. 이런 가운데 임진왜란과 두 차례 호란을 거치면서 나라가 망하는 길로 점점 빠져들어 결국 1910년 나라가 일제에 넘어가고 말았지만 천우신조로 한글이 살아나고 민족혼도 살아나 1945년 광복을 맞았으며 대한민국 정부가 수립되어 한자를 버리고 한글을 사용해야 한다는 국어기본법까지 공포하게 이른 것이다.

나. 국어기본법

대한민국 정부는 2005년 1월 27일 국어의 사용을 촉진하고 국어의 발전과 보전의 기반을 마련하기 위해 국어기본법을 제정하고 2008년부터 2019년까지 8차례에 걸쳐 일부 내용을 개정해 나가 2020년에 이르고 있다. 이 법의 주무 부처 문화체육관광부는 이를 기본으로 국어 정책을 추진하고 있다.

국어기본법은 총 5장 27조 및 부칙으로 구성되어 있는데 주요 내용은 '국어 발전 기본계획 수립'(제2장), '국어 사용의 촉진 및 보급'(제3장), '국어 능력의 향상'(제4장) 등 주로 국어의 발전과 보전을 위한 제도적 기반과 관련된 규정을 담고 있다. 문자와 언어정책의 방향을 지정하는 어문규범은 제3장에 제시되고 있는데 국어심의회의 심의를 거쳐 국민의 국어 사용에 미치는 영향과 어문규범의 현실성과 합리성을 평가하여 어문규범을 제·개정하도록 하고 있다.

국어기본법에 규정된 세부 사항은 시행령[대통령령 제32207호, 2021. 12.14. 일부개정]에 의하는데 언어정책분과위원회, 국어순화분과위원회와 어문규범분과위원회 등 3개 분과위원회를 두어 집행한다. 이중 어문분과위원회가 한글 맞춤법에 관한 사항, 표준어 규정 및 표준 발음법에 관한 사항, 외래어 및 외국어의 한글 표기에 관한 사항, 로마자 표기법 등을 규정한다.

다. 한글 맞춤법의 법적 위상

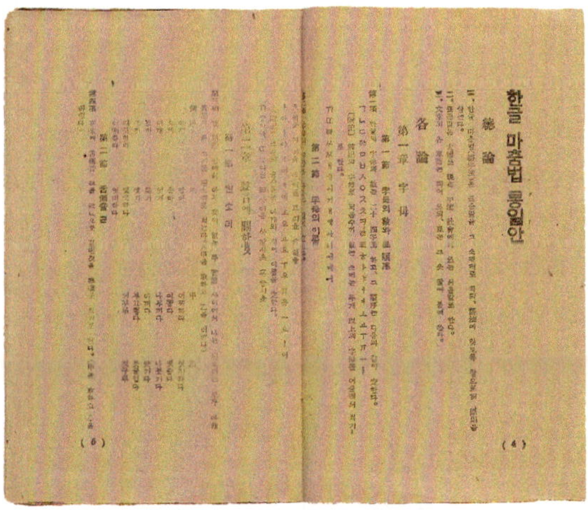
한글 마춤법 통일안

그림 3,1 1933년 '한글 맞춤법 통일안'

한글 맞춤법은 1933년 조선어학회에서 제정한 '한글 맞춤법 통일안'이 기본이 되어 1988년 문교부 고시 제88-1호로 고시되어 이듬해 3월 1일부터 시행되고 있다. 기본 원칙은 '표준어를 소리나는 대로 적되, 어법에 맞도록 함을 원칙으로 한다.'는 것과 외래어와 외국어는 '외래어 표기법'에 따라 적는다는 것이 주요 내용이다.

주목할 것은 국어기본법의 세부사항이 시행령으로 결정되고 맞춤법이 문교부 고시에 의해 규정된다는 점이다. 물론 시행령의 결정사항은 상기한 각종 심의위원회를 거치지만 법령에 의하는 것보다 학문적인 성격이 더 중요할 것으로 보아 전문 연구기관의 지속적인 연구가 뒷받침되어야 할 것으로 보인다. 외국어와 외래어 표기도 마찬가지로 시행규칙으로 처리하여 마치 정부 규제의 일종으로 다루기보다는 전문적인 연구가 지속적으로 뒷받침 해야 할 사항이 아닌가 한다. 이에 대해서는 앞으로 논의를 계속하여 구체적 대안에 접근해 보고자 한다.

3.5 한글은 세계 최고의 문자인가?

가. 한글은 소리글인가?

라틴 알파벳처럼 글자가 의미를 갖지 않고 단지 소리값만 갖는 문자를 소리글이라 한다. 한글도 소리글로 분류되지만, 소리글 중에서도 매우 경이로운 문자이다. 예를 들어 알파벳 C는 "city"에서는 /s/, "cat"서는 /k/ 소리를 나타내는 등 글자의 소리가 일정치 않지만 한글자모는 일정한 음가를 갖는다. 또 다른 소리글인 데바나가리는 자음에 모음 기호를 덧붙여 음절을 나타내지만, 훈민정음처럼 초성, 중성, 종성을 조합하여 하나의 음절을 구성하는 방식은 아니다. 일본의 가나도 소리값을 갖는다는 점에서 소리글이지만, 음절 단위로 표기하기에 음절문자로 분류된다.

나. 한글은 전통적인 언어학 속의 문자가 아니다

한글은 자모 각각이 고유의 발음뿐 아니라 조음 위치나 방식을 시각적으로 표현한다. 예컨대 'ㄱ'은 영어의 /g/와 비슷한 발음을 가지며, 그 글자의 형태는 발음 시 입천장의 모습을 본떠 만들어졌다. 여기에 획을 더하면 'ㅋ'이 되어 격음이 되며, 두 글자를 겹치면 'ㄲ'이라는 경음을 나타낸다. 이처럼 한글 자모는 소리를 전달할 뿐 아니라 자질(phonetic features)까지 반영한다. 이러한 특성 때문에 영국의 음운학자 제프리 샘슨(Geoffrey Sampson)은 그의 저서 『Writing Systems』(1985)에서 한글을 자질문자(Featural Script)로 분류하였다.

그가 제시한 한글의 자질문자적 특성은 다음과 같다.

① **음운 자질의 시각화**: 각 자모가 조음 위치와 방법 등 음운적 특성을 반영한다.

② **체계적 구조**: 기본자에 획을 더하거나 반복함으로써 소리의 성질을 체계적으로 표현한다(예: ㄱ-ㅋ-ㄲ).

③ **발성 기관의 도상화**: 다섯 기본 자음은 각각 발성기관의 모양을 본떠 만들어졌다.

④ **모음 체계의 논리성**: 'ㆍ', 'ㅡ', 'ㅣ'의 기본 모음을 조합해 다양한 모음을 만들어낸다.

이처럼 한글은 단순한 소리글의 범주를 넘어서는 구조적 특성을 지닌 문자이며, 전통적 문자 분류 체계에 그대로 포섭되기 어려운 독창적 체계를 가진다. 따라서 한글은 언어 진화의 산물이 아니라 창의적이고 과학적인 발명으로서 별도로 평가되어야 한다. 자질문자에 속하는 문자 중 알 만한 문자는 한글밖에 없다. 결국 한글을 자질문자라고 분류하는 것은 전통 언어학의 범위에 포함시키려는 의도가 아닌가 한다.

다. 한글은 세계 최고의 문자일까?

그림 3.2 세종대왕 표준 영정
(세종대왕기념사업회 제공)

한글을 직접 대해본 사람이라면 그 과학성과 체계성에 감탄하게 마련이다. 그러나 아무리 훌륭해도 '세계 최고'라고 할 수는 없다. 최고라는 표현은 비교 기준이 명확하고 객관적으로 인정받을 수 있어야 설득력을 가진다.

2009년, 세종문화회관에서는 세계문자올림픽이라는 행사가 개최되었다. 문자가 자주 창제되거나 급격히 변화하는 것이 아니기 때문에 '올림픽'이라는 명칭으로 정기 대회 같은 인상을 준 것이 타당한지는 의문이다. 실제로 이 대회는 2회(2011년, 방콕) 이후로 중단되었다. 하지만 이 행사에선 각종 문자가 출품되어 심사를 받았고, 두 차례 모두 한글이 금메달을 수상하였다.

심사 기준은 문자 기원, 구조와 유형, 글자의 수, 결합 능력, 독립성 및 독자성, 실용성, 응용 가능성 등으로 구성되었다. 이러한 기준은 합리적으로 보이지만, 점수를 어떻게 매기느냐에 따라, 그리고 누가 평가하느냐에 따라 결과가 달라질 수 있어 객관성에 대한 비판을 피할 수 없다. 그래서인지 언론과 학계의 반응이 미온적이었다. 다만, 이 행사를 기획

하고 주도한 고(故) 배순직 목사의 한글 사랑에 대한 열정에는 경의를 표해야 할 것이다.

라. 세계 으뜸 문자를 가려낼 방법

문자의 우열을 가리는 보다 객관적인 방법은 없을까?

문자의 기능을 정의하고, 그 기능을 얼마나 효과적으로 수행하는지를 측정하면 된다. 다시 말해, '특정 언어의 말을 기록하는 기호 체계'라는 본래 기능을 얼마나 잘 수행하느냐에 초점을 맞추자는 것이다. 예컨대, 한국어 한글, 영어 알파벳, 중국어 한자가 각 언어를 얼마나 효과적으로 기록하는지를 비교해 보자.

실험의 조건은 다음과 같다. 한국인, 미국인, 중국인 중에서 자국어를 말할 수 있으나 문자를 모르는 사람을 선정한다. 이들에게 간단한 문장을 주고 자국어로 빠르게 쓰도록 한다. 이를 위해 먼저 문자를 배워야 하며, 배우는 시간과 쓰기까지 걸리는 시간을 측정한다. 가장 빠르게 자신의 언어를 기록할 수 있는 문자가 가장 효율적이라는 논리다.

저자는 과거에 시각장애인 대학생 한 명(O윤환)에게 한글을 가르친 경험이 있다. 그는 태어날 때부터 시력이 없는 '전맹'이어서 문자라는 개념 자체가 생소했다. 필자는 그에게 "그으" 소리를 내보라고 하고, 입 안의 어떤 부위가 떨리는지를 질문했다. 그는 입천장 안쪽이라 답했고, 그 부위를 그려보게 했다. 그것이 바로 'ㄱ' 자라고 알려줬다. '낫 놓고 기역자도 모른다는 말 들어 봤느냐, 낫이 바로 기역 자처럼 생겼기 때문에 하는 소리다'라고 말해 주었다. 이어 '느' 소리를 내보라고 하고, 혀가 잇몸에 닿는 형태를 그리게 했고, 이는 'ㄴ'이 되었다. 이런 식으로 자모를 설명했고, 50분 만에 그는 자신의 이름을 한글로 써낼 수 있었다.

아래 그림 3.3은 그가 '윤환'이라는 자기 이름을 쓴 것이다. 그들은 QWERTY 자판으로 글자를 입력하므로[2] 모아쓰기에 대한 개념이 없다. 따라서 윤환군에게는 풀어쓰기만을 가르쳤다. 글자의 획이 자리를 맞추지는 못했지만 빠지지 않았음을 볼 수 있었다. 나는 '됐다' 라고 하며 그를 돌려보냈다. 그때 시계를 보니 아직 한 시간이 지나지 않았다.

그림 3.3 윤환군이 쓴 자신의 이름

이처럼 한글은 자모만 익혀도 자기 생각을 표현할 수 있다. 또한 좀 틀리게 써도 이해가 가능하다. 가령 '아버지'를 '아바지'나 '아부지'라고 쓰더라도 충분히 전달된다. 한글이 음소 단위의 소리글이기 때문이다. 반면, 영어는 알파벳을 알아도 단어의 철자법을 모르면 표현이 어렵고, 한자 역시 글자의 획을 그려내지 못하면 쓸 수도 읽을 수도 없다. 따라서 가장 빠르게 배워서 생각을 표현할 수 있는 문자는 단연 한글이다. 단시간에 문자 습득이 가능하며, 글자의 체계성 덕분에 소리의 표기가 정확하다. 한글이 세계에서 가장 효율적인 문자라 할 수 있는 근거다.

우리는 자모 24자만 익히면 문맹에서 벗어날 수 있다. 반면, 미국이나 중국에서는 어느 수준까지 익혀야 문해력을 갖췄다고 판단할지 기준이

2 대부분의 시각장애인들은 스마트폰으로 글자를 입력하기 때문에 모아쓰기 개념은 없다. 그래서 윤환군에게 풀어쓰기만을 가르쳤다. 점자는 별로 쓰지 않는다. 시각장애인의 점자 사용에 대해서는 8.4절을 보라

모호하다. 미국은 초등학교 5학년 수준의 문해력을 갖추지 못한 사람을 교육적 취약계층으로 본다. 중국은 모든 국민이 의무교육을 통해 일정 수준의 한자를 배우므로 문맹률 0%라고 주장한다.

요컨대, 문자라는 도구가 인간의 의사를 효과적으로 전달하기 위한 수단이라면, 한글만큼 그 목적에 충실하고 뛰어난 성과를 보이는 문자는 찾기 어렵다. 한글은 단순히 우리의 글자가 아니라, 세계에서 가장 과학적이고 효율적인 문자임에 틀림없다.

3.6 한글의 표음 기능

가. 한글의 외국어 표기

앞에서 한글은 세계 최고의 문자임을 밝혔다. 그런데 이 결론은 자국어 표기를 위한 자국어 문자의 기능을 견주어 본 것이다. 즉 한글이 한국어의 문자로서의 기능은 다른 문자들이 각기 자기 언어를 표기하는 기능에 비교할 때 최고의 성과를 낼 수 있다는 것이다. 그렇다면 한글로 다른 언어를 표기하는 데에도 최고일까? 이 문제에 대해 확실한 답을 하기 어렵다.

물론 특정 문자로 자국어가 아닌 다른 언어를 표기한다는 것은 거의 불필요한 일이며 사실 로마자를 제외하고서는 다른 언어를 적는 일이 자주 일어나지도 않는다. 고유명사처럼 불가피할 경우 자국민들을 위해 외국 이름을 적기도 하지만 크게 논란이 되지 않는다. 예를 들어 중국어로 미국 이름 Jack을 杰克(지에 크어)라고 쓰며 우리 이름 철수(哲洙)를 'ᅎᅥ 어 ᅎᅮ'[3]로 읽는 것을 보면 한자로 외국 이름을 적는 것이 무리임을 알 수 있다. 로마자는 세계적으로 다른 언어를 표기하는데 쓰이지만 로마자 역시 외국어 표기에는 무리가 따른다. 예를 들어 위 '철수'를 우리나라의 로마자 표기법으로는 'Cheolsu'라고 표기하는데 'eo'를 'ㅓ'로 발음한다는 것은 미리 배워야만 알 수 있는 사실이다. 즉 직관적이지 못하다는 얘기다. 미군이 쓰는 '매큔라이샤워' 표기법으로는 'Chŏlsu'라고 쓴다.

나. 한글의 외국어 표기 능력

한글로는 외국어를 상당히 정확하게 표기할 수 있다. Jack을 한글로 '잭' 이라고 쓰면 상당히 정확한 발음 표기라 할 수 있다. 한글이 외국어를 쉽고 정확하게 표현할 수 있다는 사실을 설명해 주는 일화가 있다. 1970년대 미국에서 활약했던 쟈니 윤이라는 코미디언이 있었다. 그는 한국 태생이어서 영어가 어눌했는데도 당시 미국 최고의 토크쇼 진행자 쟈니 카슨에게 '나는 오 쏠레미오 노래를 17개국[4] 언어로 부를 수 있다'라고 말하니 '그러냐?, 그럼 이탈리아어로 한번 해 봐라'라고 하여 정확한 이탈리아 발음으로 노래를 하니 그럼 '스페인어로 해보라', '아랍어로 해보라'하고 여러 언어를 지정해도 다 해내었다. 이에 놀란 쟈니카슨이 그 나라 말들을 할 수 있느냐고 물으니 물론 못한다 하였고 그렇다면 어떻게 그렇게 여러 나라 말로 노래를 부를 수 있냐는 질문에 '한글은 이들 나라의 언어를 다 적을 수 있어 그렇게 소리만 적어 외웠다'라고 대답

3 ㅈㄹ 은 저자가 제안하는 권설음 zh의 표기법으로 혀를 굴리며 'ㅈ'을 발음하는 것이다.

4 정확히 17개국이라고 했는지는 확실치 않음.

했다는 것이다. 이렇게 등장한 쟈니 윤은 미국에서 코미디언으로 성공해 노년에는 한국에 와서 자기 프로그램을 만들어 성공을 거두고 노년에 관광공사 감사로 임명되기도 했다. 그는 한글의 외국어 표기기능의 덕을 톡톡히 본 사람이었다.

다. 한글의 외국어 표기 기능의 문제

한글의 외국어 표기 기능이 우수한 것은 한글이 훈민정음의 맥을 이어오기 때문이다. 훈민정음은 정인지가 사람이 내는 소리는 물론이고 짐승의 소리까지도 표기할 수 있다고 자부할 정도였으니까 당연히 외국어 표기에도 문제가 없다. 그러나 한글은 훈민정음과 다른 점이 있어(4.1절 및 4.2절 참조) 외국어 발음 표기에 치명적인 약점이 있다. 쟈니 윤도 필시 이 문제를 잘 알고 있었으며 오히려 이를 코미디에 이용하기도 했다.

예를 들어 그는 무대에 서면 청중들에게 통상적인 첫 인사말을 한다. Hello다. 그러나 그는 '헬로우'라고 하지 않고 '헤로우'라고 한다. 그러면 청중들이 이 첫마디에 까르르 웃는다. 한국 사람들은 'L'과 'R' 발음을 구별하지 못한다는 것을 유머로 표현한 것이다. 'R'을 'ㄹ'로 표기한다면 'L'은 'ㄹㄹ'로 표기하면 쉽게 구별될 텐데 이를 외래어 표기법은 금지한다. 이런 표기 문제가 f와 p, b와 v에서도 일어난다. 알파벳 자음 글자 20자 중에서 이들 6자를 구별하지 못하니 30%에 해당하는 것이다. 즉 한국 사람은 30%의 자음 글자를 제대로 발음하지 못한다는 말이 된다. 중국어는 f와 p, l과 r을 구분하며 일본어도 f와 p는 구별한다. 외래어 표기법에 대해서는 6장에서 자세히 논한다.

라. 중국어 발음 표기의 문제점

중국어는 세계적으로 영어 다음으로 많이 쓰이는 언어이다. 특히 중국은 우리와 지리적으로 가장 가깝고, 경제적으로는 미국 못지않게 큰 영향을 주고 있으며 안보 면에서는 하루라도 마음을 놓아서는 안 될 매우 중요한 나라이다. 무엇보다 세계는 지금 미국과 중국의 노골적인 대립을 벌이고 있으며 우리나라는 어느 한쪽도 외면할 수 없는 입장이다. 우리가 싱가폴처럼 영어와 중국어를 공용어로 삼아 양국의 국민들과 잘 통할 수 있게 된다면 우리나라는 그야말로 세계의 중심국가가 될 수 있을 것이다.

언어학적으로 보아도 중국어와 한국어는 매우 특별한 관계를 가졌다. 훈민정음이 중국어 문화 안에서 창제되었으며 우리말 어휘의 절반 이상이 한자로 표기되는 것들이다. 우리의 긴 역사에서 600여 년 전 훈민정음이 창제되기 전까지는 한자가 우리에게 유일한 문자였으며 훈민정음 창제 이후에도 한자를 탈피하지 못하다가 불과 몇십 년 전에 한글 전용이 실시되었다.

이렇게 멀리할 수 없는 중국어를 배우려면 먼저 그 발음을 한글로 표기할 수 있어야 한다. 훈민정음은 물론 중국어 발음을 정확히 표기한다. 세종대왕은 한발 더 나아가 중국어 발음을 제대로 알려주려고 그들의 자전 《홍무정운》에 훈민정음으로 토를 달아 《홍무정운 역훈》이란 책을 편찬하기도 하였다. 이랬음에도 불구하고 우리나라의 중국어 교실에서 한글 표기를 안 쓰고 로마자 병음으로 표기하고 있는 것이다. 이 얼마나 부당하고 부끄러운 일인가? 이로써 한글은 영어에 이어 중국어도 발음을 제대로 표기하지 못한다는 것을 바로 자인한 셈이다. 한글은 외국어 발음 표기에 있어서 세계 최고라는 주장에 의문을 제기할 수밖에 없다.

세계 최고 발음 표기 논란과 무관하게 우리는 마땅히 중국어 발음 표기법을 만들고 이를 기반으로 한 중국어 사전은 물론 중국어 입출력 장치를 개발하여 학생들이 로마자 표기법으로부터 자유로워지도록 시스템을 구축하여야 한다. 이러한 시스템이 완성되면 우리 학생은 물론 다른 제3국 학생들에게도 현재의 중국어 지원 시스템보다 배우기 쉽고 쓰기 쉬워 거대한 언어시장을 점령하게 될 것이다. 이는 10.5절에서 자세히 설명할 것이다.

3.7 한글과 한자의 관계

가. 한글 전용과 한자 폐기

중국어와 별도로 우리에게는 한자를 어떻게 처리해야 할지가 또 다른 과제이다. 전술한 바와 같이 우리 어휘의 절반 이상이 한자 술어이고 5,000년 역사가 거의 모두 한자로 기록되어 있고 상당 부분의 고문헌 서적이 한자로 적혀있는데도 이에 대한 충분한 한글번역이 이루어지지 못하고 있다. 따라서 한자를 버려서는 안 되며 오히려 세계문화의 중심지가 되려면 한자를 포용하여야 할 것이다. 물론 이는 한글 전용을 등한시하라는 것은 아니다. 한글을 전용하되 한자를 존중하여 원하는 사람은 누구나 쉽게 배울 수 있도록 제도적으로 지원하여 한문에 대한 연구가 지속되도록 하여야 할 것이다.

나. 한자를 살려야 한다

중국은 간체자 사용이 정착됨에 따라 원래의 한자(번체)로 된 서적을 읽지 못하게 되었고, 일본의 한자도 정통에서 다소 이탈되어 있어 얼마 전까지만 해도 한중일 삼국 중 한국의 한문 수준이 최고였다. 조금만 노력하면 우리는 대만과 함께 정통 한학의 종주국 지위를 유지할 가능성도 있다. 우리는 향후 세계 문화의 중심지로 발전할 가능성이 있어 이러한 문제를 심각히 고민해 보아야 한다.

한자를 버리지 않고 우리 문화 안에 보관하는 방안으로 중국어 학습을 장려하는 방안을 고려해 볼 수 있다. 중국어는 어차피 우리가 등한히 할 언어가 아니다. 중국어를 장려하면서 동시에 한자 교육도 병행한다면 일거양득이 될 것이다. 물론 중국어는 간체자를 쓰기 때문에 중국어를 통해 한자를 살린다는 것은 어폐가 있다. 그러나 이 문제도 동시에 고려하여 중국어 교육방침을 정하면 될 것이다.

제4장

한글과 훈민정음

한글은 훈민정음과 무엇이 같고 무엇이 다른가?

우리 중에는 한글과 훈민정음의 차이를 잘 모르는 사람도 많고 이름이 다를 뿐 같은 것 아니겠느냐고 오해하는 사람도 많다. 또 다르다는 것은 알지만 별로 중요한 것은 아니겠지하고 알려고 하지 않는 사람도 많다. 한글의 외래어 표기 기능이 온전치 못한 것을 걱정하는 사람 중에는 훈민정음으로 돌아가야 한다고 주장하는 사람도 꽤 많다. 이 모두가 한글과 훈민정음의 차이점을 정확히 몰라서 생기는 결과이다. 아래에서 이러한 의문과 문제점을 살펴보고자 한다.

4.1 한글과 훈민정음은 무엇이 다른가?

한글과 훈민정음은 이미 언급되었지만 만든 목적부터 다르고 그렇기 때문에 내용에 심각히 다른 점이 있다. 이를 보다 구체적으로 살펴보자.

가. 훈민정음의 창제 목적

훈민정음 창제의 목적은 《훈민정음 해례》 서문(1.6절 참조)에서 밝혔듯이 조선인은 중국인과는 달리 문자(한자)로 소통이 안 되어 소리로 말을 표현하려는 것이었다. 아마 이 때문에 훈민정음을 글자라고 안 하고 바른 소리(正音)라고 부른 듯하다. 당시 조선말은 지금의 우리말보다 발음 영역이 더 넓어 조선말의 발음을 표현하면 거의 모든 말소리를 표현할 수 있었다. 그러나 세종대왕은 이에 만족하지 않고 중국어나 몽골어 등 주변국에서 쓰는 말까지 표현하기 위해 필요한 약간의 보완기능까지 갖추었던 것이다. 성삼문과 정인지를 십수 차례 요동으로 출장을 보냈던 것이 황찬이란 중국 한학자를 만나기 위함이었다고 기록되어 있지만 저자 생각에 정인지나 성삼문 같은 석학이 황찬을 왜 그리 자주 만나야 했을까? 한두 번이면 충분 했을 것이다. 이들은 필시 몽골이나 서역 등 인접 국가에 가서 그들의 언어도 연구했을 것이라 생각한다. 다시 말해 훈민정음 창제의 목적은 조선말을 표현하되 다른 언어의 말까지 표현할 수 있도록, 즉 '세상의 모든 말의 소리를 표현'하려는 것이었다.

나. 한글을 만든 목적

이에 비해 한글은 3.1절에서 보았듯이 경술국치 직전에 나라는 망해도 우리말을 살려 민족혼을 보존시키기 위해 당시 조선말 소리를 표현할 수 있는 최소한의 글지를 간추려 만든 것이었다.

목적이 이처럼 다르기 때문에 훈민정음과 한글 이 둘은 여러 모로 다를 수밖에 없다. 나라가 되살아나 대한민국이 되었으므로 이제는 급하게 만들었던 한글을 점검해 혹 소홀히 했던 점은 없었나 돌아보고, 회복시켜야 할 점이 있다면 이를 찾아 되돌려 놓아야 할 것이다.

4.2 한글과 훈민정음의 내용적 차이

위에서 본 것처럼 한글은 등장한 목적부터 훈민정음과 다르므로 내용도 다를 수밖에 없다. 다른 점을 항목별로 정리하면 다음과 같다.

가. 기본자모의 수를 줄였다

훈민정음은 기본자모가 28자이며, 한글은 이를 24자로 줄였다.

없어진 글자들은 다음과 같다.

ㆁ은 '어금니소리로 업(業)자의 처음 피어나는 소리'라 하여 음가는 영어의 'ŋ' 발음이었다. 꼭지가 달렸다 하여 통상 '꼭지 이응'이라 부른다. 이에 비해 일반 'ㅇ' 초성으로 쓰일 때나 종성으로 쓰일 때 음가가 없는 사실상 무음의 자음이었다. 16,7세기 초성 'ㆁ'은 소리가 없어져 글자가 필요 없어지게 되었고 종성 'ㆁ' 은 일반 'ㅇ'으로 대치되었다.

ㆆ(여린 히읗)은 ㅇ에 획을 하나 더해 만든 것으로 무음 'ㅇ'보다 다소 음가가 있는 글자였으나 우리말에는 없고 한자 발음 표기에만 사용되었다. 예를 들어 揖(읍할 읍)자의 발음을 'ᅙᅳᆸ'으로 표기하였다. 14,5세기부터는 'ㅇ'으로 통합된 것으로 보인다. '揖'은 두 손을 모아 얼굴 앞으로 들고 허리를 앞으로 공손히 구부렸다 펴면서 손을 내리는 인사로 현대 중국어에서는 ȳ로 표기하여 '으으'로 발음한다.

ㅿ(반치음 혹은 반잇소리)로 [z] 발음을 내는 자음이다. 한자 '양'[穰(볏)줄기 양] 자의 음을 'ᅀᅣᆼ'으로 표기했으며 16세기에 없어졌다. 현대 중국어에서는 [ráng]으로 발음한다.

모음 'ㆍ'는 탄[呑(삼킬 탄)]자의 가운데 소리로 혀를 움츠리고 깊게 나는 소리니 하늘이 자시(子時)에 열리는 소리라 하여 하늘 모양을 따서 둥글게 한 것이다. 이 때문에 '아래 아' 대신 '하늘 아'로 불러야 한다는 주장이 호응을 얻고 있다. 'ㆍ'는 모음의 기본이라 하였다. 저자의 생각에 갓 태어난 아기가 제일 먼저 자연스럽게 내는 소리로 현재 한글에서는 안 쓰지만 영어의 'ʌ'나 'ɔ' 같은 발음일 것으로 생각된다. Coffee를 '카뼤'나 '커뼤', 혹은 '코뼤'라고 발음하는 사람도 있어 이들 발음과 유사하지 않을까 한다. 박종국(《훈민정음 종합연구》)은 훈민정음에서 '·'를 입을 오므리고 내면 'ㅗ'가 되고 입을 벌리고 내면 'ㅏ'가 된다고 하였으니 'ㅗ'와 'ㅏ'의 중간 소리가 아닐까 하고 생각되기도 한다.

나. 합자의 원리를 일부 버렸다

세종은 소리를 물리학에서의 물질처럼 여겨 두 개나 세 개의 소리를 합할 수 있다고 생각했다. 이는 다른 문자에서는 생각조차 못하는 일이다.

합자는 세 가지 형태로 나타난다. 첫째는 초·중·종성이 합하여 하나의 음절을 이루는 것이고, 둘째는 자음이나 모음이 합쳐져 새로운 소리를 낸다는 것이다. 후자는 합용병서(合用竝書)라고도 하는데 'ᄯᅡ'가 지(地)가 되고 'ᄧᅡᆨ'이 척(隻)이 되고 'ᄢᅳᆷ'이 극(隙)이 되는 것과 같다고 하였다. 이러한 합자는 나란히 붙여 쓴다고 하여 병서(並書)라 한다, 'ᄢᅳᆷ'에서 보는 것처럼 3개의 자음의 병서는 어떻게 발음되는지 지금은 알지 못하지만 앞으로 우리에게 생소한 외국어 발음을 표기하기 위해 쓰게 될지도 모른다.

한 가지 흥미 있는 것은 'ᄯᅡ'를 '따'로 읽는데 'ㅅ'이 붙어 경음을 만든다는 사실이다. 그렇다면 'ᄯᅡ'는 무엇일까? 앞서 소개한 박승빈은 같은 자음이 병서 되면 경음이 되는 것이 아니라 장음이 되는 것이라고 주장했는데 타당한 주장으로 보인다. 그러나 이제 와서 이를 고치자는 것은 아니다. 다만 이점에서는 박승빈의 주장이 옳았다는 것이며 학자로서 그의 공적을 알아주어야 할 것이다. 그도 그럴 것이 그는 어렸을 때 집에 소장되어 있던 《훈민정음 언해본》을 보았으나 주시경은 《훈민정음 해례본》을 본 일이 없기 때문에 몰랐을 수도 있다.

합자에는 ㅱㅸㆄ 등 입술가벼운소리(순경음)가 있다. 이는 ㅁ, ㅂ, ㅍ 등 입술소리를 낼 때 가볍게 입술을 붙이라는 것이며 원래보다 가벼운 발음을 만들기 위해 ㅇ을 아래에 붙여 ㅱ, ㅸ, ㆄ, ㅹ을 만들었다. 글자를 아래위로 붙였다 하여 연서(連書)라 한다. 이 중에서 우리말에 쓰인 것은 ㅸ뿐이고 나머지는 중국어 등의 발음을 표기하기 위한 배려였다. 연서한 자음에는 ᄛᅩ에서 보는 '가벼운 ㄹ'도 있다. 《훈민정음 해례》에서 이는 우리말에는 없는 소리이지만 지방 사투리에 있다고 설명하고 있어 세종대왕이 얼마나 발음 표기에 고심하였는지를 엿볼 수 있다.

저자는 ㅸ과 ㆄ의 발음은 영어 'v'와 'f'에 가까울 것이라 보고 이들의 표기로 쓰기를 주장한 바 있다. 그러나 연서한 글자는 'ᄛᅩ'에서 보는 것처럼 글자가 너무 높아지므로 'ᄇ올'에서처럼 병서할 것을 주장한다. 또한 중국어를 배울 때 이러한 표기법을 안 쓰고 로마자 병음을 사용하고 있음은 이미 지적한 대로이며 매우 유감스런 일이다. 외국어 발음 표기에 데해서는 6.6절에서 다시 설명할 것이다.

한글이 훈민정음의 기본자모 28자를 24자로 줄이고 합자를 제한한 내역을 아래 표에 구체적으로 보였다.

표 4.1 한글과 훈민정음의 자모 비교

구분		한글	훈민정음
자음	기본	ㄱ ㄴ ㄷ ㄹ ㅁ ㅂ ㅅ ㅇ ㅈ ㅊ ㅋ ㅌ ㅍ ㅎ (14)	한글 14자 + ㆁ ㆆ ㅿ (17)
	복합	ㄲ ㄸ ㅃ ㅆ ㅉ (초성용 5) ㄲ ㄳ ㄵ ㄶ ㄺ ㄻ ㄼ ㄽ ㄾ ㄿ ㅀ ㅄ ㅆ (종성용 13, 총 18)	ㅩ ㅪ ㅫ ㅬ ㅭ ㅴ ㅵ ㅸ ㅹ 등 (제한 없음)
	계	30(14+5+13-2)	제한 없음

		한글	훈민정음
모음	기본	ㅏ ㅑ ㅓ ㅕ ㅗ ㅛ ㅜ ㅠ ㅡ ㅣ (10)	한글 10자 + ㆍ (11)
	복합	ㅐ ㅒ ㅔ ㅖ ㅘ ㅙ ㅚ ㅝ ㅞ ㅟ ㅢ (11)	ㅘ ᆉ ᆦ ᆧ ힲ 등 (제한 없음)
	계	21	제한 없음
총 자모		51	제한 없음

위 표를 보면 한글 자모 중 자음은 기본 자음 14자와 초성용 복합자음 5자, 종성용 복합자음 18자인데 ㄲ과 ㅆ은 초성과 종성에 모두 기용되기 때문에 중복 계산되어 이들을 감하면 30자가 된다.[1] 한편 모음의 경우 기본 모음 10자와 복합모음 11자 도합 21자이어서 전체 자모수는 51자가 된다. 이에 비해 훈민정음은 기본 자음이 17자이고 기본 모음은 11자이어서 도합 28자이지만 이들이 제약 없이 합자(合字)를 만들 수 있어 전체 자모 수는 무의미하다.

한글과 훈민정음이 표기기능에서 차이가 나는 것은 당연한 이치이다. 한글은 정해진 자모로 11,172개의 음절을 만들 수 있음에 비해 훈민정음이 만들 수 있는 음절 수는 400억 개에 달한다. 이에 대해서는 다음 절에 더 자세하게 설명한다.

다. 성조표시를 없앴다

훈민정음에서는 지금 중국어에서 보는 4성(四聲)과 비슷한 성조(聲調)가 있어서 그 표시를 하였으나 한글에서는 사용하지 않게 되었다. 그래서

1 종성용 복합자음 13개 중 ㄹㅅ의 용도는 찾을 수 없음

현재 우리나라 말에는 기본적으로 억양이 없거나 단조롭다. 물론 지방에 따라 독특한 억양을 쓰는 경우도 있지만 이는 사투리이지 단어의 억양이 아니다.

당시에는 한자를 중히 썼기 때문에 훈민정음에서도 중국어의 성조와 비슷하게 거성(去聲), 상성(上聲), 평성(平聲), 입성(入聲) 등 4가지를 사용했었다. 중국어는 종성이 거의 없어 4성만 정해주면 그만이었는데 비해 우리말은 종성이 발달하여 성조만으로는 억양을 설명하기 어렵다. 이해를 쉽게 하기 위해 우선 중국어의 4성이 어떻게 발음되는지를 알아본 후 이를 기반으로 훈민정음 4성을 설명하고자 한다.

중국어의 4성

중국어는 1, 2, 3, 4성과 경성(經聲), 5개가 있으며 이를 그림으로 설명하면 아래와 같다. 경성은 성조 없이 짧고 낮게, 그리고 약하게 발음하는 것이다.

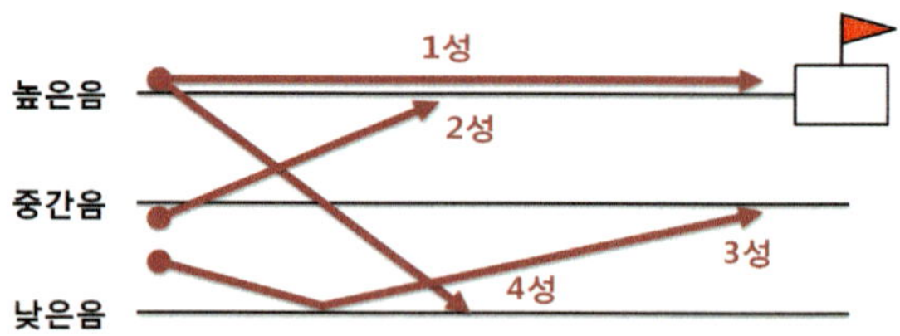

그림 4.1 중국어 성조의 모양

성조의 번호는 어떻게 정해졌는지 알 수 없지만 위 그림과 같이 4팀이 경주를 할 때 깃발에 도달하는 순서가 성조의 순서와 일치한다. 1성이 제일 빨리 도착하고 2, 3성이 그다음이며 4성은 돌아오지 못하여 꼴찌가 된다.

이들 성조의 발음이 어떻게 되는지 직접 들어보지 않고 짐작하기 위해 다음의 단막극을 설정해 보았다.

아들 넷을 가진 아버지가 언덕 위에서 큰소리로 아들 하나를 부른다.

큰아들 일성이인 것 같다. ‘일성아- 이리 오너라-’ 하고 소리 높여 부른다. 이렇게 높고 평탄한 소리가 1성이다.

아들이 올라오는데 가만히 보니 1성이가 아니고 2성인 것 같다.

‘이성이니?’ 하고 소리 질러 물어본다. 이렇게 올라가는 소리가 2성이다.

그러나 더 가까워져서 다시 보니 2성이가 아니고 3성인 것 같다. 그래서 다시 외친다. ‘아 ⌣, 3성이니?’, 이렇게 낮아졌다가 올라가는 소리가 3성이다.

사실은 4성인데 몰라주는 아버지가 원망스러워 가까이 와서 한마디 한다. ‘아냐!. 나 4성이야’ 하고 내뱉는다. 이렇게 짧게 떨어지는 소리가 4성이다.

훈민정음의 4성

훈민정음의 4성에는 평상거입(平上去入)이 있다.

- 평성은 가장 낮고 성조가 없다. 현대 중국어의 경성에 가깝다 하겠다. 평성에는 아무 표시도 붙이지 않는다.
- 상성은 낮게 시작하여 높이 올라가는 소리로 왼쪽에 점 두 개를 찍는다. 중국어의 2성은 중간에서 올라가는데 우리의 상성은 낮은 데서 올라간다.

- 거성은 가장 높은 소리로 왼쪽 점 하나로 표시한다. 중국어의 1성에 가깝다. 평성이나 상성이라도 개방성 종성인 ㆁ(꼭지이응), ㄴ, ㅁ, ㅇ, ㄹ, ㅿ이 오면 거성이 된다.
- 입성은 빨리 끝을 닫는 소리로 중국어의 4성과 비슷하며 특별한 표시는 없다. 평성이나 상성이 폐쇄성 발음의 종성으로 끝나는 경우 입성이 된다. 폐쇄성 종성은 ㄱ, ㄷ, ㅂ, ㅈ, ㅅ, ㆆ(여린히읗)이나 ㅋ, ㅌ, ㅍ, ㅊ, ㅎ 혹은 ㄲ, ㄸ, ㅃ, ㅉ, ㅆ, ㆅ 등이다.

옆 그림에서 '랏', '미', '잉', '귁', '하', '야'는 왼쪽에 점이 하나가 있어 **거성**이고, '말'은 점이 둘 있는 **상성**이며, 아무 표시가 없는 '나', '홍' '듕'은 **평성**이다. '말'은 점 둘이 있는 상성이지만 개방성 종성으로 끝나 거성이 되고 '랏'과 '귁'은 점이 하나 있는 거성이지만 폐쇄성 종성으로 끝나므로 **입성**이 된다.

정리하자면 훈민정음 음절(글자)은 높은음인 거성(점 하나)과 낮은음 평성(점 없음), 그리고 올라가는 상성(점 둘), 3가지가 기본이나 상성과 평성 중에 폐쇄성 받침으로 끝나는 음절은 입성이 되어 끝을 닫는 소리가 되고 개방성 받침으로 끝나면 거성이 되어 높은 소리가 된다. 아래 그림은 기본 성조 3개와 이들이 어떤 경우 입성이나 거성으로 변하는지를 보여준다. 상성과 평성이 받침(종성)에 따라 거성이나 입성으로 변한다.

얼핏 보아도 우리의 성조 체제는 중국어보다 복잡하다. 우선 우리말은 소리 위주이기 때문에 글자의 뜻이 주가 되는 중국어에 비해 말소리를 묘사하기 위해 성조에 더 많은 공을 들인 것이다. 훈민정음은 이처럼 소리를 정밀하게 묘사하는 것이므로 이를 복원해 쓰려면 많은 노력을 들여야 할 것이다.

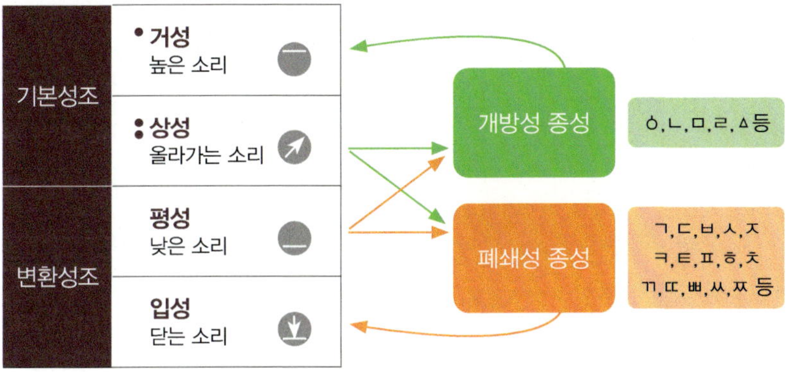

그림 4.2 훈민정의의 성조체계

우리 조상들은 점차 시간이 지나면서 엄격하게 성조를 가리지 않게 되었으며 그래서 성조표시도 등한히 하다가 아예 안 쓰게 되었다. 현대 한국어는 성조표시도 안 쓰고 또한 숨은 성조를 가리려고 노력도 안 한다. 그러나 이미 익숙해져 습관적으로 쓰고 있어 이를 습득하지 못한 외국인이 우리말을 할 때 우리 귀에 서툴게 들린다. 가령 '새 우는 소리'에서 '새(bird)'와 '새 구두'에서의 '새(new)'는 다르게 발음이 되는데 외국인들은 이를 알기 어렵다. 이러한 미묘한 발음의 차이는 성조표시를 한다든지 맞춤법에 정교한 규칙을 만들어 배우는 것보다 그저 생활 속에서 익혀 쓰는 것이 편한 것이 아닌가 한다. 어차피 말은 의사를 소통하는 방편이기 때문에 의사소통에 지장이 없는 한 어느 정도의 부정확성은 용납되어야 한다. 물리학이나 공학에서도 허용오차라는 것이 있게 마련이다.

이런 연고에서인지 성조표시는 세종 이후 점차 사라진 듯하다. 다만

16세기까지는 한자에는 4성 표시를 사용한 것으로 보이며 《훈몽자회》에서 그 흔적을 찾아볼 수 있다.

라. 띄어쓰기 도입

한글은 띄어쓰기를 도입한 것이 큰 변화이다.

띄어쓰기는 앞에서도 언급되었지만 헐버트가 한글로 된 《사민필지》라는 책을 쓸 때 주시경(1898년 당시 23세)과 함께 띄어쓰기와 마침표 등 기초 문법을 도입하였으며 이를 발전시켜 1933년 '한글 맞춤법 통일안'에 채택되었다. 당시 맞춤법의 요지는 '각 단어는 띄어 쓰되 조사는 붙여 쓴다'는 것이었는데 현 한글 맞춤법은 전체 51개 항에서 11개 항이 띄어쓰기를 규정하고 있어 전문가들조차도 쉽게 맞추지 못할 정도이다.

마. 형태주의 채택으로 언문일치의 원칙이 느슨해졌다

한글은 형태주의를 택했다는 것이 훈민정음과 다른 또 하나의 특징이다. 형태주의는 형태소를 존중하자는 것인데 형태소라는 것은 '한 언어에서 의미를 내포하는 가장 작은 단위'를 말한다. 형태소를 더 쪼개면 뜻을 잃어버린다. 예를 들어 '하늘은 스스로 돕는 자를 돕는다.'에서 형태소는 하늘, 은, 스스로, 돕-, -는, 자, 를, 돕-, -는-, -다 들이다, 여기서 '하늘'이나 '은'은 고유의 의미를 갖기 때문에 형태소인 것을 이해할 수 있지만 '돕'과 '는'도 형태소라는 점에 유의하여야 한다. '돕'은 '도우니-도와서-돕다'로 활용하면서 그 뜻이 있음을 알 수 있으며 '는'은 주격 어미라는 기능이 있는 어엿한 형태소이다. 그럼 형태소가 아닌 것은 어떤 것일까? '하늘은'에서 '하'나 '늘' 같은 음절은 아무 뜻이 없어 형태소가 아니다.

형태소 논란이 등장하는 이유는, 훈민정음은 소리 나는 대로 적는 데다가 띄어쓰기조차 하지 않아 사실상 형태소라는 개념이 없었기 때문이다. 예를 들어 '나랏·말ᄊᆞ·미·中國듀귁·에·달아'·에서 '말싸미'는 우리 맞춤법으로 쓰면 '말씀이'로 되어 '말씀'과 '이'가 형태소인데 'ᄊᆞ미'로 써서 형태소 구분이 어렵게 되어있다. 물론 여기서 형태소가 어떤 것이냐를 판정할 수는 있겠지만 훈민정음에서는 형태소라는 개념을 쓰지 않았다. 그보다는 '소리 나는 대로 적는다'라는 '언문일치' 원칙이 존중되어 어휘를 독립시켜 보지 않았다. 그러나 '듀귁에'를 보면 '듀귀게'가 아니라 술어의 경우는 한자 발음을 살려 형태소가 구별되어 있음이 흥미롭다. 즉 한자의 음은 소리 나는 대로 적는 것이 아니라 한자의 음을 살려 적은 것이다.

이에 비해 현대 한국어는 '소리 나는 대로 적되 어법에 맞춘다'라는 원칙을 정해 놓고 까다로운 어법을 만들어 적용시키고 있다. 이 어법을 보면 매우 정교하며 또한 복잡하여 이해하거나 수긍하기 어렵게 느껴질 때가 많다. 이 책은 언어학에 충실하기보다는 한글의 기능을 위주로 논하기 때문에 형태소에 대한 논의는 이 수준에서 끝내도록 하겠다.

바. 글자 생성의 철학에 무심하다

한글은 훈민정음의 골격은 받았지만 철학에 대해서는 무심했다.

≪훈민정음 해례≫를 보면 자음 글자의 소리는 모두 성리학을 바탕으로 풀어낸 결과물이었으며 글자의 모양은 소리를 낼 때 구강의 모습을

그려낸 것이라고 설명한다. 한글은 글자 채택에 대한 철학을 보이지 않고 채택된 글자의 존재를 시행령으로 규정하고 만다.

글자 체제의 이름도 훈민정음이라 하면 '백성을 가르치는 바른 소리'임을 알 수 있다. 이에 비해 한글이라는 이름의 뜻은 추상적이다. 흔히 '한'은 크다, 위대하다거나 '하나'의 뜻이라고 해석하지만 저자는 '하늘'의 뜻으로 해석하고자 한다. 우리 조상은 오래전부터 하늘을 섬기며 살아왔기 때문에 가능한 해석일 것이다. 그렇다면 한글은 '하늘이 주신' 글, '하늘글'이라 해석할 수 있지 않을까? 어느 쪽이거나 이러한 철학을 정리하여 공포하는 것이 좋을 것이다.

훈민정음은 명백히 글자인데도 문(文) 대신 음(音)으로 표현한 이유는 무엇이었을까? 당시 문자라고 하면 응당 한자를 가르키기에 일단 차별화하기 위해 문자라는 말은 기피하였을 것이다. 또한 당시는 이두나 향찰에서 보는 것처럼 한자의 음으로 우리말의 소리를 표기하고 있었는데 한자음의 수는 4백여 음절에 불과했으므로(현재 한자음의 수는 417개로 조사됨)[2] 우리말 소리를 표현하기에는 턱없이 부족하고 또 한자 글자 자체가 어려워 여러모로 불편하였을 것이다. 여기에 비하면 훈민정음의 소리는 그야말로 만족스런 소리였기 때문에 '정음'이라 했을 것이다.

차제에 《훈민정음 해례》처럼 한글에 대한 철학을 보이는 책자를 발간하여 세계만방에 고하기를 기대해 본다. 물론 훈민정음의 철학 중 받아들인 것은 그렇다고 밝혀야 할 것이다.

2 신부용 저, 『중한영 CEK 입체사전』, 부표 5.

4.3 한글의 폐쇄성과 그 영향

가. 한글 자모는 51자이다

흔히들 한글 자모는 24자이고 훈민정음은 28자라 하며 잃어버린 4자만 다시 찾아 쓰면 훈민정음의 소리 표기기능을 회복할 수 있을 것이라고 한다. 그러나 이 생각은 옳지 않다. 우선 이미 앞 표에서 본 것처럼 한글 자모는 24자가 아니고 2개 자모를 합쳐 쓴 복합자모까지 합하여 51자이다. 한편 훈민정음은 기본자모만 쳐서 28자이지만 2개나 3개를 겹쳐 만든 복합자모가 가능하므로 총 자모수는 셀 수 없이 많다. 그렇다면 '한글의 기본자모는 24개이고 훈민정음의 기본자모는 28개이다'라고 하면 되지 않을까? 이 역시 엄밀히 말하면 틀린 말이다. 한글은 24자나 51자나 생긴 모양만 다르지 기능적으로는 다를 것이 없다. 아무도 51개 중 24개를 뺀 27개가 기본자모를 합성하여 만든 것이라고 설명해 주지 않는다. 즉 모두 같은 법적 자격을 가졌다고 할 것이다. 이에 비해 훈민정음은 합자해에서 자음이나 모음을 합해서 쓰는 방법을 예를 들어가며 설명해 주며 합자가 얼마나 많은지는 물론 설명하지 않는다. 이처럼 한글 51자에 해당하는 훈민정음 글자는 정해져 있는 것이 아니므로 한글 24자와 훈민정음 28자를 같은 격으로 볼 수 없다는 것이다.

나. 한국어 음절이 11,172개라고?

한글은 이 51자를 사용하여 아래와 같이 11,172개의 음절을 만들 수 있다.

$$19 \times 21 \times (1+27) = 11,172$$

여기서 19는 초성에 쓰일 수 있는 자음의 수이고 21은 중성으로 쓰이는 모음의 수, 27은 종성 자음의 숫자이다. 종성자음에 1을 더한 것은 종성이 없는 경우를 감안하기 위함이다. 이들 음절들은 유니코드(Unicode)라는 세계 정보교환 표준부호로 등록해 놓았다.

11,172자가 유니코드 부호를 받았다는 데에는 심각한 의미가 있다. 첫째 이들은 음절이다. 음절을 등록해 놓았기 때문에 이들 음절이 초·중·종성으로 이루어진다는 사실을 외면한 것이다. 마치 영어의 단어를 등록해 놓은 것과 비슷하다. 물론 영어는 알파벳 26글자만 등록했다. 둘째, 이들 중 우리가 실제로 쓰이는 음절은 약 3,000개이고 나머지는 아무 쓸모 없는 자들이다. 예를 들어 갃, 초·중·종성과 같은 글자들은 유니코드에 등록되어 있지만 아마도 아직 써본 예가 없을 것이며 쓸 일도 없을 것이다. 불필요하게 유니코드의 용량만 축내고 있는 것이다. 하루 속히 국가적 합의를 보아 우리 글자들은 초·중·종성이 합쳐져 만들어진다는 것을 반영해야 한다.

《훈민정음은 해례》에 자음 17자는 초성과 종성에 쓰고 모음 11자는 중성이 된다는 것만 알려주고 다른 제약이 없어 자음이나 모음이 3자까지 겹칠 수 있음을 부인하지 않았다. 따라서 3자로 된 복합자음과 복합모음을 사용한 글자를 다 합하면 아래와 같이 약 400억 개의 음절을 만들 수 있다.

$$(17+17^2+17^3) \times (11+11^2+11^2) \times (17+17^2+17^3) = 39,849,136,943$$

위 계산에서 훈민정음에는 무음가 'ㅇ'이 있어 종성이 없는 경우를 별도로 감안하지 않아도 된다. 이렇게 한글과 훈민정음의 표기 기능은 39,849,136,943/11,172자=약 360만 배의 차이가 난다. 훈민정음은 이처럼 합자의 가능성을 열어주고 그 방법만 알려주었다.

다. 표음 기능의 과학

위에서 훈민정음의 표음 기능이 한글의 360만 배라 했는데 이것이 무슨 의미가 있나?

기본으로 돌아가 글자는 말소리를 기호로 표현하는 기술이다. 그러나 이는 정확한 말이 아니다. 영어를 표기하는 영어 알파벳은 말소리를 표기해 주는 것이 아니고 영어 단어의 철자법을 표기해 주는 것이고 중국어 한자는 말소리를 표기한다기보다는 중국어 어휘의 뜻을 만들어 준다고 해야 할 것이다. 물론 한자를 읽으면 그 어휘의 발음이 나와 말소리를 표기하는 기능을 수행하는 것은 사실이다. 그러나 한자의 발음으로 말소리를 표기하는 것이 아니므로 한자가 말소리를 표기한다고 할 수는 없다. 훈민정음이 생기기 이전에 우리는 '이두(吏讀)'라 하여 우리 말소리를 한자의 음으로 표기하기도 하였는데 앞에서 언급한 대로 한자의 음은 다 해봐야 400여 개뿐이어서 이 숫자의 음절로 말소리 표현은 거의 불가능한 일이었다.

알파벳이나 한자와 달리 한글은 말의 소리를 자연스럽게 적을 수 있다는 것이 사실이다. 그러나 한글의 말소리 표기 기능에는 몇 가지 결함이 있다. '새 우는 소리'와 '새로 사온 구두'에서 앞의 '새(bird)'와 뒤의 '새(new)'의 발음은 다른데 이를 구별하여 적지 못한다. 외국어 발음은 더욱 심각하다. 영어의 f, r, v 발음과 p, l, b 발음을 구별하여 적지 못하는 것은 이미 여러 번 지적하였다. 중국어의 발음 역시 정확히 표기하지 못한다. 권설음은 말할 것도 없고 g, d, j 등의 발음은 우리의 ㄱ, ㄷ, ㅈ 발음보다 강하지만 ㄲ, ㄸ, ㅉ보다는 약하다. 한글로는 이런 소리들을 제대로 적지 못한다는 것이다.

일반적으로 어떤 문자나 외국어 발음을 정확히 표기한다는 것은 가능한 일이 아니다. 그러나 훈민정음은 원래 특정 언어의 말소리를 표기하려 하지 않고 인간의 발성행태를 그려내려 한 것이었기 때문에 모든 언어의 발음을 표기하도록 만든 것이었다. 한글이 정확하지는 않아도 외국어 발음을 매우 비슷하게 표기할 수 있는 것은 훈민정음으로부터 상당부분의 특성을 물려 받았기 때문이다. 이러한 한글 표기기능의 제약에 대해서는 앞으로 논의를 계속할 것이다.

인간들은 각자의 의사를 표현하기 위해 지역과 인종에 따라 고유의 말소리를 사용하여 언어를 발전시켰고 그 언어들은 대개 2,000~3,000개의 변별력 있는 음절을 사용하고 있다. 중국어는 약 420개의 음절을 로마자로 표기하는데 이들도 5개의 성조(4성과 성조가 없는 경음)를 갖기 때문에 약 2,000개의 변별력 있는 음절을 사용하며 일본어는 50개 음이라 하지만 2개의 종성과 요음(ゃょゅ), 장음, 탁음 등으로 다양한 변화를 가미하여 3,000개 이상의 음절을 사용한다. 한국어와 영어도 3,000개 내외의 음절을 사용한다. 그러나 이 음절들 중에는 비슷한 음가를 가진 것들이 있을 것이다. 가령 한국어의 '다' 발음이 영어의 'da', 중국어의 'da', 일본어의 'たとだ' 발음과 비슷하다고 할 수 있을 것이다. 이들을 발음의 세기 순으로 나열해 보면 물론 엄밀한 분석이 필요하겠지만 아래 그림에 보인 것처럼 'だ-da-다-た-중국어 da-따' 순으로 나열되지 않을까 생각된다. 이 점들을 연결한 것을 '다' 소리 곡선이라 하자. 이 곡선상의 지점들은 가까운 것들도 있고 소리가 상당히 달라 많이 떨어진 경우도 있을 것이다. 예를 들어 한국어의 '다'와 일본어의 'た'는 비슷한 발음이라 그 거리가 짧을 것이며 중국어의 'da'와 한국어의 '따'는 거리가 상당할 것이다.

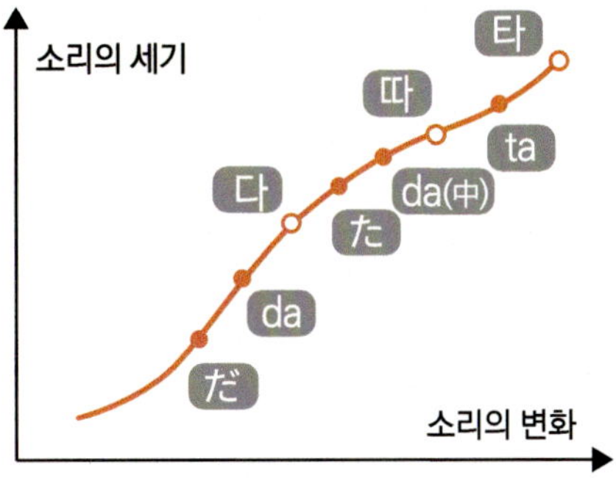

그림 4.3 '다' 소리 곡선

위에서 어떤 언어든지 대개 2,000 내지 3,000개의 음절을 사용한다 하였는데 이들을 위에 보인 것처럼 하나의 소리 곡선 위에 찍어 본다면 거리가 아주 가까운 음질은 같은 음질이라고 여길 수 있어 인류가 사용하는 모든 음절을 다 모아 놓으면 아마도 10,000개 내외가 되지 않을까 생각된다. 즉 인간이 내는 말소리는 모든 언어를 통털어 약 10,000가지의 발음으로 표현될 수 있을 거라는 말이다.

위 '다 소리 곡선'에 보인 지점들은 독립변수가 아니라 연속변수의 한 점이라 할 수 있다. 즉 이들 발음이 두부 자르듯 명확히 구별되지 않고 각 글자가 표현하는 소리는 연속된 선의 한 지점이라 할 수 있다는 것이다. 이는 마치 음악에서 음계가 도-레-미-화-솔--로 표현되지만 이들은 연속된 소리의 일 지점일 뿐인 것과 같다. 즉 피아노의 건반이나 기타의 한 음계는 특정 지점의 음계를 연출하지만 바이올린이나 관악기는 어느 지점에 관계없이 연속된 음계곡선 중 아무 음이나 낼 수 있는 것과 비교할 수 있다.

라. 한글과 훈민정음의 표음 기능

위의 이런 관계를 한글과 훈민정음의 관계에 적용하여 볼 때 한글은 인간의 말소리 중 11,172 지점을 표현할 수 있고 훈민정음은 400억 개 지점의 소리를 표현할 수 있다고 할 것이다. 물론 언어의 말소리는 의사소통을 위해 변별력이 있으면 되지 다른 언어에서 쓰는 말소리까지 상관할 필요는 없다. 한국 사람은 '다'라고 하는 소리만 알아들으면 됐지 미국사람의 'da' 발음을 알아들을 필요는 없다는 것이다. 그러나 인간의 말소리를 다 표현하려 했던 세종대왕은 달랐다. 그래서 훈민정음은 400억 개 지점의 소리 표현이 가능하도록 만들었던 것이다. 이에 비해 한글은 11,172개의 음절만을 표현할 수 있게 되어 영어나 중국어 발음 중에는 이들 음절로 표현하지 못하는 것이 있게 된 것이다. 이것이 한글 표음 기능에 한계가 있음을 설명한다.

4.4 한글이 나아가야 할 길

가. 대한민국의 한글에서 세계의 한글로 거듭나야

한글은 나라가 망해가는 위급한 상황 속에서 주시경 선생의 희생적 노력으로 만들어졌음을 인정해야 한다. 당시 식자들은 주로 한자를 사용하고 있었으며 마치 민간 처방처럼 전해 내려온 '언문'이 소수의 백성들 사이에서 아무 규범 없이 사용되고 있을 뿐이었다. 학교라고는 서당이 있을 뿐이었는데 서당에서는 한문만을 가르치고 있었으니 그럴 수밖에 없었다. 그는 지석영 선생과 헐버트로부터 배울 수 있는 것은 배우고 배울 수 없는 것은 스스로 연구를 수행하여 1906년 《대한 국어문법》, 1908년 《국어문전음학》, 1909년 《국문연구》 등의 저서를 출간하고 1907년에는 국문연구소에, 1908년에는 스스로 국어연구학회를 조직하여 연구와 한글 보급활동을 수행해 가며 한글을 완성하였다. 그가 정리한 한글은 일제 강점기를 넘겨 오늘날 대한민국의 문자체제로서 사명을 다하고 있다.

대한민국은 그동안 사회 문화 전반에 걸쳐 발전을 거듭하여 이제 그 위상이 세계로 뻗어나가고 있으며 특히 IT가 중심이 되어 발전하고 있는 세계 문화를 이끌어가게 되어 한글의 역할도 재정립해야 할 필요가 대두되었다. 즉 지금까지 대한민국의 문자에서 이제 명실상부한 세계문자의 역할을 해 나가야 한다는 말이다. 이는 매우 어려운 일처럼 들리기 쉬우나 훈민정음의 배경을 가진 한글로써는 어렵지 않으며 대한민국의 장래를 생각할 때 마땅히 이루어야 할 일이다.

라몬 파르도(Ramon Pacheco Pardo) 영국 킹스칼리지 국제관계학 교수는 2024년 3월 《새우에서 고래로》란 저서에서 '한국이 급속한 발전으로 세계열강의 반열에 올랐으며 앞으로도 발전을 지속할 것으로 예측된다'고 하였다. 프랑스 프로축구단 파리 생제르맹(PSG)은 2023년 12월부터 축구장을 빙 둘러싼 입간판에 한국 기업의 한글 LED 광고를 내보내기 시작했다. 홈 관중은 물론 세계 70여 채널의 시청자들도 한글 광고를 본다는 얘기이다. 이 프랑스 팀이 2023년 8월 초 우리나라에서 원정 친선경기를 펼쳤는데 선수 전원이 한글로 이름을 새긴 유니폼을 입기도 했다. 비단 PSG에서 뛰고 있는 이강인 선수와 한국 팬을 위한 것만은 아니었다. 세계 여러 나라의 팬들도 한글에 호기심을 갖기 때문이라는 것이다.

한류와 한국 제품의 확산에 힘입어 전 세계에 한국어 학습 열풍이 일고 있다. '오빠' '대박' '비빔밥' 같은 우리말이 그네들의 사전에 올랐고 구찌, 루이비통 등 세계적 명품들이 한글로 도안한 제품들을 내놓는다. 제일 크다는 외국어 학습 앱 '듀오링고'에 따르면 2024년 한국어는 영어, 스페인어, 프랑스어, 독일어에 이어 세계에서 다섯 번째로 많이 배우는 외국어라 한다. 'K-알파벳'이란 말이 나올 정도로 한글이 지구촌 곳곳을 누비는 세상이 되었다. 인도네시아 찌아찌아족이 자신들의 고유언어를 한글을 표기 수단으로 채택해 놀라움과 함께 자부심을 안겨 줬던 2009년과는 또 다른 차원이다. 무엇보다 Google 등 미국의 거대 기술이 한글과 한국어를 AI 기술에 적용하기 시작했다는 것이다. 한국어의 풍부한 표현력과 한글의 과학성을 생각할 때 놀라운 일이 아니다. 이 가능성을, 그리고 이 기회를 놓치지 말아야 한다. 우리가 그들에게 더 좋은 한글을 만들어 제시하여야 한다.

나. 세계의 한글은 어떤 것일까?

세계인이 사랑하게 될 한글은 어떤 모습을 보일까? 한글의 발전 방향은 크게 두 갈래로 볼 수 있다. 첫째, 국제 활동을 지원할 수 있도록 훈민정음 수준의 표음 기능을 회복하고, 둘째, 발전하는 현대 문물에 대응해 컴퓨터 접근성을 극대화해야 한다.

표음 기능 회복을 위해서는 현행 '외래어 표기법'을 '외국어 표기법'으로 확대 발전시켜 언어별로 표기법을 만들어 표준화 해야 한다. 이에 대해서는 6장에서 더 논한다. 컴퓨터 접근성을 높이기 위해서는 한글자모의 입력이 더 간편해져야 하며 입력된 한글자모가 발음 표기 기능을 통하여 다른 언어의 알파벳으로 전환이 가능하도록 해야 한다. 즉 한글자모가 언어전환의 매개체 역할을 할 수 있어야 한다. 이는 8.3절에서 자세히 논한다.

제5장

21세기 세계문자, 로마자

로마자의 한계는 무엇이고,
한글은 이를 뛰어넘을 수 있을까?

로마자는 현재 세계문자라 할 수 있다. 다만 세계적으로 통용되기에는약간의 결함이 있어 완벽한 세계문자라고 하기에는 이르다. 한글을 진정한 세계문자로 발전시키려면 먼저 로마자가 어떻게 지금의 경지에 도달하게 되었는지, 그리고 무엇이 모자라 완벽한 세계문자의 기능을 하지 못하고 있는지 알아보아야 할 것이다.

5.1 놀라운 세계문자, 로마자

가. 로마자가 세계 언어를 접수하고 있다

문자 가운데 세계적으로 가장 널리 쓰이는 것은 단연 로마자, 즉 라틴 알파벳이다. 한자도 로마자를 빌려 병음으로 쓰고 있으니, 로마자는 현재 미국과 유럽, 그리고 중국까지 아우르는 광범한 지역에서 공식적으로 사용되고 있다. 이 사실만으로도 로마자는 명실상부한 세계문자라 할 수 있다.

로마자는 라틴계 국가들뿐 아니라, 그 문화권 밖의 수많은 나라에서도 공식 문자로 채택되어 사용되고 있다. 16세기 이후 필리핀, 말레이시아, 인도네시아 등지에서는 아랍문자나 브라흐미계 문자를 버리고 로마자로 전환하였고, 베트남은 한자를 폐기하고 로마자를 채택하였다. 19세기 후반 루마니아는 400여 년간 사용해 온 키릴문자를 버리고 로마자로 되돌아갔으며, 20세기에는 터키가 아랍문자를 버리고 로마자를 도입하였다.

21세기 들어서도 로마자 전환의 흐름은 계속되고 있다. 우즈베키스탄, 카자흐스탄은 공식적으로 키릴문자에서 로마자로의 전환을 결정하였고,

우크라이나는 디지털 환경을 중심으로 로마자 사용이 확산되고 있다. 키르기스스탄도 로마자 도입을 검토하고 있으며, 몽골에서는 외국어 교육과 국제교류의 영향으로 로마자 사용이 증가하여 사회적 논란을 낳고 있다. 몽골의 문자 문제는 뒤에서 좀 더 자세히 살펴본다.

이 밖에도 아제르바이잔, 투르크메니스탄, 몰디브, 그리고 쿠르드족, 에티오피아의 카파(Kafa), 오로모, 시다마, 소말리, 월라이타(Wolaitta) 등 여러 민족 언어들도 로마자를 채택하였다. 현재 로마자를 공식 문자로 사용하는 국가는 약 130개국에 달하며, 세계에서 가장 널리 쓰이는 문자라는 사실은 더 이상 논란의 여지가 없다.

다음 그림은 로마자의 세계 분포를 보여준다.

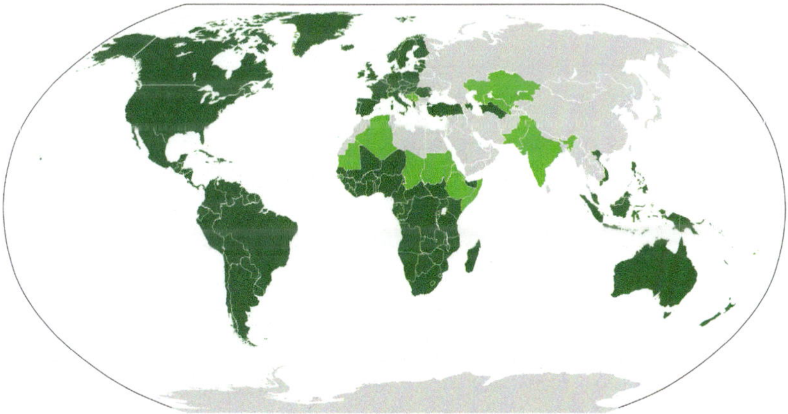

그림 5.1 로마자의 세계 분포도

*주: 진한 녹색은 로마자를 유일한 문자로 사용하는 지역,
연한 녹색은 공용 문자로 사용하는 지역.
중국은 병음 사용 특성상 제외됨.

로마자가 공식 문자로 사용되는 언어 목록(일부)

- 로망스어: 이탈리아어, 프랑스어, 스페인어, 포르투갈어, 루마니아어 등
- 게르만어파: 영어, 독일어, 네덜란드어, 스웨덴어 등
- 동남아시아 언어: 베트남어, 인도네시아어, 말레이어 등
- 기타 언어: 터키어, 몰타어, 바스크어, 중국어 등

나. 중국어 병음은 로마자의 특별한 기능

중국은 한자와 함께 로마자를 병음으로 사용하는데, 이는 1950년대 중반 모택동의 지시에 따라 주은래 총리가 주도하고 언어학자 저우유광 등이 참여하여 제정하였다. 병음의 도입은 단순한 발음 보조를 넘어, 현대 중국의 정보통신기술과 인공지능 발전에 필수적 기반을 제공하였다. 병음을 도입하여 컴퓨터 입력 속도에서 한자를 로마자와 경쟁할 수 있는 경지에 올려놓지 않았다면 현재 미국과 쌍벽을 이루고 있는 중국의 AI 산업은 상상하기 어려웠을 것이다.

병음의 주요 기능을 정리해 보면 다음과 같다:

- 한자의 발음을 표기하여 학습을 용이하게 한다.
- 컴퓨터 및 스마트폰 등에서의 한자 입력을 가능하게 한다.
- 사전에서의 한자 배열 기준이 된다.
- 때로는 한자 대신 사용할 수 있다. 예: kung fu = 功夫
- 어휘의 초성을 입력하여 검색을 용이하게 한다.

예 cxqd 입력 → 春夏秋冬 자동 추천(단축 병음 기능)

이처럼 병음은 로마자의 응용력과 적응력을 중국어에 부여함으로써, 한자는 물론 중국어 전체가 현대 문명에서 도태되지 않도록 강력하게 뒷받침하고 있다. 다시 말해, 병음이 없었다면 중국어는 컴퓨터 시대에 적응하기 어려웠을 것이며, 결국 베트남처럼 한자를 포기하는 수순을 밟았을지도 모른다. 세계문자 연구의 관점에서 보면, 여기서 두 가지 흥미로운 질문이 제기된다.

첫째, 병음에 사용된 로마자 대신 한글을 활용할 수는 없었을까?
둘째, 병음 체계를 아랍어나 소멸 위기의 언어들, 예컨대 만주어에 적용할 수는 없을까?

특히 만주어의 경우, 병음 기반 표기체계를 도입한다면 문자 복원은 물론 언어 자체의 소생을 이끌어낼 가능성도 기대할 수 있을 것이다.

다. 로마자 표기법(Romanization)

로마자를 공식 문자로 사용하지 않는 나라들, 예컨대 한국이나 일본에서는 고유의 '로마자 표기법'을 제정하여 인명, 지명, 문헌 등에 사용하고 있다. 이는 단순한 변환이 아니라 국제무대에서의 자국어 표기 표준화라는 측면에서 매우 중요하다.

또한 국제 체육경기, 박람회, 학술행사 등에서는 로마자가 실질적인 공식문자로 기능한다. 참가자의 이름, 국가명, 표지 간판 등 거의 모든 항목에서 로마자로 표기되는 것이 일반적이다.

라. 로마자의 기타 용도

문자 체계가 보편화되지 않은 일부 지역—아프리카나 동남아시아의 문자 사용이 제한된 지역—에서도 외지인과의 의사소통은 대개 영어 단어와 로마자 표기를 통한 시도로 시작된다. 말소리나 몸짓에 이어, 십중팔구 로마자로 된 단어나 문장을 써서 의미 전달을 시도하고 있다.

마. 로마자의 성취

이상의 사례들을 종합하면, 로마자는 가장 보편적으로 사용되는 문자일 뿐 아니라, '세계문자'라는 개념에 가장 근접한 문자다. 로마자는 뒤따라오는 도전자도 뚜렷하지 않으며, 문자 경쟁에서 사실상 도전조차 받지 않고 있는 절대강자라 할 수 있다. 이처럼 로마자가 세계문자의 실질적 주도권을 잡고 있는 현시점에서, 우리는 '다음'의 가능성을 질문할 수 있다. 로마자는 과연 세계문자로서 완벽한가? 그리고 문제점이 있다면 그 문제점들을 어떻게 극복해야 할까? 그렇다면 한글이 할 수 있는 역할은 없을까? 바로 이 물음에 답하기 위해 이제 우리는 한글을 세계문자의 관점에서 살펴보려 한다.

5.2 로마자의 진화 내력

가. 로마자의 원조는 자음글자(Abjad)

로마자의 기원은 3,000년 전 페니키아 상인들이 쓰기 시작한 22자의 자음글자(Abjad)였다(1.3절 참조). 이 글자는 그리스로 들어가 로마시대를 거치며 모음자가 포함된 24자로 진화하였고 11세기에는 'w' 자가 'p(wyn)' 자를 대신하고, 19세기에는 'j' 자가 도입되는 등 변화를 거쳐 26자가 되었다. 그후 1960년대에 들어와 국제표준기구(ISO)가 컴퓨터 시대에 맞춰 이를 국제표준으로 채택함으로써 국제화를 촉진시켰다.

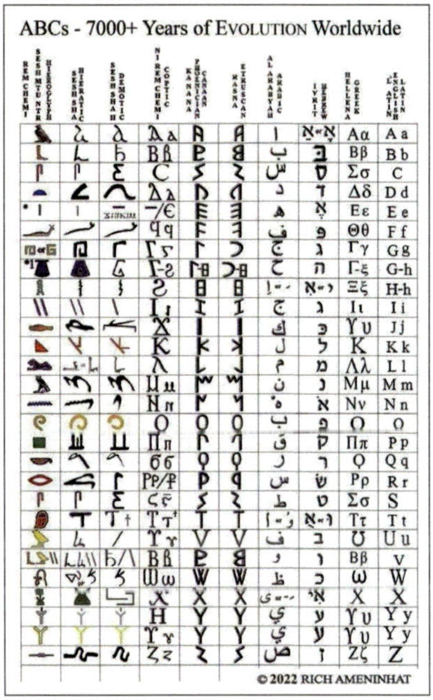

그림 5.2 로마자의 진화 내력

나. 로마자가 아닌 영어 알파벳

우리가 흔히 로마자라 하는 것은 사실 영어 알파벳을 말할 때가 많다. 예를 들어 중국어의 '로마자 병음'에 쓰인 알파벳은 모두 영어 알파벳에서 택한 것이며 발음체계도 영어 알파벳이 기본이 되었다. 우리나라를 포함하여 세계 여러 나라에서 만들어 쓰는 로마자표기법(Romanization)도 영어 알파벳의 발음이 기본으로 쓰인다. 우리나라의 로마자 표기법으로 '거북선'을 geobukseon으로 표기하는 것도 영어 알파벳의 발음을 기본으로 한 것이다.

로마자를 '라틴 알파벳'이라고 하는 것은 맞는 말이다. 라틴계 언어들, 예컨대 스페인어, 프랑스어 등이 쓰는 알파벳을 통털어 '라틴 알파벳'이라 하며 여기에는 영어 알파벳 26자가 기본이 되고 언어별로 각종 부호와 특수 문자를 쓰고 있다. 라틴 알파벳의 발음은 언어별로 차이를 갖는다. 예를 들어 'c'의 발음은 영어에서는 주로 /s/와 /k/로 쓰이나 프랑스어와 스페인어에서는 /c/[1], 독일어에서는 /tse/로 쓰여 cello를 '첼로'로 발음한다.

표 5.1 라틴계 언어들의 특수문자

라틴계 언어	특수문자									
독일어	ä	ö	ü	ß							
프랑스어	à	â	ç	é	è	ê	ë	ô	œ	ù	
스페인어	á	é	í	ñ	ó	ü					
포르투갈어	á	â	à	ã	ê	é	í	ó	ô	õ	ò
이탈리아어	à	è	é	ì	ò	ó	ù				

*주: 이들은 합자의 개념이 없어 새로운 표기를 도입해야만 한다

1 'ㄲ' 발음

다. 영어 알파벳의 고민

영어 알파벳은 독일어나 프랑스어에서 본 것처럼 별도의 표기부호나 특수문자의 도움 없이 26자만을 견지하는 대신 글자가 여러 가지 발음을 갖도록 하였다. 그러나 이는 사용자들에게 오히려 불만을 가져와 아래와 같이 알파벳 자체를 송두리째 바꾸려는 시도가 있었다.

① 소리가 보이는 'Visible speech'

1867년 미국에서는 전화기를 발명한 알렉산더 그레이엄 벨(Alexander Graham Bell)의 아버지 멜빌 벨(Melville Bell)이 글자를 보면 소리가 보이도록 하자는 취지에서 'Visible speech'라는 문자를 만들었는데 훈민정음처럼 글자 모양이 발성하는 구강의 모습을 보이도록 하자는 취지였다. 그의 아들은 아버지의 연구사업을 물려받아 각 글자가 다양한 입 모양과 혀의 위치를 표현하도록 하여 아래 그림에서 보는 바와 같이 26개의 자음과 12개의 모음으로 되는 알파벳 체계를 만들었다.

애초 아버지 벨(Bell)은 이 문자시스템을 농아들에게 말을 배워주기 위해 만들었는데 52개의 자음과 29개의 수정기호(Modifiers), 36개의 모음과 10여 개의 복모음으로 이루어졌다. 그는 온 세계가 이 문자를 쓰리라는 기대감에 "World English Alphabet"이라 불렀지만 성공하지는 못했다. 이후 그레이엄(Graham)은 전화기 특허로부터 번 돈을 투입하여 "Visible Speech Alphabet"이라는 알파벳을 완성하여 음성 장애인들이 음성을 배울 때와 음성 재활에 사용했으며 후에 음성분석기(sound spectrograph)를 개발하여 농아들이 소리의 모양(음파)을 눈으로 직접 보면서 말을 배우는 시스템을 개발하였다. 이는 현대 음운론(Phonology)으로 발전하여 언어치료(speech therapy)와 음성인식기술에 응용되고 있다고 한다. 현대에 들어와서는 음성 인식 기술과 같은 최신 기술이 발달하여 농아인 교육에 활용되면서 벨(Bell)의 기술은 사라지게 되었다.

아래 그림은 Visible Speech 문자 시스템의 윤곽을 보여준다.

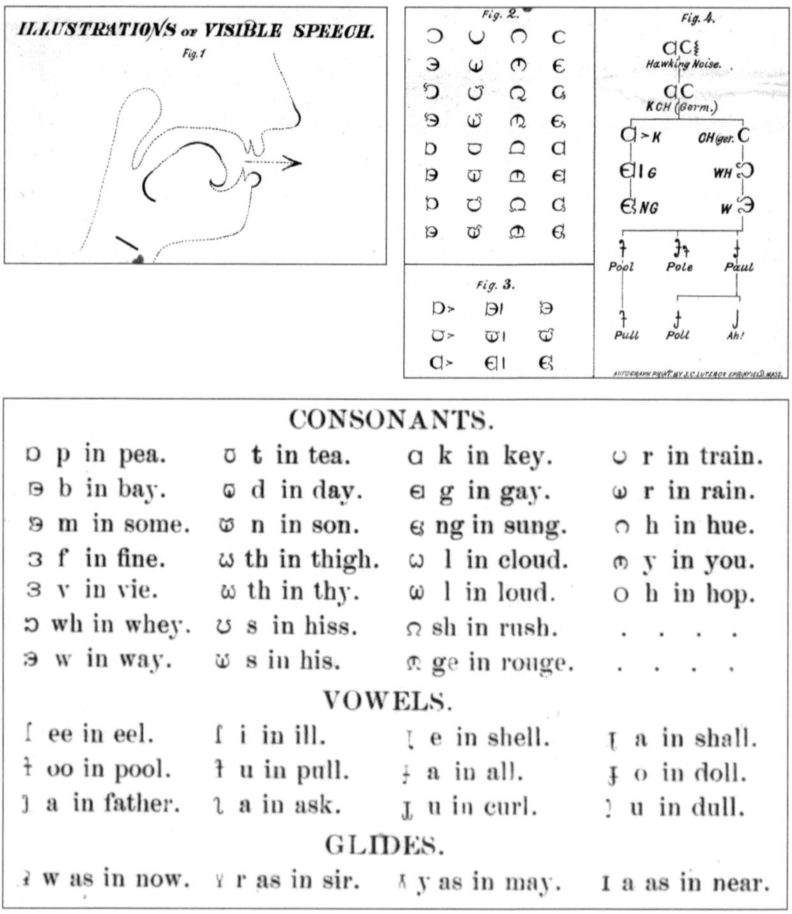

그림 5.3 벨(Bell) 부자가 만든 'Visible Speech' 요강

② 음가가 일정한 'Shavian' 알파벳

노벨 문학상 수상작가이자 극작가, 평론가, 방송인이었던 영국의 부호 버나드 쑈(Bernard Shaw, 1856~1950)는 오랜 작가생활을 통해 영어 표기에 대한 불만이 쌓여 죽기 전 자기 유산을 써서 보다 효율적인 영어표기법을 만들어 달라고 유언을 남겼다. 우선 음가가 일정하여 읽고 발음하기 쉬워야 하며 최소한 40자는 넘겨 풍부한 발음영역을 가질 것을 요구하였다. 또한 글자 모양이 기존 알파벳과 비슷하면 혼동될 것이라는 걱정도 했다.

그의 사후 BBC 방송은 전 세계에 현상을 걸어 그중 채택된 것을 "Shavian Alphabet"이라 했으며 1962년에는 펭귄 북스(Penguin Books)가 그의 명저 《Androcles and the Lion》을 출판하고 독자적 저널도 간행했다. "Shavian Alphabet"은 꾸준히 사용되어 2013년에는 앨리스의 원더랜드가 일반 알파벳과의 대조판으로 발간되기도 했으며 유니코드(Unicode)로도 지정되었다. 그러나 일반의 관심을 끌지 못하고 흐지부지되어 오늘에 이르고 있다. 오른쪽은 "Shavian Alphabet"의 모양을 보인 것이다. 53개의 글자

그림 5.4 'Shavian Alphabet' 일람표

로 이루어지며 모두 한 획이고 대문자와 소문자의 구별이 없다. 글자의 이름으로 영어 단어를 사용한 것이 흥미롭다.

이들은 막대한 노력을 들여 상당한 성과를 만들어냈지만 결국 성공하지 못했다. 여러 가지 이유가 있었겠지만 아마도 이미 익숙해진 기존 문자시스템을 대체하기가 어려웠던 것이 가장 중요한 이유가 아니었을까 하는 생각이 든다.

"Visible Speech"나 "Shavian Alphabet"이 원했던 것은 이미 훈민정음에서 해결했던 것들이다. 즉 훈민정음 자모들은 글자 모양을 보면 소리를 알 수 있고 글자가 고유의 음가를 갖는다는 것이다. 이러한 문자가 이미 몇백 년 전에 만들어져 쓰이고 있다는 사실을 알았더라면 마땅히 벨(Bell)이나 쑈(Shaw)는 훈민정음을 도입했든지 아니면 참고하여 새로운 것을 만들었을 것이다.

이들이 훈민정음을 몰랐다는 것은 그들의 잘못이 아니다. 오히려 우리의 책임이다. 이는 매우 중요한 교훈이다. 한글이 아무리 훌륭해도 널리 알리지 않으면 아무 소용이 없다. 훌륭하다고 자랑만 하고 있을 것이 아니라 어떻게든 알려서 세종대왕의 뜻을 살려야 한다. 보급전략의 중요성을 재삼 인식해야 한다.

③ 국제 음성기호 IPA(International Phonetic Alphabet)

국제음성기호 또는 만국음성기호라 불리는 IPA도 로마자의 표음 기능이 열악하여 생겨난 것으로 로마자 진화의 일종이라 볼 수 있다. 1886년 프랑스어와 영어 교사들이 모여 누구나 읽을 수 있는 음성기호를 만들자는 것이 그 취지였다. 이것이 발전하여 현존하는 모든 언어의 모든 소리를 규정하여 이들을 표준적인 방법으로 표시하게 되었다.

IPA는 107개의 기본 문자와 52개의 구별기호, 4개의 초분절 요소로 구성된다. 앞으로도 새로운 발음이 발견되면 새로운 표기법을 만들어내든가 아니면 비슷한 소리를 내는 기존 표기법에 새로운 부호를 붙일 것이다. 훈민정음처럼 비슷한 발음은 합자를 통하여 표현하지 않기 때문에 표기체의 수는 늘어만 갈 것이다. 이렇게 글자 수가 많아지고 표현방법도 복잡해져 학술적이거나 특수 목적에서만 쓰일 뿐 일반인을 위한 발음 표기로 쓰기는 어렵게 되었다.

중학교 영어 교실에서 쓰는 발음기호는 IPA 기호 중에서 일부를 선택하여 쓰는 것이며 영어사전에서도 선택적으로 사용된다. 예를 들어 웹스터(Webster) 사전은 'th'나 'sh' 같은 IPA 기호가 아닌 기호를 쓴다.

아래 표에 보인 것은 2020년 국제음성기호 수정판 중 날숨으로 만들어지는 일반적 자음(Pulmonic Consonant)을 보여준다. 이 외에 방출음(ejectives), 내파음(implosives), 클릭음(clicks) 등이 있으나 지나치게 학술적이라 자세한 설명은 생략한다.

표 5.2 국제음성기호 도표(일부)

날숨으로 만들어지는 자음(Pulmonic Consonant)

CONSONANTS (PULMONIC) ©①③ 2020 IPA

	Bilabial	Labiodental	Dental	Alveolar	Postalveolar	Retroflex	Palatal	Velar	Uvular	Pharyngeal	Glottal
Plosive	p b			t d		ʈ ɖ	c ɟ	k ɡ	q ɢ		ʔ
Nasal	m	ɱ		n		ɳ	ɲ	ŋ	ɴ		
Trill	ʙ			r					ʀ		
Tap or Flap		ⱱ		ɾ		ɽ					
Fricative	ɸ β	f v	θ ð	s z	ʃ ʒ	ʂ ʐ	ç ʝ	x ɣ	χ ʁ	ħ ʕ	h ɦ
Lateral fricative				ɬ ɮ							
Approximant		ʋ		ɹ		ɻ	j	ɰ			
Lateral approximant				l		ɭ	ʎ	ʟ			

Symbols to the right in a cell are voiced, to the left are voiceless. Shaded areas denote articulations judged impossible.

5.3 세계문자로서 로마자의 문제점

지금까지 살펴본 바와 같이 로마자는 현재 세계문자에 접근해 있지만 진정한 세계문자가 되기에는 부족한 면이 있음을 보았다. 이를 정리해 보자.

가. 일정하지 않은 음가

첫째, 글자가 사용되는 언어에 따라 발음이 달라 사실상 글자의 모양만 같을 뿐 실제 다른 문자나 마찬가지로 사용되는 경우가 적지 않다. 예를 들어 'casa'를 영어로는 '카사' 혹은 '캐사'라고 발음하는데 비해 프랑스와 스페인에서는 '까사'로, 포르투갈에서는 '까자'로 발음한다. 자음 c가 'ㅋ'과 'ㄲ'으로 쓰이며 모음 'a'는 '아'와 '애'로 쓰인다. 이뿐이 아니다. c는 'ㅊ'이나 'ㅅ' 발음을 내기도 하며 'a'는 7개의 발음을 낸다. 다른 글자의 발음 변화도 대동소이하다. 로마자가 소리글이라고 하는 것은 한자처럼 뜻을 표기하는 것은 아니고 표기하는 것이 '소리'라는 뜻에 불과하다. 즉 '소리'를 표기한다고 말할 수는 없다.

나. 표현하지 못하는 음가

둘째, 로마자로 표기하지 못하는 발음이 많다. 예를 들어 'ㅇ' 발음이나 '어' 발음을 명확히 표기하지 못하며 위 예에서 설명한 '카'와 '까'의 경우처럼 하나를 택하면 다른 것은 표기하지 못하는 발음이 있다. 이 때문에 문자가 없는 나라에서 로마자를 공식 문자로 택하려면 표기하지 못하거나 구별하지 못하는 발음이 있을 수 있다. 인도네시아의 찌아찌아족은 부족 이름을 'Jiajia'로 표기하여 자기네들 발음대로 확실하게 경음을 써서 '찌아찌아'라고 발음되지 않는 것에 불만이었는데 한글을 쓰면 확실한 발음이 나오는 것을 알고 한글을 채택하게 되었다.

다. 로마자 채택의 비용

셋째, 로마자를 택하면 표기가 쉽고 편리해지지만 대신에 잃어버리는 것이 있다. 예를 들어 베트남이 한자를 버렸기 때문에 한자 문화는 살아남지 못하고 역사도 대부분 잊혀지고 있다. 이는 로마자가 고유문화를 죽인다는 비난을 받게 되는 이유가 될 수 있다.

결론적으로 로마자는 현재 사실상 세계문자로 쓰이고 있지만 아직 부족한 점과 불만스런 점이 있어 새로운 방법을 찾을 필요가 있다. 그러므로 로마자의 보편성과 편의성을 갖추되 IPA의 정확성에 접근하는 방안을 찾아야 할 것이다.

제6장

외래어 표기법과
외국어 표기법

한글의 세계문자화를 위해서 무엇을 해야 할까?

3.5절에서 한글이 세계문자로 발전하기 위해서는 훈민정음의 표음기능을 회복하고, 동시에 컴퓨터 접근성을 극대화 시켜야 한다고 제안하였다. 이를 위해서는 지정된 51개 자모 이외의 자모를 사용할 수 없다고 규정하고 있는 '외래어 표기법'을 합자를 허용하도록 수정 보완하고 이름을 '외국어 표기법'이라고 고쳐야 한다. 다행히도 현행 '외래어 표기법'은 사실상 '외국어 표기법' 기능을 하도록 체제를 갖추고 있다. 이번 장에서는 '외래어 표기법'의 문제점을 살펴보고 그 해결책을 제시한다.

6.1 외래어 표기법은 무엇인가?

가. 외래어의 정의

외래어 표기법은 글자 그대로 외국에서 들어 온 말을 표기하기 위해 만든 규정이다. 외래어라는 개념은 1933년 조선어학회의 '한글 맞춤법 통일안' 60항에 나타난 것인데, 이 말에는 두 개의 축이 있다. '외국에서 들어 왔다'는 것과 '우리말이 되었다'는 것이다. 즉 외래어란 우리말이 되어버린 외국어 단어를 말한다.

나. 외래어 표기법의 시원

외래어 표기법이 도입되던 당시[1]는 나라가 일본에 넘어간 지 23년이

1 이때 조선어학회가 명맥을 유지해 가며 한글 맞춤법 통일안까지 만들어 발표했다는 사실은 매우 놀라운 일이다. 9년 후 1942년 10월 조선어학회 핵심 관련자들을 치안유지법으로

지나 표면적으로는 거의 일본에 동화되어가던 시기라 외래어라고 해보아야 일본을 통해 들어오는 영어 단어가 주를 이루었고 그 수도 그리 많지 않았다. 남포등(Lamp), 야구 빠따(Bat), 도라꾸(Truck) 등이 당시에 쓰였던 대표적인 외래어다. 이런 몇 안 되는 어휘를 표기하는 방법이 외래어 표기법인데 그 내용이 거의 그대로 살아남아 아직도 우리 어문생활의 규범이 되고 있다.

다. 외래어 표기법에 대한 의문

우리나라는 현재 세계 6대 무역국으로 세계에서 가장 넓게 개방된 국가 중 하나이며 우리나라 사람들의 해외 활동 역시 세계에서 가장 활발한 그룹에 속한다. 따라서 우리나라에 들어오는 외국인이나 외국 문물 역시 세계 최다 수준일 것이므로 늘 외국어 어휘를 만나게 된다. 이 중에서 '우리말이 되었는지 아닌지를 판정해야 한다. 그리고 우리말이라고 판정되면 외래어 표기법으로 적어야 된다. 그렇다면 아직 우리말이 되지 않은 외국어는 어떤 규정을 따라 표기하여야 할까?

한글은 표음 기능이 뛰어나므로 어느 나라 언어나 발음을 한글로 표기하는데 큰 문제가 따르지 않는다. 혹시 한글로 표기할 수 없는 발음이 있다면 적당한 표기법을 찾아내야 할 것이다. 우리는 훈민정음이라는 아무도 부인할 수 없는 세계 최고의 문자를 갖고 있으며 한글은 훈민정음의 제2편(Version)이므로 어렵지 않게 해법을 찾을 수 있다. 따라서 먼저 외국어를 표기하는 방법을 정립시키고 그러다가 특정 어휘가 우리말처럼

검거 · 기소되었다(3.1절 라. 조선어학회 사건 참조).

쓰이게 되면, 즉 '외래어' 자격을 얻으면 그때 가서 이 우리말을 어떻게 표기하여 표준을 삼을 것인지를 정하고 이를 우리말 사전에 올리면 그만이다. 이것은 아마도 이 세상 모든 언어들이 따르는 방법이 아닐까 한다.

라. 외래어 표기법의 적용 범위

우리 맞춤법에는 '외국어도 외래어 표기법에 따라 표기하라'는 규정이 있다. 외래어 표기법의 내용을 살펴보면 영어, 중국어, 스페인어 등 18개 언어에 대해 별도로 표기 규정을 만들어 제시하고 있어 그 저의를 알 수 있다. 외래어가 이미 우리말이 된 어휘라면 우리가 쓰는 발음대로 표기하면 그만이지 왜 어떤 언어인지 그 언어의 철자법을 우리 표기법에 따라 표기해야 하겠는가? 외래어 표기법을 이렇게 철저하게 만들어 놓고 외래어가 아닌 외국어도 외래어 표기법에 따라 표기하라고 규정한 것은 결국 외래어 표기법을 외국어 표기법으로 간주한 것이 아닌가 한다. 문제는 외래어와 외국어는 엄연히 다르다는 것이다. 주무부서인 문화체육관광부 국어정책과와 국립국어원은 이 질문에 분명히 답해야 한다.

6.2 외래어 표기법의 유래

가. 일본의 외래어 표기법

일본에서는 메이지 시대(1868~1912)에 서양 문물 수입과 함께 외국어 어휘가 급증하면서 '외래어'라는 개념이 도입되었다. 초기에는 대부분

의 외국어가 한자로 번역되어 토착화되었지만, 고유명사나 번역이 어려운 어휘는 가타카나를 사용하여 발음대로 표기하였다. 예컨대 coffee는 コーヒー(코-히-), beer는 ビール(비-루) 등으로 표기하였다. 일본인에게 '외래어'는 단지 외국에서 들어온 말이라는 의미일 뿐, 그것이 자국어로 편입되었는지 여부는 중요하지 않았다. 1981년 일본 문부성은 「외래어 표기 지침」을 공포하며 외국어 발음을 가타카나로 변환하는 기준을 마련했다. 이처럼 일본의 외래어 표기법은 우리가 생각하는 '외국어 표기법'이며 철저히 발음 중심의 실용주의 노선을 따르고 있다.

나. 세종의 외국어 표기

세종은 "소리(音)가 있으면 반드시 글자(字)가 있다"는 신념 아래 훈민정음을 창제하였다. 그는 자연음부터 인간의 말소리까지 모두 표기 가능한 문자를 만들고자 하였으며, 이 과정에서 중국 한자음의 표기 문제도 정면으로 다루었을 것이다. 이 의도는 《동국정운》을 편찬하고 이어 《홍무정운역훈》의 편찬을 명함으로써 확인되었다. 명나라 한자음(표준음)을 훈민정음으로 정확히 표기하려는 시도였다. 이를 통해 세종이 외국어 발음의 한글 표기를 실천에 옮기려 했다는 사실은 분명하다. 이러한 맥락에서 보면, 훈민정음은 한국어 표기에 국한되지 않고 세계 언어의 발음을 포괄할 수 있는 구조적 가능성을 지니고 있다.

다. 치두음과 정치음 표기 문제

1459년에 간행된 《훈민정음 언해본》에는 중국 한자음에 존재하는 두

계열의 치음(齒音), 즉 치두음(齒頭音)과 정치음(正齒音)을 구별하기 위한 특수 자형이 나타난다. 예컨대 ᄼ, ᄽ 등 왼쪽을 늘인 자는 치두음을, ᄾ, ᄿ 등 오른쪽을 늘인 자는 정치음을 표기한다는 것이다

그러나 이들은 훈민정음 해례본에는 등장하지 않으며, 표기 방식 또한 기본 자형의 조화와 간결함을 중시한 세종의 문자 철학과는 거리가 있어 보인다. 언해본 간행 시점은 세종 사후 9년(1459)으로, 당시 성삼문, 박팽년 등 집현전 핵심 학자들은 사육신 사건으로 세상을 떠난 뒤였다. 따라서 이 특수 자형이 세종의 뜻과 같지 않을 가능성은 충분히 존재한다. 발음 구별이 필요했다면, 세종은 자형 변형보다는 합자 방식으로 처리했을 공산이 크다.

당시 치두음과 정치음의 실제 발음이 현대에 어떻게 변했는 지는 알 수 없으나 저자는 현대 중국어의 치두음은 한글 발음과 비슷하여 한글로 표기해도 무방할 것으로 판단하며 정치음은 혀를 굴리는 소리이기 때문에 'ㄹ'과 합자하는 방식을 제안하였다(6.2절 참조).

라. 지석영의 창의적 외국어 표기법

2.5절에서 고종의 국문 사용 칙령을 받아 낸 인물로 소개된 지석영은 1908년, 언어 전문가 전용규와 함께 다산 정약용의 《아학편》을 기본으로 한자 어휘에 영어·일본어·중국어 발음을 병기한 외국어 학습서를 펴냈다. 이는 한글 맞춤법 통일안이 나오기 25년 전의 일이다. 그는 f를 ㆁㅍ으로, v를 특수자(ᄬ)로, woman을 '우오먼'으로 표기하는 등 발음을 중시하는 창의적 방식으로 외국어를 표기하였다.

지석영의 이러한 시도는 후대 찌아찌아 문자 표기 방식과도 유사성을

보인다. v 발음의 표기법이라든지 '쌍ㄹ' 표기를 위해 '을'자를 앞세운 표기 방식은 두 체계 모두에서 나타나는 특징이다. 이런 점에서 지석영의 표기 방식은 최근에도 인정을 받고 있음을 알 수 있다.

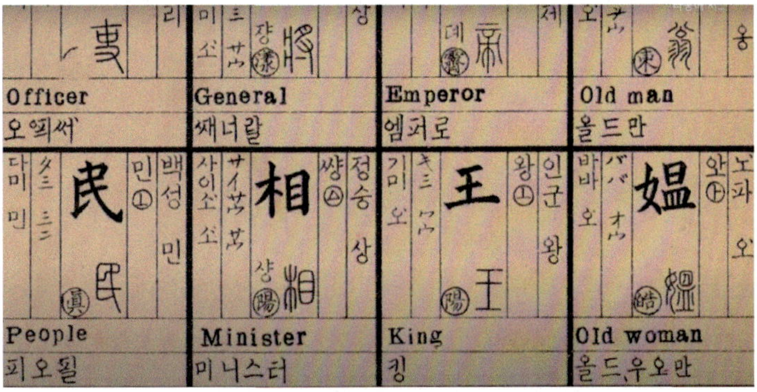

그림 6.1 지석영 편집의 아학편에 보인 외국어 표기법: '오뼤써'의 사용이 보인다.

마. 조선어학회의 외래어 표기법

1933년 조선어학회는 한글 맞춤법 통일안을 제정하면서 '외래어 표기법'이라는 개념을 도입하고 규칙을 마련하였다. 이때 '외래어'라는 용어 자체와 발음 위주 표기 방식은 일본의 영향을 받은 것으로 보인다. 특히 일본의 '가이라이고'(外來語) 개념과 가타카나 음차 방식이 표기 모델에 참고되었을 가능성이 높다.

조선어학회가 지석영의 표기 방식을 채택하지 않은 이유로는 주시경의 '자모 24자 원칙'이 이미 자리잡았기 때문이다. 그러나 한편으로는, 당시 일본 언어학계의 이론과 실증학문이 조선 학계보다 우위에 있었고, 그 영향으로 그들의 조언을 일부 수용했을 가능성 또한 배제하기 어렵다.

물론 당대의 선택은 그 시대의 제약 속에서 나온 것이기에 폄하할 수는 없다. 그러나 그 선택을 21세기 오늘날까지 거의 변화 없이 답습하고 있는 우리의 태도는 분명히 성찰의 대상이다.

바. '들온말 적는 법'과 이후의 변천

해방 후 1948년, 문교부 편수국장이던 최현배는 「들온말 적는 법」을 마련하면서 지석영식 발음 위주의 표기를 시도하였다. 그러나 그가 이승만 대통령과의 표기법 이견[2]으로 이직한 후 1958년에는 주시경식 표기로 회귀하였고 1986년 외래어 표기법 고시로 정착되었다. 이후 동유럽·북유럽·동남아시아 등 다양한 언어권을 위한 표기법이 포함되었으며, 2017년 문화체육관광부 고시 제2017-14호에 이르기까지 계속 개정이 이어지고 있다.

6.3 외래어 표기법의 개요

현행 외래어 표기법의 주된 내용은 1, 2, 3장에 담겨 있는데 제1장은 '표기의 기본 원칙'을 보이며 제2장은 '언어별 표기 일람표'를 18개 언어별로 제시하고, 제3장에 이들 언어의 표기 세칙을 보인다.

2 3.3절 참조

가. 표기의 기본 원칙

제1장은 다음의 5개 항으로 되어 있다.

제1장에는 다음과 같은 다섯 가지 기본 원칙이 제시되어 있다.

① 외래어는 국어의 현용 24자모만으로 적는다.

② 외래어의 1음운은 원칙적으로 1기호로 적는다.

③ 받침에는 'ㄱ, ㄴ, ㄹ, ㅁ, ㅂ, ㅅ, ㅇ'만을 쓴다.

④ 파열음 표기에는 된소리를 쓰지 않는 것을 원칙으로 한다.

⑤ 이미 굳어진 외래어는 관용을 존중하되, 그 범위와 용례는 따로 정한다.

제1항은 '현용 24자모만으로 적는다'고 했지만, 실제 표기 예에서는 '애', '위' 등의 복모음이나 'ㄲ', 'ㅉ', 'ㅃ' 등 된소리가 사용되고 있다. 즉, 엄밀히 말하면 24자모만 쓴다는 것이 아니라, 새로운 문자를 만들지 않는다는 의미로 해석해야 한다.

제2항의 '1음운 1기호' 원칙도 예외가 허용되어 있다. 오히려 이를 "1음운은 1기호 또는 2기호로 적는다"라고 명시하고, 복합표기의 경우를 설명하는 편이 더 명확하다. 규정을 포괄적으로 세우면 불필요한 예외 규정을 줄일 수 있다.

제4항에서는 된소리(ㄲ, ㄸ, ㅃ 등) 사용을 원칙적으로 배제하고 있으나, 예외가 적지 않다. 예컨대 타이어와 베트남어 표기에서는 된소리를 허용하고 있으며, '짜장면'의 경우도 처음엔 '자장면'으로만 인정했다가 여론에 밀려 '짜장면'도 허용하게 되었다. 이는 사실상 규정을 지키지 못해 예외를 허용하는 사례이며, 차라리 초기에 더 유연한 원칙을 세웠다면

이런 혼란은 피할 수 있었을 것이다.

이처럼 규정에 예외를 덧붙이는 방식은 국어문법 전반에서도 흔히 발견되는 문제다. 규정 설계 시부터 지나치게 엄격한 틀을 지양하고, 예외가 아닌 유연함으로 시작해야 할 것이다.

그렇다면 애초에 된소리 사용은 왜 억제되었을까? 이는 서양 음운론, 특히 유성음과 무성음을 중심으로 하는 음성 분류 방식의 영향으로 보인다. 그러나 이런 유무성 개념은 영어에서는 중요할지 몰라도, 한국어의 전통 음운 체계에는 해당하지 않는다. 세종대왕은 자음 체계를 아(牙)·설(舌)·순(脣)·치(齒)·후(喉)의 조음 부위로 구분했으며, 유성·무성의 성대 진동 여부는 고려 대상이 아니었다. 발성 방법 자체가 근본적으로 다른 것이다.

이 점은 한글이 서양 언어와는 전혀 다른 기준에서 만들어졌음을 보여준다. 그런 의미에서 외래어 표기법이 유성·무성 구별에 집착할 이유는 없다.

나. 표기 일람표

제2장에서는 국제음성기호(IPA)의 한글 표기를 표1로 보이고 이를 기반으로 다른 언어의 한글 표기법을 차례로 보여준다. 표2는 에스파냐어, 표3은 이탈리아어, 표4는 일본어 등이다. 중국어, 폴란드어, 체코어, 세르보크로아트어, 루마니아어, 헝가리어, 스웨덴어, 노르웨이어, 덴마크어, 말레이어, 인도네시아어, 타이어, 베트남어, 포르투갈어, 네덜란드어, 러시아어 자모의 한글 표기표가 뒤따른다.

표 6.1 국제 음성 기호의 한글 표기(외래어 표기법)

구분	자음		반모음		모음	
국제 음성 기호	모음 앞	자음 앞 또는 어말	국제 음성 기호	한글	국제 음성 기호	한글
p	ㅍ	ㅂ, 프	j	이*	i	이
b	ㅂ	브	ɥ	위	y	위
t	ㅌ	ㅅ, 트	w	오, 우*	e	에
d	ㄷ	드			ø	외
k	ㅋ	ㄱ, 크			ɛ	에
g	ㄱ	그			ɛ̃	앵
f	ㅍ	프			œ	외
v	ㅂ	브			œ̃	욍
θ	ㅅ	스			æ	애
ð	ㄷ	드			a	아
s	ㅅ	스			ɑ	아
z	ㅈ	즈			ɑ̃	앙
ʃ	시	슈, 시			ʌ	어
ʒ	ㅈ	지			ɔ	오
ʦ	ㅊ	츠			ɔ̃	옹
ʣ	ㅈ	즈			o	오
ʧ	ㅊ	치			u	우
ʤ	ㅈ	지			ə**	어

*주: 이하는 m(ㅁ), n(ㄴ), ɲ(니), ŋ(ㅇ), l(ㄹ, ㄹㄹ), r(ㄹ), h(ㅎ), ç(ㅎ), x(ㅎ)에 관한 내용이며 표 크기를 위해 압축하였음. 자세한 내용은 법 본문 참조 바람.

예를 들어 IPA에서 /p/는 모음 앞에서는 'ㅍ', 어말에서는 'ㅂ'으로, /t/는 자음 앞이나 어말에서 'ㅅ' 또는 '트'로 표기된다고 되어있다. 이에 따라 'pop'은 '팝' 또는 '파프', 'bat'는 '뱃' 또는 '배트'로 표기한다. 하지만 이 표기법은 한국어 발음 구조와 상충되는 경우가 있다. 예를 들어 'bat'을 '뱃'으로 표기하고 여기에 '~으로'를 붙이면 '뱃으로'가 되어 '배스로'처럼 읽히고, '배트'는 '배트로'로 읽히니 발음이 달라진다. 같은 단어가 문맥에 따라 다른 소리를 가지게 되는 것이다. 이는 제1장의 제3항, 즉 받침 제한 규정에서 비롯된 문제로, 이 항목 자체를 재검토해야 할 필요가 있다.

다. 표기 세칙

표기 세칙은 18개 언어에 대해 제시되는데 이곳에서는 영어를 예로 하여 살펴보겠다. 영어는 표1에 보인 IPA 규정에 따라 적되, 다음 사항에 유의하도록 하였다.

- 무성 파열음 /p/, /t/, /k/은 단모음 뒤에서는 받침으로(ㅂ, ㅅ, ㄱ), 그 외에는 '프', '트', '크'로 적는다.
- 유성 파열음 /b/, /d/, /g/은 자음 앞이나 어말에서는 '브', '드', '그' 대신 '벌브', '로브스터'처럼 '으'를 붙여 표기한다.

하지만 이렇게 표기하면 영어 원어민이 알아듣지 못하는 경우도 생긴다. 예를 들어 '로브스터'보다는 '롭스터'가 인식률이 더 높을 것이다. 이렇게 파열음의 유무성에 유의할 필요가 있을까?

라. 파열음의 유무성 논란과 아설순치후

앞에서도 언급되었지만 서양 음운론에서는 유성음과 무성음을 엄격히 구별한다. 자음은 성문(聲門)을 통과하여 조음기관으로 들어가 발성되는데 성문을 통과할 때 성대를 울리면 유성음(Voice sound)이고 성문이 막혀 성대가 울리지 않으면 무성음(Voiceless sound)이 된다. 영어의 'g' 발음은 유성음인데 우리의 'ㄱ' 발음은 무성음이라며 '김'씨를 Gim이 아니고 무성음 'k'를 써서 Kim이라고 적는다. 우리의 귀에는 한글의 'ㄱ' 발음이 영어 /g/와 비슷하게 들리지만 그들의 귀에는 /g/보다는 /k/에 가깝게 들리는 것이다. 그들은 pie의 'p'는 성대가 울려 유성음이고 'spy'의 p는 성대가 울리지 않아 무성음이라고 한다. 그래서 미국 언어학자라면 'spy'는 '스빠이'라고 표기해야 된다고 주장할 것이다.

세종대왕의 제자해(制字解)에 의하면 ㅁ, ㅂ, ㅍ, ㅃ은 입술소리인데 ㅁ은 맑고 흐림이 없이 퍼지거나 흩어지지 않는 소리이며 강하게 발음하면 ㅂ과 ㅍ이 되며 ㅃ은 퍼지며 흩어지는 소리라 하였다. 즉 발성부위와 날숨의 세기로 발음을 만들고 성대가 떨리고 안 떨리고는 구별하지 않는다. 다시 말해 영어의 음운론과 세종대왕의 음운론은 발성하는 양태를 바라보는 시각이 다르다. 이는 미국인과 우리의 발성 방법이 다르다는 것과 연관된다. 흔히 영어 발음은 배에서 나오는 소리이고 한국어는 목구멍에서 나오는 소리라고 하는 것도 이를 뒷받침한다.

영어 발음을 유뮤성으로 구별하여 우리 발음으로 표현하려는 것이 옳은 방법인지 아니면 경음, 격음, 파열음으로 구별하여 이에 가까운 우리 발음으로 표기할 것인지 판별하여야 한다. 우리 발음에는 유무성 구별이 없기 때문이다. 외래어 표기란 외국어를 우리 발음으로 표현하는 것이므로 외국 언어상에서의 구별에 의한다는 것은 옳지 않아 보인다. 같은 맥락으로 자장면이라고 해야 한다는 주장은 결국 '짜장면'이라 해도 된다고 양보했다. 애초에 지키기 어려운 규칙을 만들었기 때문에 사용자와 규칙 제작자가 둘 다 곤란을 겪는다.

마. 결론

지금까지 여러 용례를 통해 외래어 표기법의 모순을 살펴보았다. 무엇보다도 근본 취지부터 다시 생각해야 한다. '외래어는 외국에서 들어와 우리말이 된 어휘'라고 정의해 놓고 '외국어도 외래어 표기법으로 표기하라'고 한 것은 결국 기만이 아닌가 하는 생각을 갖게 한다. 외래어 표기법의 내용을 보아도 우리말이 된 어휘를 표기하는 것이 아니라 외국어를 표기하는 방법으로 채워져 있다. 우리말이 된 어휘를 적는 방법이라면 왜 18개 언어를 따로 설명하여야 하겠는가? 우리말이 되었다면 그 옳은 철자법을 정해 사전에 올려 쓰면 그만이다. 그러나 외국어라면 가능하면 서로 이해하기 쉽도록 표기법을 만들어야 한다. 따라서 현행 '외래어 표기법'은 '외국어 표기법'이라고 이름부터 고치고 그 내용을 이에 맞도록 고쳐야 할 것이다. 이에 대해서는 다음 절에서 더 자세히 다루기로 한다.

6.4 외래어 표기법의 문제점 정리

아래에 외래어 표기법의 문제점을 항목별로 정리해본다.

가. '외래어' 정의의 문제점

6.2절에서 본 바와 같이 외래어란 말은 일본에서 배워 온 것으로 보이는데 그들에게 외래어는 자기 나라에 들어와 그 뜻을 한자로 변역하여 쓰지 않고 고유명사처럼 발음에 따라 적어 쓰는 어휘였다. 그러나 우리는 우리말이 된 외국어를 외래어라고 정의한다. 그렇다면 외국에서 들어와 그 사용 빈도가 적어 아직 우리말이라 할 수 없는 어휘는 외래어라고 할 수 없으므로 외국어라고 해야 할 것이다. 여기서 중요한 것은 우리말이 되었는지 아직 안 되었는지를 판명하는 것이다.

외국어와 외래어의 표기는 마땅히 차별화되어야 한다. 외래어를 우리말이 된 외국어라고 정의한다면 '외래어'는 이미 우리말 어휘로 정착한 말이므로, 그 표기 문제는 일반 어휘 표기처럼 처리하면 충분하다. 다만 외국어에 대한 표기는 별도의 기준이 필요하다.

나. 외래어 표기법의 목적

국립국어원은 외래어 표기법의 목적으로 '지명과 인명의 통일된 한글 표기를 마련해서 어문 생활에 불편함이 없도록 하는 것'이라고 밝힌다. 만일 영어 단어 외국어 'apple'을 어떤 사람은 '애플'이라고 표기하고 어떤 사람은 '애펄'이라고 표기한다면 혼동이 올 것이므로 통일하여야 하며 통일하려면 우리말 음운 체계에 맞게 해야 한다는 것이 국립국어원의 주장이다.

이 주장 역시 외국어에 해당하는 말이다. 외래어 표기법이 어문 생활의 편의를 위한 것이라면, 외국어 표기법은 국제 소통의 정확성을 위한 것이어야 한다. 즉 우리가 그네들의 말을 표기하면 그네들이 읽어보고 알아들어야 한다는 것이다. 이런 이유로 외래어 표기법과 외국어 표기법은 달라야 한다.

외래어가 이미 우리말로 정착된 단어라면 왜 따로 법칙을 만들 필요가 있을까? 그리고 18개 언어를 왜 구분하여 법칙을 만들어야 하나? 기존 맞춤법 원칙에 따라 철자 기준만 설정하면 된다.

목적이 다르다면 명칭도 다시 생각해 보아야 한다.

외래어 표기법은 외국어 표기법으로 명칭을 고치고 그 목표를 재검토하여야 한다.

다. 시대적 문제점

외래어 표기법이 처음 만들어진 것은 일제 통치가 한창이었던 1933년이었다. 이때의 국어학자들이 당시의 필요성에 따라 몇몇 학자들의 안목으로 고안한 방법인지라 현재의 발전된 대한민국의 언어 현황에 맞지 않는 문제점이 있을 수밖에 없다. 해방 후 최현배와 지석영식(훈민정음식) '들온말 적는 법'이 채택되었으나 곧 주시경식 '로마자의 한글화 표기법'으로 환원되었다. 달라진 것은 외래어가 아니라 로마자라고 대상을 변경하였으나 1986년에 다시 나온 외래어 표기법 역시 주시경식이어서 1933년 기조가 유지되고 있다.

현재 대한민국은 세계 6대 무역국이자 10대 경제 대국이어서 외국을 상대하는 일이 매우 많다. 우리나라 여권은 세계에서 가장 많은 나라가 받아주고 있어 우리 국민의 해외활동이 그만큼 활발하다는 것을 알 수 있다. 결국 우리는 외국어를 많이 써야 할 필요성이 커졌고 그만큼 외국어를 많이 배워야 한다. 즉 1930년대에 만든 외래어 표기법으로는 외국어를 배우기 어렵다. 빨리 시대적 요구를 반영해야 한다.

라. 내용적 문제점

외래어 표기법의 기본 내용은 외래어가 이미 우리말이 되었다는 조건으로 만든 것이기 때문에 한글 자모만 쓴다든지, f와 p는 'ㅍ'으로 표기하라는 등 편협한 규제 성격의 내용이 많다. 국립국어원은 현행 한글로 표기할 수 없는 발음을 표기하기 위해 새로운 낱자나 기호를 도입하는 것을 금한다는 것이다. 그렇지 않고 발음마다 새로운 글자를 만든다면 첫째, 수없이 많은 글자를 새로 만들어야 할 것이며 둘째, 설사 /f/를 ㆄ으로, /z/를 ㅿ으로 표기하도록 해도 한국 사람들은 이런 발음을 안 쓰고 있기 때문에 결국 ㅍ, ㅈ으로 발음할 것이라는 주장이다.

그러나 이 주장 역시 반론이 있을 수 있다. 첫째 문제는 현재 한글이 금기시 하고 있는 훈민정음의 '합자'기능을 회복시키면 새로운 글자의 도입 없이 얼마든지 새로운 발음을 표현할 수 있다. ㆄ을 〈ㅇ+ㅍ〉으로, ㅿ은 〈ㅇ+ㅈ〉으로 보고 'ㅇㅍ'과 'ㅇㅈ'으로 단지 글자 간격만 줄여 표기하면 된다.

둘째, 한국인들의 음운체계에 f나 z 같은 발음이 존재하지 않아 발음 표기방법을 만들 이유가 없다고 하지만 이는 쓰지 않기 때문에 존재하지 않는 것이지 필요하면 얼마든지 배워 쓸 수 있다는 것임을 알아야 한다.

셋째 파열음 표기에는 된소리를 쓰지 않는다는 표기원칙 제4항은 어떤 근거로 채택되었는지 알 수가 없다. 앞서 논의한 대로 스페인어나 이탈리아어 등 많은 외국어가 된소리 표현을 많이 쓰고 있지 않은가? 혹시 우리 외래어 표기법을 만든 국어 학자들이 ㄱ, ㅋ, ㄲ과 g, k 발음을 대조할 때 유무성 이론의 영향을 받아 ㄱ과 ㅋ으로 하여금 각각 무성음과 유성음에 배정하고 나서 더 이상의 무성음은 필요 없다 생각하고 ㄲ, ㄸ 등 된소리에 외면한 것은 아닌지 부질없는 의심을 하게 만든다.

이 밖에도 내용적 문제점들이 있으나 이미 각론에서 설명된 바 있어 여기서는 생략한다.

6.5 외래어 표기법이 끼친 영향은 무엇인가?

가. 국민의 영어 능력 약화

외래어 표기법은 단순히 규범의 차원을 넘어 심각한 사회적 손실을 초래했다. 우리나라 사람들은 중고등학교에서 심지어는 초등학교 때부터 영어를 배우려고 갖은 애를 다 쓴다. 아마도 영어공부를 위해 투입되는 학습시간이나 비용은 어떤 과목보다 클 것이다. 그럼에도 불구하고 특별한 회화교육을 받지 않은 사람들은 외국에 나가 영어로 자기 의사를 제대로 표현하지 못한다. 영어에 자신이 없는 것이다. 큰 노력을 들여 배운 영어를 제대로 활용하지 못한다는 것은 단순한 교육 실패가 아니라, 국가경쟁력 약화라는 심각한 결과로 이어진다.

나. 미국 대통령이 준 발언 기회 중국인에게 뺏겨

2010년 서울 G20 정상회의 폐막식에서 오바마 미국 대통령은 한국 기자들에게 발언 기회를 주었다. 그러나 아무도 나서 질문하지 못했고, 거듭되는 대통령의 독촉에 더 이상 침묵을 지속시키기 어려운 분위기가 되자 한 중국 기자가 나서서 자기가 질문해도 되겠냐고 하며 긴 침묵을 깼다. 오바마 대통령은 자기는 한국 기자에게 요청했다고 거절한다. 심지어 대통령은 대통령의 통역이 있어 한국말로 해도 된다고 하며 한국 기자가 나서주길 권했다. 그러나 끝내 나서는 사람이 없자 결국 그 중국 기자에게 발언권을 줄 수밖에 없었다. 아래는 그때의 사진이다(출처: 미디어오늘).

미국 대통령에게 직접 질문을 한다는 것은 대한민국 기자로서 얼마나 좋은 기회인가? 그리고 물어보고 싶은 얘기가 어디 한두 마디이겠는가? 이런 기회를 흘려보낸다는 것, 그것도 일 개인이 아니라 큰 국제회의의 폐막식이라는 무대에 나선 한국의 엘리트 기자들 단체의 일이다. 이 얼마나 충격적인 사건인가?

이는 단지 영어 발음 차원의 문제가 아니다. 무리 앞에 나서서 의견을 말할 수 있는 교육과 용기의 문제이며 국민적 열등감과도 무관하지 않다고 할 것이다. 가히 우리나라 교육의 변곡점이 될 수 있었던 심각한 문제점의 표출이었던 것이다.

다. 더 심각한 문제는 문제를 덮었다는 것

이 사건은 언론계, 교육계, 정부가 모두 나서서 반성하고 교육제도를 재정비했어야 할 사안이었다. 그러나 이유야 어쨌건 이 사건은 토론회 한번 없이 잊혀지고 말았다. 언론도 외면했고 교육계도 외면하였다. G20 서울 정상회의 폐막식장이었으므로 상당한 정부요직 인사들이 참석했을 것이며 국가 정책을 다루는 전문가도 없지 않았을 것이다. 그러나 아무런 정책적 후속 조치도 없었다. "무지보다 더 무서운 것은 침묵이다."라는 구절이 떠오른다.

이미 지난 일이라고 덮을 일이 결코 아니다. 지금이라도 이 문제를 되살려 깊이 반성하고 해결책을 찾아내야 한다.

라. 한국인 영어 공포의 근원지

외래어 표기법이 몸에 밴 우리는 fan을 '팬'이라 발음한다. 영어를 아는 사람들은 당연히 pan으로 알아듣고 혼동되어 의사소통이 단절된다. 일본인이라면 '후앙'이라고 말해 못 알아듣기는 마찬가지이지만 그러나 pan으로 오해하지는 않는다. 결국 일본인보다 더 불리하다는 것이다. 중국인은 로마자 병음으로 f와 p를 구별하며, 성조를 많이 쓰고 있어 영어 액센트에도 낯설어하지 않는다.

f와 p뿐이 아니다. v와 b, r과 l도 같은 문제이다. 알파벳 26자 중 자음이 20자라면 그중 6개를 제대로 발음하지 못하니 자음 30%를 구별하지 못하는 것이다. 말을 해봐야 못 알아들으니 말할 용기를 잃고 만다.

마. 국민의 열등의식 조장

지금 영어는 세계 어디서나, 심지어는 문명이 닿지 않은 아프리카 오지에서도 사용되는 최후의 의사소통 방안이므로 수출로 나라의 부를 이끌어 가는 우리로서는 무엇보다 먼저 갖추어야 할 무기이다. 우리 젊은이들이 영어 구사능력 때문에 국제무대에서 인도나 싱가포르 청년들과 비교해 위축된 모습을 볼 수 있는데 이는 외래어 표기법으로부터 오는 바 크다. 우리 젊은이들이 영어 때문에 위축되도록 만드는 이 법에서 하루바삐 탈피하여야 한다.

바. 외국어 학습의 전반적 저해

외래어 표기법은 영어뿐 아니라 다른 언어들, 특히 중국어 학습에도 걸림돌이다. 중국어를 배우려면 로마자 병음을 먼저 배워야 하는데, 외래어 표기법과는 물론 달라 우리 학생들은 이중적 부담을 받는다. 애초 외래어 표기법이 중국 발음도 표기할 수 있었다면 굳이 로마자 병음을 배우지 않아도 되었을 것이다. 다른 언어도 마찬가지이다. 외래어 표기법만 잘 만들어 놓으면 영어시간에도 IPA를 익힐 일이 없을 것이다.

세종대왕은 한자 사용을 배척하지 않았고, 한자 독음을 훈민정음으로 표기한 《홍무정운역훈》까지 펴내라고 명했다. 그러나 오늘날 우리는 중국어 발음을 로마자 병음에 의존하고 있으니 이는 세종대왕의 뜻을 거스르고 있는 셈이다.

유럽에서는 어느 나라 국민이건 대개 인접국의 언어를 몇 마디씩은 할 줄 안다. 그러나 우리는 바로 이웃인 중국어를 한마디라도 할 줄 아는 국민은 지극히 드물다. 이 역시 외래어 표기법이 중국 발음을 표기할 수 있다면 많은 사람들이 중국어 몇 마디쯤은 배웠을 것이다. 중국어 문제는 8.2절 및 10.5절에서 다시 거론한다.

사. 한글 세계화의 최대 걸림돌

한글의 세계화는 이제 더 이상 그 '과학성'과 '글자로서의 매력'만으로 이룰 수 없다. 이제 매력을 발산하여 인기를 끌려는 수동적인 태도에서 그 매력을 용도로 발전시켜 그 기술을 세계적으로 전파시킨다는 적극적이고 능동적인 태도로 나아가야 한다. 즉 한글이 실제 어떤 언어를 표기하고, 어떤 문명과 연결되느냐가 중요하다.

찌아찌아족은 '찌아찌아'라는 이름을 로마자로 쓰면 불쾌한 발음이 되어버리기에, 한글의 된소리 표현력에 매력을 느껴 한글을 채택했다. 하지만 그 과정에서도 외래어 표기법은 무시되었다. 아래 그림은 찌아찌아 마을의 교통표지판이다. 이 짧은 표지판에 외래어 표기법을 어긴 표현이 3개나 된다. 경음을 쓰고, 합자를 만들고, 이중 자모를 결합하는 방식은 외래어 표기법을 넘어서는 일탈이다. 그러나 바로 그런 일탈이 한글을 세계화로 이끈 것이다.

국내에서는 외래어 표기법을 고수하면서 해외에서는 그 법을 어기며 전파한 이중성은 더 이상 지속될 수 없다. 현행 외래어 표기법은 그야말로 한글 세계화를 막는 가장 큰 장애물이다.

그림 6.2 찌아찌아족의 도로표지판

외래어 표기법 위반사항

- 새로운 글자 사용: 부(순경음ㅂ 사용)
- 된소리 사용: 띵까
- 쌍ㄹ 발음 표현: Li를 '을리'로 표현

아. 결론

이제 우리는 '외래어'라는 어정쩡한 개념을 걷어내야 한다. 외국어는 그 소리를 가능한 정확히 전달하는 방식으로 표기하고, '우리말이 된' 외래어는 우리말 맞춤법에 따라 관리함으로써, 표기 원칙은 명료해지고 학습과 소통은 훨씬 쉬워질 것이다.

외래어 표기법은 제 기능을 다했으며, 이제는 훈민정음의 원리에 따라 새롭게 설계된 '외국어 표기법'으로 대체되어야 한다. 이 새로운 체계는 정밀성과 통일성을 갖춘 소리 중심의 표기 시스템이자, 한글을 세계 보편 문자로 확장시킬 문명사적 기반이 될 것이다. 외래어 표기법에서 외국어 표기법으로의 전환은 그 위대한 전환의 첫걸음이 될 것이다.

제7장

미래의 세계문자 한글20

한글20은 어떻게 로마자를 이길 수 있을까?

문자의 사명은 소리를 기록하는 것이다. 로마자는 소리 표기 기능이 다른 문자보다 우수해 여러 나라가 자국어 문자로 채택하고 있다. 그러나 이들 언어들도 로마자를 읽는 법이 제각기 다 다르다. 로마자의 소리 표기 기능에 한계가 있기 때문이다.

임의의 외국어를 표기해 보면 그 문자의 진정한 가치와 수준이 드러난다. 정확한 소리를 살리면서도 비슷한 발음을 구별하여 표기할 수 있어야 한다. 아래에서 소개하는 한글20이 새롭게 태어나 이 꿈을 실현시킬 것이다.

7.1 한글20의 탄생

가. 외국어 표기의 딜레마

외국어 발음을 표기할 때 가장 큰 걸림돌은 두 가지다.

첫째, '그 소리를 얼마나 정확하게 표기할 수 있느냐'라는 문제와
둘째, '비슷한 소리를 어떻게 구별하느냐'라는 문제다.

예를 들어 p를 'ㅍ'으로 표기하는 것은 정확성에서 만족할 만하다. 그러나 f를 'ㅍ'으로 표기하는 것은 정확하지도 않으며 'p'와 차별화가 되지 않아서 문제가 된다. f를 p와 차별하기 위해 ㆄ으로 표기하자는 주장이 있다. 마치 일본어에서 탁음을 만들기 위해 글자 오른쪽 어깨에 두 개의 점을 찍는 것이라든지(예 か → が) 독일어의 움라우트(예 A → Ä)와 같은

방법이다. 이런 방법은 IPA에서도 즐겨 쓰는 방식의 하나다.

그러나 이 방법에는 두 가지 문제점이 있다. 하나는 부호로 인하여 음가가 달라진다는 것은 알게 되는데 어떻게 달라지는지 가르쳐 주지 않는다. 또 하나의 문제점은 확장성이 없다는 것이다. 예를 들어 비슷한 발음이 더 있을 때 그 부호를 중복한다든가 새로운 부호를 쓴다면 역시 발음을 새로 배워야 한다.

나. 합자, 세종이 남긴 위대한 유산

이러한 한계를 넘어설 실마리는 다름 아닌 훈민정음의 '합자(合字)'에 있다. 세종은 상황에 따라 적절한 자모들을 조합하여 새로운 글자를 만들 수 있도록 했다. 예컨대 음가가 없는 'ㅇ'을 'ㄹ'과 연서하여 ᄛ을 만들고 '가벼운ㄹ'이라 부르며 ᄙ로 'ㄹ'의 된소리를 만들고 'ㄱ'과 'ㅎ'을 합쳐 'ㅋ'을 만들었다. 이러한 방식은 단순한 기호 결합이 아니라, 소리의 성질을 직관적으로 드러내는 방식이었다.

이러한 합자는 '어떤 소리가 날지 짐작할 수 있게 한다'는 점에서 독창적이다. 자모의 모양은 소리와 밀접하게 연결돼 있어, 합자의 형태만 봐도 대강의 음가를 유추할 수 있다.

다. 한글의 기본자모는 20자

합자의 원리는 언어학적으로나, 인지적으로도 대단히 강력하다. 마치 설탕과 소금을 섞어 새로운 맛을 만들듯, 글자도 그 재료가 되는 자모를 섞어 새로운 발음을 만든다. 그런데 중요한 점은 설탕과 소금을 섞어도 그 원래의 맛이 남아있듯이 이 섞인 자모들의 음가가 완전히 사라지지 않고 살아 있다는 것이다. 'ㅋ'은 단지 새로운 기호가 아니라, 'ㄱ'과 'ㅎ'이라는 두 자모가 만났다는 사실을 품고 있다. 부호를 붙여 새로운 소리를 만들어내는 것과는 근본적으로 다른 문제이다. 이것이 훈민정음과 IPA가 다른 점이다.

이 점에서 합자는 화학적 결합이 아니라 물리적 혼합에 비유된다. 원소가 변형돼 정체성이 사라지는 게 아니라, 성분이 살아 있는 혼합물로 새로운 성질을 드러내지만 다시 되돌릴 수 있다. 그래서 합자는 직관적이며, 확장성이 뛰어날 뿐 아니라 가역적이라고 할 수 있다.

위에서 'ㅋ'은 'ㄱ'과 'ㅎ'의 합자라 하였다. 이는 '각하'를 발음하면 '가카'가 되는 원리이다. 그렇다면 'ㅋ'을 'ㄱㅎ'으로 대치할 수 있을 것이다. 같은 논리로 ㅊ, ㅌ, ㅍ도 각각 'ㅈㅎ', ㄷㅎ, 'ㅂㅎ'으로 대치할 수 있어 한글의 기본자모는 아래 10자가 된다. 이는 1.6절에서 언급한 바와 같이 이미 주시경이 밝힌 바이다.

· 한글 기본자음: ㄱ, ㄴ, ㄷ, ㄹ, ㅁ, ㅂ, ㅅ. ㅇ, ㅈ, ㅎ: 모두 10자

모음도 마찬가지이다. 한글의 기본모음은 다음 10자이다.

· ㅏ, ㅑ, ㅓ, ㅕ, ㅗ, ㅛ, ㅜ, ㅠ, ㅡ, ㅣ

위 기본 모음 10개 중 'ㅑ, ㅕ, ㅛ, ㅠ'는 'ㅏ, ㅓ, ㅗ, ㅜ'가 각각 'ㅣ'와 합쳐져 나는 소리, 즉 합자이다. 예를 들어 'ㅑ' = 'ㅣ' + 'ㅏ'이고 'ㅕ' = 'ㅣ' + 'ㅓ'이다. 자음에서와 마찬가지로 이들 복모음 4개는 기본 모음에

서 제외할 수 있다. 결과적으로 기본 모음이 6개만 남는데, 자음의 경우와는 달리 '기본 모음은 6자면 충분하다'라는 주장을 할 수 없다. 이 외에도 기본 모음과 같은 성격을 갖는 모음, 즉 다른 기본이 되는 모음들이 있기 때문이다.

위 기본 모음 6개의 특성은 고유의 음가를 가지며 더 이상 쪼갤 수 없다는 것이다. 즉 단모음이며 독자적 음소이다. 훈민정음의 모음 중에는 이러한 단모음 'ㅐ, ㅔ, ㅚ, ㆍ' 4개가 있다. 'ㆍ(하늘 아)'는 현재 한글에서는 쓰지 않지만 그러나 훈민정음의 '기본 중의 기본'인 모음이다. 이렇게 4개의 기본 모음을 추가하면 그 수가 10개가 된다.

하늘 아 'ㆍ'

흔히 '아래 아'라고 부르는 'ㆍ'는 훈민정음의 핵심 사상인 '천지인'의 '천'을 상징하므로 '하늘 아'라고 부르는 것이 옳다. 《훈민정음 해례》에서는 '혀를 움츠리면서 목구멍 깊은 곳에서 내는 소리'라 하였으며 지석영은 'ㅓ'와 'ㅡ'의 중간음이라 하였다. 저자는 모음의 기본이라는 점에 착안하여 '갓난아이가 말을 배우기 전에 내뱉는 자연의 소리로 해석하여 '어'도 '아'도 '오'도 아닌 그 중간이라고 생각하였다. 국제음성기호(IPA)로는 'ʌ'나 'ɔ'에 가까우며 현재 우리말에서는 쓰지 않지만 과거에는 중하게 썼으며 외국어에서는 현재도 쓰는 모음이다. 영어의 coffee[kɔːfi]는 사람과 지역에 따라 '카피', '커피' 혹은 '코피'라고 발음하므로 이 모음이 '하늘 아'와 가까운 발음일 것이다. 따라서 'ᄏᆞ피'라 표기할 수 있다.

라. 10이라는 숫자의 매력

결론적으로 훈민정음의 28자모는 10개의 기본 자음과 10개의 기본 모음으로 대치될 수 있으며, 이 20개의 기본자모로 합자를 만들어 훈민정음과 같이 무궁한 수의 발음을 만들어낼 수 있다. 더구나 자음과 모음이 각각 10개씩이므로 이들에게 번호를 붙여 글자와 숫자를 1:1로 대응시킬 수 있다는 엄청난 의미를 부여한다. 필자는 이 글자체계를 '**한글20**'이라 명명했다. 한글20이 인정을 받는다면 한글에 이어 훈민정음의 3대손이라 할 수 있을 것이다.

아래 표는 이들 기본자모 20자를 새로운 순서로 정렬해 보인 것이다. 배열순서는 입력자판 설계상의 편의와 입력의 편의를 위하여 조종되었다. 즉 자음 'ㅇ'과 모음 ·(하늘 아)는 둘 다 모양이 원이므로 역시 모양이 원인 숫자 '0'과 행을 맞추었다. 모음의 순서는 비슷한 발음끼리 모이도록 조정하였다. 이렇게 되면 문자 자체가 곧 숫자이고, 문자열이 수열처럼 처리된다. 이는 AI, 빅데이터, 컴퓨터 언어 처리에 완벽하게 최적화된 문자 구조다. 세종이 컴퓨터 시대를 염두에 두었다면 아마 이 체계를 택했을 것이다.

표 7.1 한글20의 기본자모와 번호

번호	0	1	2	3	4	5	6	7	8	9
자음	ㅇ	ㄱ	ㄴ	ㄷ	ㄹ	ㅁ	ㅂ	ㅅ	ㅈ	ㅎ
모음	·	ㅣ	ㅏ	ㅓ	ㅡ	ㅗ	ㅜ	ㅐ	ㅔ	ㅚ

마. 한글20의 가능성

20개의 자모와 그들의 '합자'로 인간의 말소리를 충분히 표기할 수 있는데 세종대왕은 왜 28자나 되는 자모를 썼을까? 물론 그가 단축하기를 원했다면 줄일 수 있었을 것이다. 그러나 어리석은 백성들에게는 'ㄱㅎ'보다는 'ㅋ'을 쓰도록 하는 것이 더 현명하다고 생각했을 것이다. 물론 당시 컴퓨터가 있었다면 달리 생각했을 수도 있었을 것이다.

요약하건대 한글20은 훈민정음 28자모 중 20개만으로 표음 기능을 온전히 구사할 수 있으며 한글과 마찬가지로 훈민정음이 가진 일반적인 장점을 물려받았다. 무엇보다 1:1로 수치화 할 수 있음은 최고의 컴퓨터 적응성을 보장한다. 이런 의미에서 한글20은 현대 문명과 함께 할 더 이상 바랄 바 없는 최고의 문자 시스템이라 할 것이며 지금 존재하는 문자 중에서 최고의 세계문자 자질을 가졌다고 볼 수 있다.

바. IPA[1]와 한글20

국제음성기호(IPA)와 한글20은 언어의 발음을 표기하는 같은 종류의 문자라 할 수 있다. IPA는 어떤 언어든지 표기할 발음이 있으면 고유의 기호를 배정해 주는 반면, 한글20은 10개의 자음과 10개의 모음을 조합하여 표기하는 체계이다. IPA는 조금이라도 다른 음이 있으면 새로운 표기를 부여하여 정확하게 표기하는 것을 목표로 한다. 발음의 고저와 장단까지도 면밀히 구별하여 표기하므로 학술적이거나 전문적인 용도로 쓰기에 적합하다.

이에 비해 한글20은 무한한 수의 합자를 만들어 원하는 정밀도를 얻을 수 있으며 구성 자모가 20개뿐이라 직관적이고 실용적이라 할 것이다. 일반인이 사용하기 충분한 친근성과 정확성을 기할 수 있지만 발음의 고저장단을 표하는 방법은 미비해 학술적 정확성을 기할 수는 없다. 그러나 이 문제도 앞으로 충분히 해결책을 보완할 수 있을 것으로 본다.

1 5.2절을 보라

사. 한글20의 활용

인류는 수천 년 전 상형문자를 만들고 이로부터 현재의 293가지의 문자로 발전시켰다. 중국어의 한자를 제외하고 이들의 낱글자들을 모두 합하면 10,000자를 크게 넘지 않을 것이다. 이들을 모두 기본 자음 10개와 기본 모음 10개로 대신할 수 있고 더구나 이들을 0부터 9까지의 숫자로 표현할 수 있다는 것은 기적이라고 할 만하다. 물론 이는 세종대왕이 만든 기적을 달리 표현한 것에 지나지 않는다. 이제 우리는 한글20을 활용하여 인류의 언어생활과 문화발전에 기여하는 방도를 생각해 내어야 한다.

한글20 소개(요약본)

한글20은 훈민정음의 28자 중 핵심 자모 20개로 체계를 단순화한 것이다. 기본 자음 10자와 기본 모음 10자를 조합하면 모든 소리를 표현할 수 있으며, 나머지 글자는 이들의 합자일 뿐이다. 이러한 구조는 문자 교육, 외국어 표기, 디지털 처리 등에서 큰 장점을 가지며, 각 자모를 숫자(0~9)로 대체할 수 있는 1:1 대응 체계를 갖춘다. 이는 문자로서의 단순성과 확장성을 동시에 확보한 사례로, 한글을 세계문자로 확장하는 전략의 결정판이라 할 수 있다.

7.2 한글20의 수치화

가. 한글20의 핵심 기능: 소리의 수치화

앞 7.1절의 표 7.1를 활용하면 한글 자모를 숫자로 변환할 수 있다. 예를 들어 '사람'은 〈7.2. 4.2.5.〉로, '깍두기'는 〈11.2.1 3.6. 1.1.〉로 표기된다. 음절은 공간(space)으로 구분하고, 모음의 앞뒤에 점(.)을 찍어 컴퓨터가 인식하도록 했다. 모음을 빨간 글씨로 보인 것은 육안으로 식별하기 위함이다. 이해를 돕기 위해 아래에 표 7.1을 다시 보인다.

표 7.2 한글20의 기본자모와 번호

번호	0	1	2	3	4	5	6	7	8	9
자음	ㅇ	ㄱ	ㄴ	ㄷ	ㄹ	ㅁ	ㅂ	ㅅ	ㅈ	ㅎ
모음	·	ㅣ	ㅏ	ㅓ	ㅡ	ㅗ	ㅜ	ㅐ	ㅔ	ㅚ

외국어도 발음을 기준으로 같은 방식으로 수치화할 수 있다. 예컨대 부처의 본명 Siddhartha(싯다르타)는 〈7.1.7 3.2. 4.4. 39.2.〉, pen(펜)은 〈69.8.2.〉, 중국어 天國(tiānguó: 티앤꾸오)는 〈39.17.2 11.65.〉로 각각 표기된다. 외국어의 발음을 수치로 보이려면 먼저 언어별로 외국어 표기법을 정해 놓아야 한다.

이처럼 글자를 숫자로 변환함으로써 기존 문자로는 표현하기 어려운 정밀한 음성 정보까지 다룰 수 있으며, 컴퓨터 처리도 훨씬 단순해진다. 아래에서는 수치화가 제공할 수 있는 기술적 이점을 항목별로 설명한다.

나. 초성 없는 음절의 수치화

한글은 음절 단위로 소리를 표기하는 세계적 수준의 문자 체계를 갖추고 있지만, 초성이 없는 음절의 경우 무음(無音) 초성자 'ㅇ'을 사용할 수밖에 없다. 이는 외국어를 표기할 때는 다소 불편할 수 있다. 예를 들어 미국의 'Iowa'(아이오와) 주를 한글로 표기하면 '아이오와' 4음절 8자모가 된다. 이를 수치화하면 0.2. 0.1. 0.5. 0.52.로 되는데 무음가인 '0'을 삭제하고 .21.5.52.로 단축할 수 있게 된다.

다. 음성 표현의 정밀화

예컨대 portable을 한글로 '포터블'이라 표기하면 수치화는 〈69.5. 39.3. 6.4.4〉이 된다. 그러나 por을 '포'로 표기하면 'r' 발음이 탈락되고 '폴'로 하면 'r' 발음이 너무 강하다. 이처럼 혀를 약간만 굴리는 '약한 r' 발음을 글자로는 표기하기 어렵지만 숫자로는 가능하다. 가령 por을 〈69.5.4/3〉으로 보이면 'ㄹ' 발음(수치화 4)을 1/3 정도만 하는 것을 뜻하게 된다. 더 정밀한 표현을 위해 〈4/2.5〉와 같은 방식도 가능하다. 이때 분모는 음의 강도나 길이를 수치화한 것이며, 자모 고유 번호와는 무관하다.

모음의 길이도 이런 식으로 정교하게 표현할 수있다. good [gʊd] 〈1.6.3〉, goose [gu:s]는 '구우스' 〈1.66. 7.4.〉가 될 것이나 이때 66이 6의 두 배 길이라고 보장되지는 않는다. 만약 1.5배 길이로 표현하고 싶다면 〈1.6/0.67. 7.4.〉로 표현할 수 있을 것이다. 이러한 정밀 표기는 일반 사용자보다 음성 합성 기술이나 음성 모델 개발에서 유용하게 활용될 것이다.

라. 음성인식 모형에 활용

음성인식은 말소리를 문서로 바꾸는 기술인데 이는 곧 소리를 듣고 적절한 철자법으로 문서화하는 과정이라 할 수 있다. 소리는 철자와 달리 좀 틀려도 이해할 수 있다. 예를 들어 실제 대화할 때는 '아부지'나 '아바지'라 해도 이를 '아버지'이겠지 하고 알아듣는다. 그러나 이를 문서화하려면 표준 철자법으로 써 주어야 한다. 즉 음성인식 모형은 사실상 소리를 인식하는 것이 아니라 철자법을 인식하여야 하는 것이다.

그래서 '아바지'나 '아부지'라고 말을 해도 '아버지'라고 표기해 주어야 한다. 이러한 판단을 위해 '아바지=아부지=아버지'라는 공식을 만들어 놓아야 한다. 이 판단을 지금은 문자 비교로 처리하고 있지만 글자를 가지고 하는 것보다는 수치화하여 판단하는 것이 쉬울 것이다.

〈0.2. 6.2. 8.1.〉 = 〈0.2. 6.6. 8.1.〉 = 〈0.2. 6.3. 8.1.〉

또한 외국어 고유명사처럼 발음이 틀리기 쉬운, 예컨대 부처님 이름 'Siddartha'의 경우도 화자에 따라 '시달다'나 '씨탈따' 등 여러 발음이 나올 수 있을 것이다. 이때 음성인식 모형은 비슷한 발음을 해도 맞는 발음의 표기를 찾아주어야 한다. 아래 표는 예상되는 발음에 대하여 첫 번째 행(column)에는 한글로 발음을 표기하고 두 번째에는 유니코드, 셋째는 수치화, 네 번째에는 이를 다시 소리에 따라 로마자 표기법으로 써 놓은 것이다.

표 7.3 싯다르타(Siddartha)의 여러 표기와 그 수치화

한글20	유니코드	한글20 수치화	영어
셰탈타	3145 314E 3163 314C 314F 3139 314C 314F	791 3924 392	Shitarta
시탈타	3145 3163 314C 314F 3139 3314C 314F	71 3924 392	Sitarta

씨탈따	3146 3163 314C 314F 3139 3138 314F	771 3924 332	Citarta
시달타	3145 3163 314C 314F 3139 314C 314F	71 324 392	Sidarta
시다르따	3145 3163 314C 314F 3139 3161 3138 314F	71 32 44 332	sidartha
싯다르타	3145 3163 3145 314C 314F 3139 3161 3138 314F	717 32 44 392	Siddhārtha

유니코드(Unicode)는 전 세계의 모든 문자를 컴퓨터에서 일관되게 표현하고 다룰 수 있도록 설계된 일종의 표기법으로 한글20의 수치화와 비슷한 목표를 갖는다.

여기서 맞는 철자법은 '싯다르타'이며 표에 있는 표현처럼 비슷한 표기 중 맞는 것을 찾아야 한다. 이 표를 보면 일견 한글20 수치화를 통해 찾는 것이 더 간단해 보이며 시각적으로도 비슷하다는 판단을 할 수 있다. 이처럼 수치화는 유사한 발음들 간의 정량적 거리와 패턴 유사성을 분석하는 데 효과적이며, 인공지능 알고리즘 개발에도 유리할 것이다.

마. 글자 대신 숫자로 쓴다

위에서 발음을 글자가 아닌 숫자로 표기하는 것이 가능하며 또한 많은 이점이 있다는 것을 알았다. 그렇다면 아예 글자 대신 숫자를 쓰면 어떨까? 예를 들어 글자를 모르는 민족에게 글자는 보여주지 않고 숫자로 발음을 가르치면 어떨까? 예를 들어 'ㄱ'을 가르치고 이것은 '그' 발음이 나는 글자다라고 하는 대신 '1'은 'ㄱ' 발음이 나는 글자이고 '.1.'은 '이' 발음이 나는 글자라고 가르치자는 것이다. 숫자는 이미 세계적으로 사용되고 있어서 배우기도 쉽고 국가적 선입견도 없다. 물론 한글은 글자 모양을 보고 소리를 짐작할 수 있는 이점이 있지만 숫자는 그 대신 위에서 본 다른 이점들이 있다.

바. 문서 및 음성 DB의 수치화

한글로 표기된 문서는 모두 숫자로 치환이 가능하다. 음성도 한글20으로 전사한 뒤 다시 수치화하면 결국 모든 언어 자료가 10진법 숫자의 연속으로 저장될 수 있다. 이렇게 되면 문서와 음성의 구분이 사라지고, AI가 수치 벡터로 모든 언어 데이터를 직접 처리할 수 있게 된다.

이러한 수치화는 데이터베이스(DB)의 구조 자체를 바꿀 수 있으며, 처리 효율 향상과 전력 소비 절감 등의 실질적 효과도 기대할 수 있다.

7.3 한글20의 사명

가. 문자가 사명을 가질 수 있는가?

문자는 보통 소리를 적거나 뜻을 나타내는 기호 체계로 이해된다. 그러나 한글20은 다르다, 다른 문자들이 갖는 일반적 기능과 별도로 태생적 사명을 갖고 태어났다. 그것은 인류의 언어 불평등 문제를 해결하고, 소외된 이들에게 언어 도구를 제공하며, 세계 언어 간의 소통을 매개하는 문명적 도구로서의 역할을 해야 한다.

나. 사명의 근원: 훈민정음과 홍익인간

한글20은 훈민정음을 기반으로 설계되어 그 창제 정신을 계승하였다. 훈민정음의 목적은 "백성이 쉽게 익혀 날마다 편히 쓰게 함"이었다. 이 정신을 확장하여, 한글20은 모든 언어 사용자들이 쉽게 배우고 편히 사용할 수 있는 문자를 지향한다. 또한 한글20은 한국인이 유산으로 이어받은 널리 인간을 이롭게 하라는 '홍익인간'의 정신을 살려야 한다는 사명을 갖는다. 따라서 한글20은 세계 인류가 겪는 문자 문제를 해결하고, 문화 발전에 이바지하기 위한 실용적 도구가 되어야 한다.

다. 인류가 겪는 문자 문제

오늘날 인류가 겪는 주요 문자 관련 문제로 다음 세 가지를 들 수 있다.

- **무문자(無文字)**: 언어는 있으나 표기 문자가 없어 정보화와 교육에서 소외되는 경우
- **문맹(文盲)**: 문자는 있지만 너무 복잡하거나 언어와 맞지 않아 배우기 어려운 경우
- **문자장벽**: 서로 다른 문자를 사용하는 집단 간에 소통이 단절되는 문제

이 문제들은 문자 자체만이 아니라 언어와 얽혀 있으며, 복합적으로 나타난다. 한글20은 이런 문제들의 공통 해법으로 작용할 수 있는 문자

로 설계되었다.

라. 한글20의 사명은 한글과 다른가?

구한말 주시경은 조국이 일제의 식민지로 전락할 위기에 처했을 때, 민족의 혼이라도 살려야 한다며 그 수단으로 당시 조선인이 쓰던 말을 표기하기 위한 문자를 정리하여 이를 '한글'이라 명명하였다. 물론 훈민정음이란 문자가 있었지만 오랫동안 방치되어 있던 탓에 재정비가 필요했다. 그는 시간에 여유가 없었으므로 불필요하다고 여긴 훈민정음 자모 4자를 제외하고 철자법도 간결하게 재구성하였다. 즉 한글의 사명은 한국이 대상이지만 한글20의 사명은 한국인을 위주로 하되 그 대상을 세계 인류로 삼는 것이 다르다.

마. 한글과 한국어의 관계

한글은 문자이고, 한국어는 언어지만 이 둘은 밀접하게 엮여 있다. 이는 로마자와 영어의 관계, 한자와 중국어의 관계처럼 기표와 기의의 분리로 보기 어렵다. 그러나 한글과 한국어는 오히려 동일한 뿌리에서 성장한 언어문화 공동체의 구성요소이다.

최근 한국어에 대한 세계적 관심은 이러한 구조적 특성을 반영한다. 2023년 기준으로 외국어 학습 앱 '듀오링고(duolingo)'에서 한국어는 전 세계 학습자들의 6위 언어로 자리 잡았으며, 한류의 힘과 대한민국의 국력 상승이 그 배경에 있다. 이는 한글20이 전 세계에서 수용될 가능성을 말해주는 길조이며, 한글20의 세계화를 위해 한국어와의 공동 전파 전략도 필요하다는 점을 시사한다.

바. 매력을 넘어 쓰임새로

지금까지 한글이 세계에서 주목받은 이유는 주로 '한글의 과학성' 혹은 '한국 문화의 매력' 때문이었다. 그러나 문자로서의 인기를 지속시키고 나아가서 더욱 확대 발전시키기 위해서는 지금 가진 매력에 실용성과 필요성, 즉 쓰임새를 추가해야 한다.

한글20은 발음 표기 기능의 확장성과 외국어 대응 능력을 지니고 있으며, 세계 인류가 직면한 언어·문자 문제에 실질적인 해법이 될 수 있다는 강점을 살려 지금의 문화적 매력에서 실용적 기능성으로 전환할 시기가 도래한 것이다.

사. 사명은 행동을 요한다

한글20의 사명은 단지 선언에 그쳐서는 안 된다. 이 책 제8장에서 논할 한글20의 과제와 제10장에서 제안하는 '8대 전파 사업'은 바로 이 사명을 현실에서 실현하기 위한 구체적 계획들이다.

문자 없는 부족에게 한글20을 보급하고, 문자가 어려운 언어에 병음 역할을 수행하며, 문맹 문제를 해소하고, 장애인에게 새로운 문식성의 도구를 제공하고, 언어 장벽을 낮추며 인류 언어의 상호 연결성을 강화하는 것. 이러한 여정이야말로, 한글20의 사명을 완성해가는 길이다.

이에 대해서는 8장에서 보다 자세히 거론한다.

7.4 한글20의 지원 기술

한글20이 단지 문자로 머무르지 않고, 세계 언어 환경 속에서 실질적으로 쓰이기 위해서는 그를 뒷받침할 수 있는 기술적 기반이 필요하다. 이 장에서는 한글20을 실생활에서 효과적으로 활용할 수 있도록 도와주는 입출력 장치, 음성화 기술, 다언어 사전 시스템 등을 소개한다.

가. 맞춤형 자판: 단순성과 직관성을 모두 갖춘 한글20 입력장치

한글20을 입력하려면 기존의 자판 체계로는 부족하다. 특히 현재 널리 쓰이는 천지인 자판이나 쿼티 자판은 각각의 한계가 있다.

천지인 자판은 두 개의 자모를 한 단추에 올려놓은 방식으로, 소리를 직접 대응시키기 어렵고 시각장애인이 소리 피드백을 받을 수 없어 접근성이 낮다. 쿼티 자판은 이 문제는 해결되지만 단추 수가 많고 크기가 작아 조보자에게는 입력이 어렵고 오타 발생률도 높다. 이에 비해 한글20은 단순한 구성 덕분에 맞춤형 자판 설계가 용이하다.

한글20 자판 구성

- 자음: 한글20은 자음이 10개로, 각각 하나의 단추에 배치할 수 있다.
- 모음: 모음 입력을 위해 '복합 모음단추'를 제안한다. 이는 천지인 구조를 확장하여 5개 단추를 하나의 묶음으로 배치해, 마치 글을 쓰듯 좌우 혹은 상하 방향으로 차례로 누르며 모음을 조합할 수 있도록 한 장치다. 예를 들어 'ㅏ'는 왼쪽 'ㅣ'와 '하늘 아'를 순서대로 누르고 'ㅓ'는 '하늘 아' 단추를 먼저 누른 후 오른쪽 'ㅣ'를 누른다. 'ㅑ'는 'ㅏ'를 누른 후 '하늘 아'를 한 번 더 누른다(그림에서 화살표는 입력과 상관없는 기능임).

이러한 구성은 단순하고 직관적이며, 한 손 입력도 가능해 휴대용 기기나 앱에서 효율적으로 구현할 수 있다. 이 자판 구조는 이미 필자가 '복합모음단추'라는 이름으로 특허 출원했으나, 현재는 보호 기간이 지나 누구나 사용할 수 있도록 공개되어 있다.

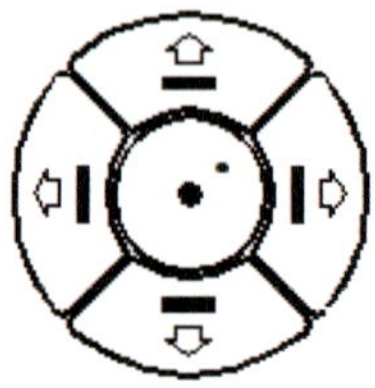

그림 7.1 복합 모음단추: 글을 쓸 때처럼 순서대로 누른다.

아래 그림은 복합 모음단추를 장착한 한글20 자판의 모습을 컴퓨터 앱으로 쓸 수 있도록 단순화 한 것이다.

그림 7.2 복합 모음단추를 장착한 한글20 자판의 모습

나. 한글20 자판은 말소리 연주기

한글20 자판은 단순히 문자를 입력하는 기능을 넘어, 말소리를 생성하는 장치로도 활용될 수 있다. 즉, 초성·중성·종성이 입력되어 하나의 음절이 완성되면 동시에 해당 음절의 소리를 출력하는 기능을 탑재하는 것이다.

이 기능은 다음과 같은 응용이 가능하다.

- **시각장애인용**: 단추를 누를 때마다 해당 자모의 소리를 들려주어 피드백을 제공함.
- **언어장애인용**: 자신이 입력한 글자가 곧바로 음성으로 출력되어 의사소통을 대신할 수 있음.
- **학습용 및 다국어 말하기 훈련용**: 입력과 발음이 즉시 연결되어 언어 습득에 효과적임.

한글20은 음절 단위로 소리를 생성할 수 있기 때문에, 영어 등 알파벳 기반 언어보다 '음성출력 일관성'에서 유리하다. 영어는 단어 단위로 입력되기 전까지 발음을 예측하기 어렵고, 단어 내부를 자르면 의미가 왜곡될 수 있기 때문이다.

정밀한 음성 생성이 가능하도록, 입력 중 음의 길이나 억양을 조절할 수 있는 단추(예: 숫자 버튼, 억양 버튼)를 배치하는 구조도 가능하다. 음절의 억양을 구별하는 등 편리한 사용을 고려하여 아래와 같은 단말기를 구상하였다. 자음 단추는 글자의 모양을 보이도록 했으며 억양 단추와 별도의 숫자 단추를 포함하여 용도를 높이려고 하였다.

그림 7.3 말소리 연주기 구상안: 모음 단추와 억양 단추를 갖는다.

이를 통해 보다 자연스러운 '말소리 연주'가 가능해진다.

이러한 장치를 형상화한 것이 바로 '말소리 연주기'이다. 이는 문자 입력기를 넘어, 실시간 음성 생성기이자 시청각적 의사소통 도구로 기능할 수 있다.

이상에서 한글20 자판은 시각장애인이 문서를 입력할 수 있고 동시에 말을 하지 못하는 언어장애인은 말소리 연주기 기능을 사용하여 말소리를 내 줄 수 있음을 보았다. 또한 단추 수가 적어 사용하기도 편하고 한국어뿐 아니라 다른 언어까지도 입출력할 수 있을 것이므로 세계적으로 사용이 가능하여 한글세계화에 기여할 것이 예상된다.

다. 다언어사전: 한글20을 활용한 세계 언어 검색 시스템

기존 전자사전은 2개 이상의 언어를 입출력하려면 언어별 자판이 달라 언어에 적합한 자판으로의 전환이 필요하다. 그러나 한글20은 모든 언어의 소리를 한글 자모로 표기할 수 있는 체계이므로, 하나의 자판으로 모든 언어를 입력하고 검색할 수 있다. 이를 가능하게 하는 것이 바로 '한글20 다언어 사전'이다.

① 다언어 사전의 원리: 발음 중심의 '겹단어' 입력

각 단어는 해당 언어의 발음을 한글20 자모로 표기한 것과 그 언어의 원어 철자를 함께 기재한 '겹단어' 형태로 저장된다. 한글20 자모는 발음 기호 역할을 겸한다.

예

구분	한국어	영어	중국어	일본어
(1)	학교	스쿠울-school	쉬에쌰오-学校	각꼬우-学校
(2)	집	하우스-house	빠앙우-房屋	가오꾸-家屋
(3)	나	아이-I	워-我	와타시-私
(4)	가다	고우-go	취-去	이꾸-行く

'스쿠울', '쉬에쌰오', '각꼬우'와 같이 어느 언어든 한글20 발음을 통해 검색할 수 있고, 같은 의미의 다른 언어 단어들이 한 줄에 함께 나타나는 구조로 설계되었다.

② 음성 검색도 가능

한글20은 발음 중심 문자이기 때문에, 철자보다 소리에 민감한 음성인식 기반 검색에 매우 적합하다. 사용자가 '스꾸울'이나, '스쿨'처럼 다소 다르게 입력해도 유사한 발음을 탐색하여 의미를 찾아낼 수 있다. 이러한 유연성은 로마자 기반 철자 시스템과는 다른 강점이다. 로마자는 철자에 의존하여 철자 오류가 검색 실패로 이어질 수 있지만, 한글20은 발음의 다양성을 자연스럽게 수용한다.

라. 한글20 지원기술의 의의

한글20은 단순한 문자체계가 아니다. 이를 실질적으로 사용할 수 있도록 하는 입력 기술, 음성화 기술, 다언어 대응 시스템은 모두 한글20이 세계문자로 자리잡기 위한 필수 기반이다.

누구나 쉽게 쓸 수 있는 자판이 있으며, 누르면 말소리가 나오는 장치가 있고, 모든 언어를 연결하는 다언어 사전이 마련되어 단순한 제안이 아니라, 현실에서 작동하는 언어 혁신 기술이 될 것이다. 이러한 기술 기반은 한글20이 전 세계 언어 문제 해결에 실질적으로 기여할 수 있음을 보여주는 강력한 근거다.

7.5 세계문자 한글20, 로마자와 경쟁할 수 있을까?

가. 로마자의 현 위상

로마자(라틴 알파벳)는 이미 명실상부한 세계문자다. 전 세계 130여 개 언어의 공식 문자로 채택되었고, 각국은 자국어에 맞는 로마자 표기법을 별도로 제정하여 활용하고 있다. 더욱이 로마자는 정보통신기술(ICT)과 인공지능(AI)의 핵심 기저 언어로 기능하며, 올림픽, 월드컵 같은 국제

행사에서는 사실상 유일한 공용 문자로 통용되고 있다. 이처럼 로마자는 이미 세계문자로서의 지위를 실질적으로 획득한 체계라 할 수 있다.

나. 로마자와의 경쟁, 무모한 도전인가?

이런 상황에서 '한글20'이 세계문자로 도전장을 내민다는 것은 어쩌면 무모해 보일 수 있다. 한글20이 기능적으로는 더 정밀하고 표현력이 뛰어나더라도, 이미 확립된 질서와 기득권을 단숨에 뒤집는 일은 결코 쉽지 않다.

그러나 로마자가 완전무결한 문자 체계는 아니다. 로마자는 소리보다 철자 중심의 표기 방식이며, 언어마다 철자법이 달라 발음과 표기의 괴리가 크고, 음성인식이나 다언어 정보 검색에 있어 구조적 한계가 있다. 이러한 약점이 한글20에는 없다. 한글20은 소리 중심 문자이므로, 음성인식·음성출력·다언어 병기 등에 적합하다.

다. 경쟁이 아니라 공존 모색

이를 바탕으로 한글20은 로마자를 '이기는' 것이 아니라 '보완하는 문자'로 공존할 길을 선택할 수 있다. 예컨대, 로마자로 표기된 단어의 발음을 정확하게 제시하는 발음 보조 표기로, 또는 언어학습기기, 다언어 사전, 음성입력 시스템 등에서 발음 인터페이스로 쓰일 수 있다.

이처럼 한글20은 로마자의 빈틈을 채우는 역할로 세계 언어 시스템 속에 들어갈 수 있으며, 차츰 특정 분야에서 주도적 문자로 자리를 넓혀갈 수도 있다. 요컨대, 한글20은 세계문자 질서에서 로마자와 경쟁하는 것이 아니라, 각자의 강점을 살려 역할을 분담하며 나란히 쓰이는 '양대 문자 체계'로 발전할 수 있다.

제8장

한글20의 과제

한글20이 극복하고 해결해야 할 문제는 무엇일까?

로마자는 이미 세계적으로 보급되어 인류에게 많은 편의를 제공하지만 표음 기능에 문제가 있어 아직 인류가 문자 때문에 겪고 있는 불편과 고통을 완전히 해소해주지 못하고 있다. 표음문제를 완전히 극복한 한글20은 이제부터 로마자가 해결하지 못한 불편과 고통을 해소시켜 주어야 할 것이다. 이를 위해 수행할 과제들을 앞 7.3절에서 언급하였으며 그 자세한 내용을 아래에서 논하고자 한다.

8.1 문자가 없어 소외된 지역(부족)에 문자 보급

가. 로마자의 한계

전 세계 6,000개가 넘는 언어 중에는 문자가 없어 표기할 수 없는 언어가 상당수 있다. 특히 아프리카와 동남아시아 지역에 이런 언어가 많다. 이런 지역에서 젊은 세대들은 다른 언어를 배워 쓰기 때문에 고유 언어를 쓰고 있는 노년층이 사라짐에 따라 언어 자체가 소멸되어 가고 있다. 언어가 소멸되면 그들이 쌓아 놓은 고유의 문화도 따라서 소멸될 것이다. 이 문제 역시 로마자가 상당 부분 해결하고 있지만 찌아찌아족에서 본 것처럼 로마자로는 문자로서의 결함 때문에 만족스런 성과를 내지 못하는 경우도 적지 않다. 이러한 문제점을 한글20이 해결해 주어야 한다.

나. 신중한 접근이 필요하다

소외 지역에 문자를 보급한는 일은 결코 쉬운 일이 아니다. 일부 한글학자들이 열정을 가지고 문명이 없는 오지에 들어가 한글로 그네들의 언어를 표기하도록 가르친 사례가 종종 알려지곤 했다. 그러나 이러한 노력은 일시적인 성과를 낼 수 있지만 재정적 지원이 떨어지거나 당사자의 열정이 식으면 지속되지 못한다. 인도네시아 찌아찌아족의 사례가 좋은 예이다. 초기에 상당한 성공을 거두었지만 지원금이 끊기자 지속되지 못하고 말았다. 인도네시아 정부가 반기지 않았다는 것도 문제였다.

다. 접근방법

이러한 문제를 해결하기 위해서는 처음부터 국가 간의 양해하에 원조사업으로 시작하여 지속적인 지원을 보장해 주든지 아니면 교육으로부터 금전적 수입을 얻어 재투자하는 식으로 지속가능성을 확보하여야 한다. 2018년 대규모 삼성전자 단지가 차려진 인도에서는 한국어 능력이 취업에 도움이 된다는 사실에 힘입어 한국어 학습에 대한 관심이 높아졌으며 그 결과 뉴델리에 위치한 자와할랄 네루 대학교의 한국어과는 2023년에 10만 명 이상의 지원자가 몰려 3,300대 1의 경쟁률을 기록하였다. 이런 곳에서는 유료 강

그림 8.1
2018년 인도 삼성전자 단지 기공식에 참석했던 인도 모디 수상과 이재용 회장

의도 가능해 한글 보급사업이 지속될 수 있을 것이다.

유네스코가 '세종 프로젝트'라는 이름으로 문자 없는 민족에게 글자를 보급하는 사업을 벌이고 있다는 주장이 있으나 사실이 아니다. 이는 1989년부터 한국 정부가 주도하는 '유네스코 세종대왕 문해상(글상자)'이 와전된 것으로 보인다. 정부가 이 사업을 확대하여 우리가 기대하는 내용의 '세종 프로젝트'를 구현해 내는 것도 하나의 방법이다. 이 문제는 10장에서 8대 사업의 하나로 제안되는 한글공학연구소의 주요 업무로 포함시켜 추진하는 것이 바람직할 것이다.

유네스코 세종대왕 문해상(UNESCO King Sejong Literacy Prize)

유네스코가 제정한 문맹퇴치 공로상이다. 1989년에 한국 정부가 유네스코에 제의하여 제정되었으며 문맹 퇴치사업에 공이 많은 개인이나 단체를 선정하여 '세계 문해(文解)의 날(International Literacy Day)'인 9월 8일에 매년 수여하고 있다. 수상대상인 3명의 개인이나 단체에게는 각각 미화 2만 달러의 상금이 주어지는데, 지급되는 상금은 한국 정부가 지원하고 있다.

8.2 특정 언어를 위한 병음의 역할

가. 중국어 로마자 병음(Pinyin)은 무엇인가?

친구가 되는 방법 중 하나는 함께 고충을 나누는 것이다. 한글20은 외국어 문자의 대안이 되어 그 자리를 빼앗기보다는 그들이 가진 고충을 도와주는 데 목표를 두어야 한다. 가장 좋은 예는 중국의 로마자 병음이다. 로마자가 한자의 자리를 뺏지 않고 옆에서 도와줌으로써 한자를 살려 중국이 미국에 맞설 정도의 IT 강국으로 발전할 수 있었다. 병음 없이 한자만으로써는 상상도 못했을 일이다.

중국어의 한자(汉字)는 그 수가 수만 자나 되어 글자의 뜻과 발음을 일일이 기억하기도, 글자 모양을 익히기도 어렵다. 중국 정부는 1950년대 초, 병음(拼音, Pinyin)이라 부르는 로마자 표기 체계를 만들어 한자의 발음을 표기하도록 했다. 병음은 발음 표기에 그치지 않고 컴퓨터 입력을 대신하며 사전에서 단어를 알파벳 순서로 배열하는 등의 역할을 수행하게 되어 한자의 기능을 획기적으로 올리게 되었다. 병음이 없던 시절에는 한자의 부수(部首)와 획수로 순서를 정해 사전을 만들어 사용했으니 중국어 학습이 얼마나 어렵고 비효율적이었을 것인지 짐작할 수 있다. 병음이 없었다면 중국어 학습은 물론 컴퓨터 사용이 거의 불가능해 지금의 미국과 경쟁하는 ICT나 AI 기술 등 문명을 이룩하지 못했을 것이다.

나. 한글 병음[1]의 가능성

한글20이 로마자 대신 중국어의 병음으로 사용된다면 한자의 보조역할에 그치지 않고 한자를 완전히 대신하는 역할로 발전할 수 있을 것이다. 한자 중에는 吗(마, 의문문 뒤에 쓰임)나 嗯(응, 우리말의 '응'처럼 사용)처럼 뜻이 없이 그저 소리만 표기하는 글자(의성어)가 500자 이상 있다고 한다. 또한 소리를 따라 뜻을 포기한 글자도 많다. 예를 들어 냉면(冷麪)의 밀가루 麪자 대신 흔히 쓰는 글자인 얼굴 面자를 쓴다. 이렇게 한자도 점

1 병음(併音, Pinyin)은 중국어의 로마자 병음을 지칭하지만 이곳에서는 특정 언어에 국한하지 않고 중국어 병음과 같은 역할을 하는 문자 도우미 체계로 일반화하여 사용한다. 한글 병음이라고 칭하는 것은 이렇게 일반화된 사용례이다.

점 소리글로 바뀌어 가고 있다. 그렇다면 우선 뜻이 없는 의성어만이라도 한글20으로 바꾸어 쓸 수 있을 것이다. 예를 들어 吗 대신 '마'를 쓰면 배우기도 쉽고 쓰기도 쉬울 것이다. 이렇게 익숙해진 한글 자모는 다른 어휘에도 적용할 수 있을 것이다. 이렇게 한글 자모가 한 자씩 소개된다면 다음에는 한글의 혼용(混用)이 가능해지고 그다음 단계는 병용(竝用)이 되고, 결국 우리처럼 한글 전용으로 발전할 수 없을 것이라고 어찌 장담하겠는가?[2]

다. 중국어 로마자 병음(Pinyin)의 교훈

한글20의 문자 보조기능은 비단 중국어에만 해당하는 것은 아니다.

일본어의 문자 체계도 꽤 복잡하다. 가타카나와 히라가나가 각 50자인 데다가 한자를 병용해야 하므로 문자 체계가 중국어보다도 복잡하다. 제2차 세계대전 이후 연합군 최고사령부(GHQ)는 일본어의 로마자 전환을 시도했다. 물론 이 시도는 일본 학계 등의 강력한 반대로 무산되었지만 그 문제점은 들어난 셈이다. 1999년에는 일본 총무성이 주소 표기를 로마자로 통일하자는 제안이 있었으나 역시 무산되었고 2025년에 다시 디지털 어드레스가 시도되어 이번에는 실현되는 모양새다. 새 번호체계는 'ABC 1234'의 형식이라 간단하며 기억하기도 쉽다. 총 수록할 수 있는 번지의 숫자는 1,017,576,000개이다. 그러나 반대는 여전하다. 문제는 자국 문자가 아닌 로마자를 앞에 쓴다는 것이며 현재의 주소 이름과 일치하지 않는다는 것이다.

2 중국어는 한글 수출의 블루 오션(blue Ocean)(10.5절 참조)

일본어도 중국어 병음처럼 보조문자를 쓰는 방안을 생각해 볼 필요가 있다. 우선 초기에는 한자 발음을 한글로 표기하다가 점차 한글 혼용과 병용 시기를 거쳐 한글 전용으로 발전할 수도 있을 것이다. 예를 들어 学校는 히라가나로 がっこう라고 쓰는데 이를 '각꼬우'라고 쓴다면 우선 글자 수가 줄어 간편해지고 한자 표기와 가까워지는 등 장점이 있다. 이 때문인지 최근 일본 일부 유치원에서는 아이들이 가슴에 다는 이름표에 한글 표기를 붙이는 것이 유행이 되었다고 한다.

물론 거부감 때문에 전반적으로 추진되기 어렵겠지만 이 경우 역시 필요성이나 재미로 쓰다가 점점 익숙해진다면 이루어질 수도 있을 것이다. 국가적 자존심이 일본인 못지않을 중국인들이 일찌감치 로마자 병음을 도입하여 큰 덕을 보고 있음은 좋은 사례이다.

아랍 문자나 히브리 문자는 'abjad'라는 형식의 문자로 자음만을 써놓고 모음을 적당히 붙여 읽는다. 따라서 그 나라 말을 모르면 자음에 어떤 모음을 붙여 읽어야 할지 알 수 없다. 예를 들어 인사말 '안녕'을 'שלום(shalom)'이라 하는 데 한 대학에서 외국인 학생들에게 이 단어의 읽는 순서를 한글처럼 왼쪽에서 오른쪽으로 바꾸고(그들은 역방향으로 읽는다) 한글 모음 'ㅏ'와 'ㅗ'를 끼워 넣어 שㅏלㅗם으로 적어 배우도록 했더니 학습 속도가 30% 빨라졌다는 것이다.

라. 결론

위에서 중국어 병음을 비롯하여 일본어에의 적용, 그리고 아랍어에까지 병음의 필요성과 이에 더하여 한글 병음의 가능성을 짚어보았다. 이론적으로는 충분히 가능성을 설명할 수 있지만 현실적으로는 당사자들에게는 언급조차 하기 어려운 일이다.

세상에는 가능하지만 시작을 못해서 혹은 방법을 몰라서 하지 못하는 좋은 일들이 많다. 그런 좋은 일 중에서 실현되면 왜 진작 하지 않았을까 하는 한탄을 할 정도로 아까운 경우도 많다. 한글20이 이룰 수 있는 일들이 대개 그 범주에 속하는 것들이라 생각된다. 이 광맥을 파헤치는 용단과 지혜가 필요하다. 이를 위해 10장에서 8대 사업을 정하고 그 추진 방안을 제시하려 한다. 요는 필요에 의하여, 혹은 재미가 있어서 자연스럽게 접근하고 익숙해져 스스로 결정하여 선택하도록 만들어야 한다.

8.3 범 언어를 위한 병음, 한글20

가. 로마자 병음의 한계

중국어의 로마자 병음은 로마자가 가진 피할 수 없는 문제 때문에 특수한 해법을 만들어 적용한 것이 몇 가지 있다. 예를 들어 중국어에는 '츠' 발음과 '치' 발음이 있는데 '치'는 'qi'로 표기하면 되는데 '츠'는 어떻게 해야 할까 고민하게 되었다. 로마자(사실상 영어 알파벳)로는 모음 '으' 발음을 낼 수 없어 '츠' 발음을 표기할 방도가 없다. 이를 해결하기 위해 아예 자음으로 해결하는 특수 해결책을 고안해 낸 것이다. 즉 'ci'를 '츠'로 발음하기로 정한 것이다. 그래서 'qi'는 '치'로 읽고 'ci'는 '츠'로 읽도록 정한 것이다. ji와 zi, si와 xi도 이렇게 특수하게 만든 발음법을 따라야 한다. 즉 모음자 'i'를 앞에 오는 자음에 따라 '이' 발음, 혹은 '으' 발음으로 읽어야 한다. 병음에 이렇게 헷갈리는 규정이 있어 중국어 배우기를 더욱 어렵게 만들고 있다.

나. 한글20의 제안

그러나 한글20이라면 이런 문제를 일으킬 수가 없다. 모든 자모가 자기 고유의 음가를 가지며 이들 고유의 음가로 표기하지 못하는 발음이 없기 때문이다. 이러한 기능은 중국어뿐 아니라 다른 어떤 언어를 표기하는 데에도 적용할 수 있다. 즉 한글20은 언어 공통적인 발음 표기법으로 사용할 수 있다는 것이다.

다. 언어문제 이상으로 복잡한 표기법의 문제

몽골은 하나의 언어를 쓰는데 몽골 전통문자와 키릴문자가 통용되고 있다. 그리고 최근에는 ICT의 보급으로 젊은 층에서는 로마자 사용이 늘고 있다. 심지어 청소년층에서는 한글이 인기를 끌면서 한글을 배워 한글로 자국어를 표기해 문자메시지를 보내는 사례가 늘고 있다는 소식이다. 국토 넓이는 남한의 8배나 되지만 인구는 350만 명에 불과한데 4개 문자를 쓴다고 하니 그 혼란상은 예상하기 어렵지 않다.

인도네시아도 다양한 언어를 사용하는데 인도네시아어는 로마자로 표기하고 자바어와 수마트라어는 각각 그들 고유 문자를 사용한다. 캐나다는 영어와 불어, 두 개의 언어를 쓰지만 둘 다 로마자로 표기한다. 또한 말레이시아는 말레이어, 중국어, 타밀어, 텔루구어 등 다양한 언어를 사용하는데 각각 고유 문자를 사용한다. 이 밖에도 많은 국가가 다언어 다문자의 고역을 치르고 있다.

라. 한글20으로 해결할 수 있다

이런 나라 국민들은 언어와 문자로 인한 불편을 넘어 국내에서도 언어 장벽이 생겨 불편과 비효율을 넘어 국민 화합에 문제가 되기도 한다. 한글20이 세계문자가 되어 이들 문자의 공통적인 병음 역할을 한다면 우선은 상호간을 연결시켜주는 역할을 하게 될 것이며 궁극적으로는 한글20으로 통일되리라는 생각을 하게 된다.

물론 외국 문자에 대한 거부감이 문제로 작용하겠지만 처음에는 병음으로 쓰다가 점점 익숙해지면 병음을 자연적으로 독자적 문자로 쓰면 된다. 이는 중국의 사례를 참고로 유추해 볼 수 있다.

중국의 병음은 확고부동하게 정착되어 병음 없는 중국어를 상상해 볼 수조차 없다. 그렇다면 한자 대신 병음으로만 표현하는 경우가 있을 법한데 그런 일은 거의 일어나지 않고 있다. 그 이유는 무엇일까?

이에 대한 학술적 해석자료는 찾지 못하였지만 가장 많이 거론되는 이유는 중국인의 한자와 로마자에 대한 선입견이나 글자의 구조에서 온다는 것이다. 즉 한자는 뜻을 담은 블록형 글자임에 비해 로마자는 음가만을 가진 나열식 구조이므로 이질감을 느끼며, 또 한 가지는 병음은 어렸을 때 학교 수업에서 한자 대신 쓰지 못하도록 교육을 받은 탓이라는 것이다. 그렇다면 한글20에 대한 선입견은 로마자보다는 좋을 것이라 여겨진다. 이는 조선족 동포들이 문자메시지를 보낼 때 로마자 병음으로 쓰는 경우는 거의 없고 한자로 전환하거나 아니면 발음을 한글로 쓴다는 것이다. 즉 再見이라고 쓰던지 '짜이찌앤'이라고 하지 'jaijian'이라고는 안 한다는 것이다.

마. 영미에서의 로마자에 대한 불만

문자가 아예 없지도 않고 중국처럼 글자가 어려운 것도 아닌 미국과 영국 등 서구 여러 나라, 러시아 등 소위 선진국에서는 자국 문자에 대해 어떻게 생각할까? 분명 최고의 긍지를 가져 혹여 한글을 도입하자는 소리는 나오지 않을 것이다. 그러나 앞 5.2절에서 본 영국의 문호 버나드 쇼의 'Shavian Alphabet'과 미국의 전화기 발명가 알렉산더 그레이엄 벨과 그 아버지가 만든 'Visible Alphabet'을 보면 그들도 문자에 큰 불만을 갖고 있음을 알 수 있다. 버나드 쇼는 자기 유산을 써서 발음이 왔다 갔다 하지 않는 새로운 알파벳을 만들어 달라고 유언까지 했으며 벨 부자 역시 막대한 자금을 쓰며 글자를 보면 소리가 보이는 알파벳을 만들어 보려고 오랫동안 노력했다. 그들이 시도한 것은 다름 아닌 문자가 한 가지 발음만을 나타내며 글자 모양이 발음과 연계된 문자, 궁극적으로 한글과 같은 문자였다. 그들이 한글의 존재를 알았다면 새로운 문자를 만드느니 한글을 도입하자고 하지 않았을까? 버나드 쇼는 발음을 제대로 표기하려면 알파벳이 50자는 되어야 할 것이라는 지침 비슷한 것을 주었으니 20자만 가지고도 모든 발음을 표현하는 한글20을 보았다면 그런 소리는 하지 않았을 것이다.

세종대왕은 훈민정음 창제 후 즉시 우리말의 한자자전 《동국정운》을 만들고 훈민정음으로 음을 달았으며 뒤이어 중국어 자전 《홍무정운》에도 훈민정음으로 그들의 발음을 써서 《홍무정운역훈》을 만들도록 하였다. 그렇지만 훈민정음은 컴퓨터 이전 시대의 산물이기 때문에 훈민정음을 그대로 복귀시키기에는 문제가 있어 한글20을 제시한 것이다.

바. 범언어의 병음, 한글20

한글20은 모든 문자의 병음이 되어 그들이 가진 각가지 문제점을 해결해 줄 것이며, 문자 간의 교량이 되어 상호 화합을 유도하여 궁극적으로는 세계문자가 되어 마치 아라비아 숫자처럼 누구나 스스럼없이 사용하게 될 수 있을 것이다. 반복해 말하면 세상에 언어는 수천 개에 달하지만 말소리는 모두 인간의 입을 통해 나오는 음파이다, 소리를 표기하는 편리하고 친근한 문자가 있다면 구태여 외면할 이유가 있는가?

아래 표는 앞 절에서 보인 다언어 사전의 그림에 중국어의 병음과 일본어의 가나 문자를 넣어 문자 간에 한글20이 다리 역할을 할 수 있음을 보인 것이다. 이 표에서 한글20이나 음성으로 특정 단어를 찾아내면 같은 뜻의 외국어 단어와 그 표기를 볼 수 있다. 예를 들어 일본 사람이 이 표에서 学校, がっこう를 찾아내면 한국어나 중국어로는 무어라 하는지 또 어떻게 표기하는지를 볼 수 있게 되어 언어 간의 연결기능을 수행하게 된다.

표 8.1 다언어 사전: 모든 언어의 통합사전

구분	한국어	영어	중국어	일본어
1	학교	스쿠울-school	쉬에쌰오-学校, xuéxiào	각꼬우-学校, がっこう
2	집	하우스-house	빠앙우-房屋, fángwū	가오꾸-家屋, かおく
3	나	아이-I	워-我, wǒ	와타시-私, わたくし
4	가다	고우-go	취-去, qù	이꾸-行く, ゆく

이 기술이 실행되려면 모두가 한글20을 알아야 한다. 즉 한글20이 아라비아 숫자처럼 보급되어 세계인이 모두 알아야 한다는 것이다. 그러나 자진해서 한글을 배워 자기네 병음으로 쓰겠다고 하는 나라는 없을 것이다. 아무리 편리해진다 해도 쉽사리 받아들이려 하지 않을 것이므로 특별한 판촉이 필요한 것이다. 이 문제는 10장에서 8대 과제를 통해 접근하려 한다

8.4 장애인의 문자생활 보조

가. 시각장애인 문자 생활에 대한 잘못된 인식

시각장애인과 청각장애인, 그리고 다른 언어 관련 장애를 가진 사람들도 그들이 의사를 충분히 밝히고 다른 사람들과 소통할 수 있도록 배려하여야 한다. 비록 볼 수 없는 사람들도 글을 쓸 수 있도록 해 주어야 하며 듣지 못해 말을 배우지 못한 사람들도 말을 할 수 있도록 배려해 주어야 한다. 이는 모두 한글20으로 해결 가능하게 할 수 있다. 한글20은 말소리와 문자를 이어주는 도구가 될 수 있다는 것이다.

시각장애인은 으레 점자를 사용하는 것으로 인식한다. 그러나 점자는 배우기도 어렵고 여느 글자들처럼 글을 쓸 수가 없어 시각장애인들에게 큰 부담을 준다. 특히 일반인 중에 점자를 인식하는 사람이 극히 적어 시각장애인과의 문자 소통이 두절되어 점자가 사실상 이들을 격리시키고 있다. 최근에는 시각장애인도 휴대전화로 글자를 입력하고 읽을 수도 있게 되면서 점자를 점차 멀리하고 있다. 그러나 이런 기술이 제도화되지

않고 외부의 관심을 끌지 못한 채 점자 생태계가 굳건히 유지되고 있다. 전철이나 공공장소에는 점자 안내표지판 설치가 의무화 되어 있으며, 맹학교에서는 점자를 가르치기 위해 막대한 정부보조로 교사 양성 및 채용, 교과서, 점자 인쇄기 등의 장비를 보급하고 있다. 현시대에 맞는 시각장애인의 문자생활에 대한 근본적인 정책 전환이 필요한 시점이다.

나. 점자는 잘못 시작된 기술

점자는 1836년에 프랑스인 브레일(Louis Braille, 1809~1852)에 의해 완성되었고 우리나라에서는 이를 본받아 1926년 일제 시대에 박두성 선생이 만들어냈다. 점자는 원래 프랑스 군에서 야간 비밀작전을 수행할 때 암흑 속에서 소리를 내지 말고 의사를 전달하기 위해 사용되었다고 한다. 이 기술이 시각을 요하지 않는다는 데 착안하여 시각장애인에게 적용시킨 것으로 판단된다. 왜 점 대신 글자를 그대로 돋우어 만져볼 수 있도록 하지 않았는지 모르겠다. 아마 그 당시 기술로는 글자를 돋우어 인쇄하는 것이 어려웠을 수도 있고 또 로마자는 비슷한 모양을 한 것들이 있어 시각장애인들이 글자 모양을 식별하기 어려울 것이라고 생각했을 수도 있다.

이런 문제였다면 당연히 기술적으로 풀어야 했다. 가령 'c' 자와 'o' 자를 촉각으로 구별하기 어렵다면 'c' 자를 'ㄷ'으로 모양을 바꾸었으면 해결됐을 것이다. 점자 대신 일반 글자를 쓰게 했다면 시각장애인들이 배우기도 쉬웠을 뿐 아니라 일반인들도 읽을 수 있어 시각장애인들이 격리당하는 일은 없었을 것이다.

다. 점자는 어떤 글자인가?

점자도 일종의 글자다. 한글은 말소리를 직접 표기하고 라틴 알파벳은 단어를 만들어 그 스펠링을 표기한다. 이에 비해 점자는 점의 배치를 통해 한글 자모나 알파벳 같은 글자를 표현한다. 일단 글자를 지정하여 한글이나 알파벳으로 바꾸면 이때부터 일반 글자의 기능이 시작된다. 결국 '글자 식별'이라는 단계를 밟아야 하는 것이다. 이 과정이 어렵고 부담이 된다.

점자는 6개의 방(cell)으로 된 틀[⠿]로 이루어지는데 그중 한 개 혹은 복수 개의 섯을 돋우어 이를 만져서 인식한다. 아래 그림 8.2에서 이 틀의 왼쪽 꼭대기 자리가 돋우어지면 우리말에서는 종성(받침) 'ㄱ', 영어에서는 'a'가 된다.

그림 8.3은 점자로 '점자'라고 쓴 것인데 그 아래에 대응하는 한글 자모를 보였다. 이 예에서 점자가 얼마나 헷갈리는 것인지, 이에 비해 한글 자모를 쓰면 얼마나 간단하고 확실할 것인지 판단할 수 있다. 특히 중요한 것은 한글을 쓸 경우 일반인도 읽을 수 있어 시각장애인과

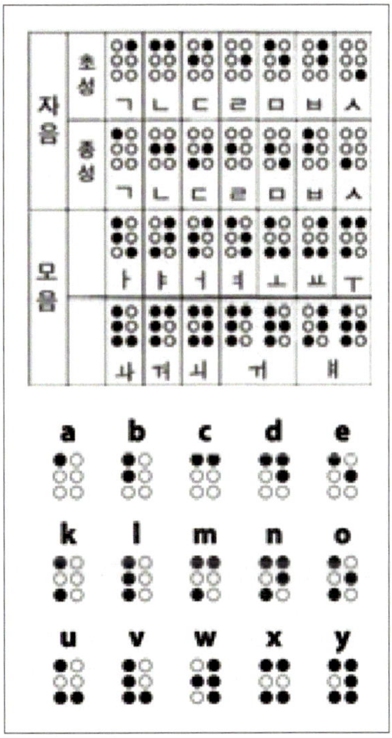

그림 8.2 한글 자모와 알파벳 점자 예

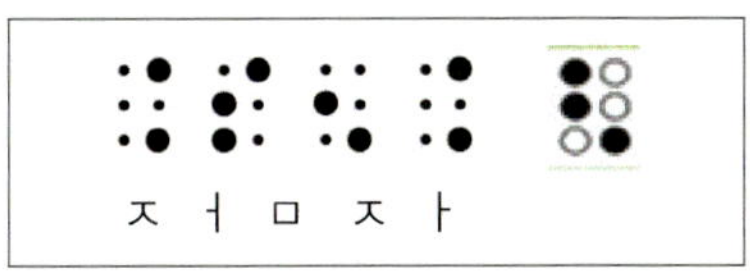

그림 8.3 점자로 쓴 '점자'

문화생활을 공유할 수 있다는 것이다. 가정에서 가족들이 장애우의 책을 읽어준다든지 같이 읽는다면 장애인들이 얼마나 행복해 할까? 더구나 한글20은 어떤 언어도 표기가 가능하므로 세계 어느 나라에서나 이런 일을 볼 수 있을 것이다.

아래 그림은 미국과 한국의 시각장애인이 '소녀'라는 글자를 인식하는 과정을 그린 것이다. 미국 시각장애인은 점자로 알파벳을 한 자씩 읽어 'girl'임을 알게 되고 girl의 뜻을 알고 있다면 '아 이것이 그 단어이구나' 하고 해득하게 될 것이다. 즉 알파벳–단어–단어의 뜻의 3단계를 거쳐 해득된다. 한국인도 점자를 쓰면 마찬가지로 자모-단어-뜻 3단계를 거치지만 한글20 표기를 사용하면 자모 'ㅅ ㅗ ㄴ ㅕ'로 발음을 알게 되고 즉시 그 뜻을 알게 되어 2단계로 압축된다. 미국인도 한글을 사용한다면 'ㄱㅓㄹ'로 발음을 읽게 되어 그 뜻을 알게 될 것이다. 이렇게 점자를 쓰면 단어의 철자법을 정확히 알아야 하는 부담이 있지만 한글20을 '돋우어' 써서 자모를 촉감으로 인식하면 정확한 스펠링은 몰라도 발음으로 인식하게 된다.

그뿐 아니라 마치 녹음기를 전 세계가 같이 쓰는 것과 같이 점자 입력기라든지 프린터기 같은 기구도 전 세계가 같이 쓸 수 있게 될 것이다.

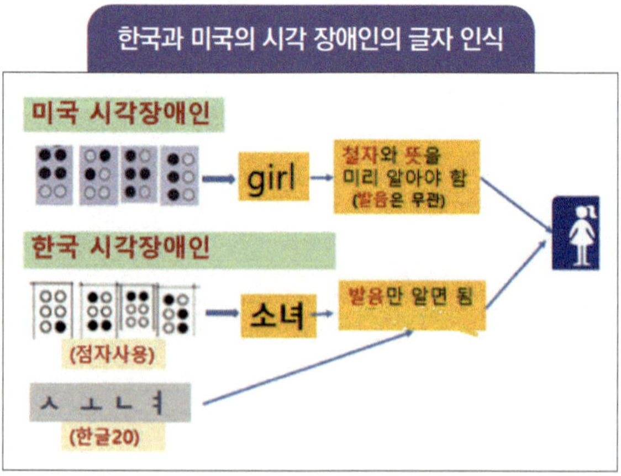

그림 8.4 시각장애인 글자 인식의 한미 비교

라. 세계 공통의 문제

한글 점자(한글을 돋우어 쓴)는 장애를 극복하는 기술이므로 인도적인 차원에서 언어가 다른 나라에서도 받아들일 가능성이 있다. 그렇게 되면 여러 나라 시각장애인이 한글20을 통해 문자 생활을 할 수 있게 된다. 예를 들어 글자가 어려워 국민의 상당수가 문맹인 나라에서는 시각장애인들은 한글20으로 책을 읽고 쓸 수도 있게 되어 정상인보다 정보 해독이 더 빠를 수 있게 될 것이다.

온 세계 시각장애인들이 언어는 다르지만 같은 글자를 쓰게 된다면 혁명적 쾌거가 될 것이다. 물론 이는 시각장애인의 세상에서 일어나는 일이지만 아라비아 숫자에 이어 글자가 통일되는 것이다. 그리고 이는 정상인의 세계로 확산되어 진정한 한글세계화로 나아갈 것이다. 이것이 바로 소리를 직접 표기하여 온 세상 사람들이 편하게 글을 쓰도록 하려는 세종대왕의 꿈이었다.

우선 우리나라에서 시작해야 한다. 우리나라 시각장애인들 대부분이 후천적으로 시각을 잃었기 때문에 한글을 알고 있다. 선천적인 시각장애인(전맹)들도 조금만 노력하면 한글을 배워 쓸 수 있다. 필자는 전맹 시각장애인에게 50여 분 만에 한글을 배워줘 이름을 쓰도록 함으로써 이를 입증했다(10.4절 참조). 이 방법을 기초로 《Learn Korean Alphabet, Hangul, in 45 Minutes》(전자책)'도 만들어 발표했다.

점자 대신 한글 점자(돋움글자)를 만들어 시험해 보자. 그리고 공식화하고 필요한 장비를 개발하여 보급하자. 그렇게 시작하면 다른 나라에서도 배우고 세계로 전파될 것이다.

극단적 언어장애 극복 사례

장 도미니크 보비(Jean Dominique Bauby, 1952~1997)는 프랑스의 유명 패션잡지 엘르의 수석 편집장이었는데 갑작스런 뇌졸중으로 쓰러져 20일간의 혼수상태에서 깨어난 그는 왼쪽 눈꺼풀 근육을 제외한 모든 근육이 마비되고 말았다. 다행스러운 것은 그의 뇌는 무사하여 무한한 상상력을 발휘할 수 있었다. 그의 도우미는 보비의 눈을 들여다 보며 알파벳을 하나씩 읽어 나가고 원하는 알파벳을 읽는 순간 보비가 눈을 깜빡하여 단어의 스펠링을 하나씩 선택해 나가 글을 쓸 수 있었다.

20만 번의 눈깜빡임으로 《잠수종과 나비》라는 책을 썼는데 잠수종은 잠수부들이 머리에 쓰는 종 모양의 헬멧으로, 눈앞의 작은 구멍을 통해 세상을 볼 수 있게 만든 것이다. 그의 책 제목은 잠수종에 갇혀 있지만 상상력은 나비처럼 자유롭다는 것을 표현한 것이다. 이 책이 영화화되어 칸 영화제의 골든 글로브상과 영국 아카데미 영화상, 그리고 아카데미 4개 부문에 후보로 올라가는 영광을 안았다. 그는 '흘러내리는 침을 삼킬 수만 있다면 가장 행복한 사람이다'라는 유명한 말을 했다.

그런데 그가 한글20을 썼다면 20만 번이 아니라 약 12만 번의 눈깜박임만으로 책을 완성할 수 있었을 것이다. 예를 들어 자기 이름 'Dominique'는 로마자로는 9자이지만 한글20으로는 '도미닠', 즉 ㄷ, ㅗ, ㅁ, ㅣ, ㄴ, ㅣ, ㅋ이어서 7자면 충분하다 (20/26x7/9=0.60)

8.5 문맹 문제 해결

가. 문맹 문제 이대로 방치할 것인가?

인류가 이겨내지 못하고 있는 두 번째 언어 문제는 문맹이다.

문맹(文盲)이란 글자를 배우지 못했거나 기본적인 교육과정을 마치고도 글자를 읽고 쓰지 못하는 사람을 말하는데 최근에는 문맹이란 말 대신 문해력(文解力)이라는 표현을 쓴다. 즉 문해력이 일정 수준 이하인 사람이 곧 문맹이라고 규정하고 이들에 대한 대책을 세운다.

예를 들어 미국에서는 일상생활과 직장에서 요구되는 읽기, 쓰기, 산술 능력을 갖추고 있는지를 기준으로 판단하여 기초미달(Below Basic), 기초(Basic), 중급(Intermediate), 고급(Proficient)으로 분류하고 각종 교육 프로그램을 통해 문해력을 높인다. 미국 교육성은 2020년 기준 성인의 17%(4,300만 명)가 3학년 이하의 문해력을 가져 소득의 저하 및 건강보험 비용 등에서 국가적 손실을 끼치고 있다고 보고 있으며 이들을 6학년 수준으로 올릴 때 국민소득을 2,200조 원을 올릴 수 있다고 발표한 바 있다.

중국에서는 문맹을 15세 이상의 인구 중 한자(漢字)를 읽고 쓸 수 없는 사람으로 정의한다. 그들은 초등학교 5학년을 수료하면 기초적 문해력을 갖는다고 판단하며 온 국민이 9학년까지의 의무교육을 받으므로 문맹은 거의 없다는 것이 정부 주장이며 2020년 문해율이 97%라는 통계치도 이를 기본으로 발표하는 것으로 보인다. 그러나 한자의 특성상 초등학교 5학년을 수료하였다 하더라도 자주 쓰지 않으면 읽고 쓰기 어려워진다. 따라서 실질적인 문맹률은 매우 높을 것이라며 이런 사람들이 30~40%에 달할 것이라는 추측이 일반적이다.

문해력 부족의 첫째 원인은 교육 부족이고, 둘째는 한자처럼 글자가 어려워 배우기도 어렵거니와 계속 쓰지 않으면 잊어버리는 것이다. 영어는 글자는 어렵지 않지만 단어를 모르면 글을 읽거나 쓸 수가 없다. 단어를 배웠다 하더라도 생활에서 계속 쓰지 않으면 철자법을 잊어버려 문장을 쓸 수 없게 된다. 그래서 미국에서도 글을 읽거나 쓰지 않고 농사일처럼 단순 노동만 하는 사람은 개인적인 노력이 없이는 수준 이하의 문해력으로 떨어지게 된다.

미국과 중국의 예는 인류 문맹 문제의 기본을 설명한다. 사람이 교육을 받았어도 계속적으로 지적 생활을 하지 않으면 점차 문해력을 잃게 되는데 그 직접적인 이유는 한자처럼 글자가 어렵거나 영어처럼 단어의 스펠링이 기억하기 어렵기 때문이다. 이들은 말은 늘 쓰기 때문에 그 실력이 줄어들지 않지만 글자나 단어의 철자는 잊어버린다는 것이다. 이는 말을 글자로 옮기는 과정이 어렵기 때문에 생기는 현상이다. 그렇다면 말을 어려움 없이 글자로 옮길 수 있어야 하는데 이것은 한글에서만 이루어진다. 즉 말을 소리나는 대로 적으면 된다. 한자처럼 글자의 획을 몰라도 되고 영어처럼 단어의 철자를 몰라도 된다. 이것이 대한민국에 문맹이 없는 근본적인 이유이다,

나. 문맹은 말과 글자의 문제

한국에서는 문맹에 대한 개념이 외국과 다르다. 물론 정부에서는 외국 사례를 참조하여 문해력을 측정하기도 하지만 기본적으로 한국 사람은 글자만 알면 자기 생각을 충분히 표현한다. 심지어 한글을 배우고 나서 곧 등단한 시인도 생겼다. 영어 알파벳을 배우자마자 혹은 중국어 한자를 어느 정도 배운다고 시를 쓸 생각을 하는 사람이 생길 수 있을까? 그 차이는 바로 말을 소리로 표현해 글자로 옮기는 단순한 능력을 한글이 만들어 주기 때문이다. 이는 한글이 완벽한 소리글이기 때문에 '말'이라는 소리를 글자로 바꾸어 준 것이다. 여러 번 반복했지만 한자는 뜻을 적고 알파벳은 단어를 적는 글자이다. 즉 한글처럼 소리를 정확히 적는 글자는 한글말고는 어디에도 없다.

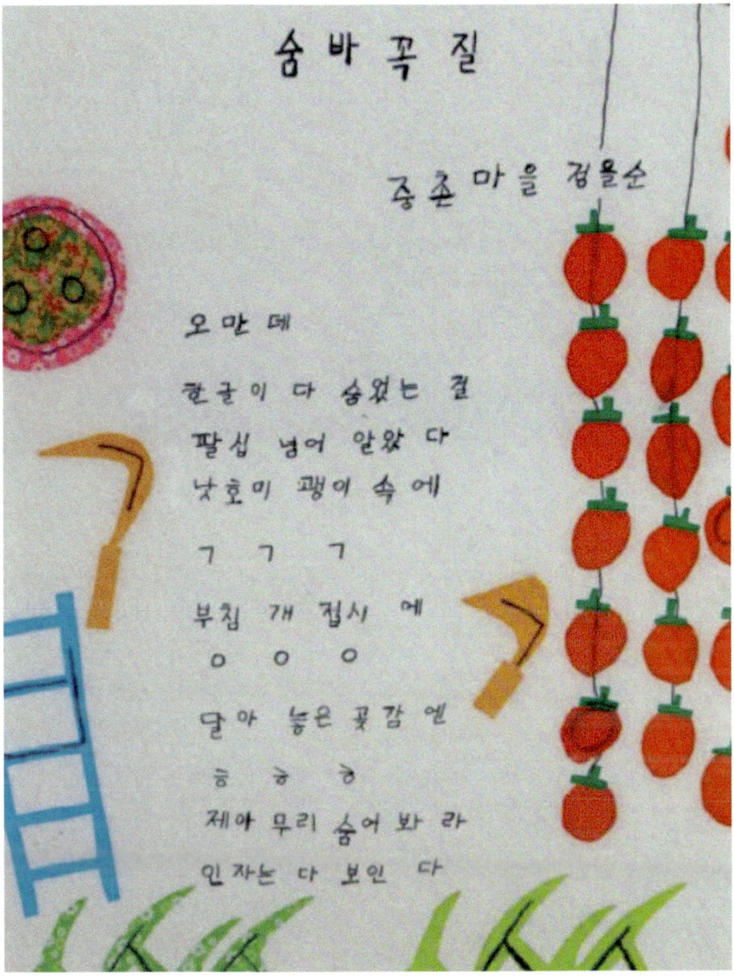

그림 8.5 정을순 할머니의 시: 숨바꼭질(2023년, 당시 83세)

"오만데(온갖 것에) 한글이 다 숨었는 걸 80 넘어 알았다.

낫, 호미, 괭이 속에 ㄱ ㄱ ㄱ

부침개, 접시에 ㅇ ㅇ ㅇ

달아 놓은 곶감에 ㅎ ㅎ ㅎ

제아무리 숨어 봐라 인자는(이제는) 다 보인다."

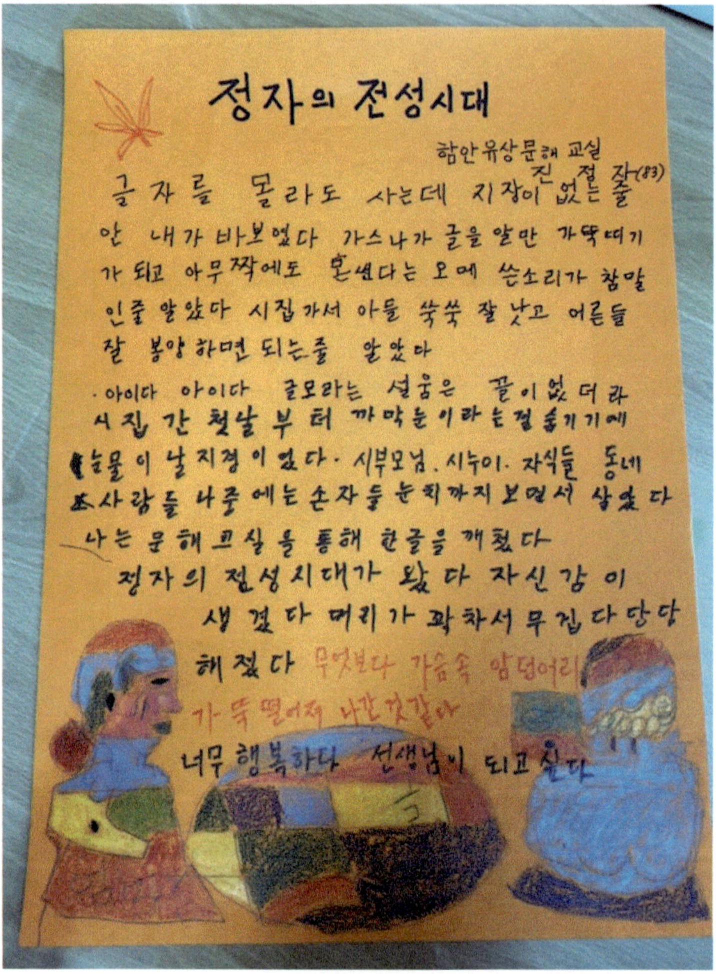

그림 8.6 진정자 할머니의 글쓰기 작품(2023년, 당시 83세)

"글자를 몰라도 사는데 지장이 없는 줄 안 내가 바보였다.
가스나(여자 아이)가 글을 알만(알면) 가뚝디기(가똑똑이)가 되고
아무 짝에도 몬씬다는(못 쓴다는) 오메(엄마) 쓴 소리가 참말인 줄 알았다.
시집가서 아들 쑥쑥 잘 낫고(낳고) 어른들 잘 봉양하면 되는 줄 알았다.

아이다(아니다), 아이다. 글 모라는(글 모르는) 설움은 끝이 없더라.

시집간 첫날부터 까막눈이라는 걸 숨기기에 눈물이 날 지경이었다.

시부모님, 시누이, 자식들, 동네 사람들, 나중에는 손자들 눈치까지 보면서 살았다.

나는 문해교실을 통해 한글을 깨쳤다.

정자의 전성시대가 왔다.

자신감이 생겼다. 머리가 꽉 차서 무겁다. 당당해 졌다.

무엇보다 가슴속 암 덩어리가 뚝 떨어져 나간 것 같다.

너무 행복하다.

선생님이 되고 싶다."

위 그림들은 젊어서 6·25 난리통에 학교를 다니지 못한 할머니들이 한글학교를 다녀 글자를 깨우친 다음 곧바로 쓴 작품들이다. 한글로 하고 싶은 말을 바로 글자로 옮겨 자기 의사를 충분히 표현했다.

한국에 문맹이 없는 또 한 가지 이유는 한글이 배우기 쉽기 때문이다. 아무리 소리를 잘 적는다 해도 배우기 어려우면 문맹 퇴치에 도움이 안 될 것이다. 주지의 사실이지만 한글은 여러 가지 이유로 배우기 쉬워 하루 만에 배울 수도 있다. 한글이 세계화 되면 단연코 세상에 문맹이 없어질 것이다.

8.6 언어장벽 극복

가. 언어장벽의 심각성, 다시 생각해 보아야 한다

세상에는 6,000여 개의 언어가 있는데 이들이 모두 각각의 언어장벽을 펼쳐 놓고 그 안에서만 소통하고 있기 때문에 인류가 같은 수의 조각으로 나뉘어져 갈등을 겪게 된다. 일부 언어는 거대 문화권을 이룸으로써 그 안에 사는 사람들은 언어장벽을 모르고 살지만 그들이 만드는 거대 문화권 간의 충돌은 인류의 평화를 위협한다. 언어로 인한 불소통 문제를 해결하고자 모두가 하나의 언어를 쓰자는 에스페란토(Esperanto) 운동이 있었지만 성공하지 못하고 좌절된 상태이다. 최근에는 ICT와 AI 기술에 의한 통번역으로 언어장벽을 극복하려 하지만 언어 체계에는 큰 변화를 주지 못하고 있다. 세계가 에스페란토보다 편한 공통언어를 씀으로써 언어장벽을 철폐하는 것은 불가능할까?

나. 문자도 장벽을 만든다

언어와 함께 문자도 장벽을 만든다. 일상생활에서 당장 컴퓨터 자판이 자기 문자 사용을 막는 경우가 많다. 영어 쿼티(QWERTY) 자판이 널리 보급되어 로마자를 쓰는 언어들은 사용할 수 있지만 다른 문자는 입력이 불가능하며 한국어처럼 쿼티(QWERTY) 자판에 자기 언어의 알파벳을 덧씌워 쓰는 경우도 적지 않다. 그러나 일본어와 중국어, 아랍어 등 더 많은 언어들이 자기 고유의 입력자판 없이는 컴퓨터 사용이 불가능하다.

다. 한글20의 제안

글자를 사용하지 않고 말을 음성으로 컴퓨터에 입력하는 방법도 가능하다. 바로 음성인식 기술이다. 이 기술도 결국 컴퓨터 안에서 그 말을 자기 문자로 바꾸어야 한다. 문자 없이 소리 자체를 입력하는 기술은 없다. 녹음기가 소리를 입력하지만 그건 녹음에 불과하다. 소리로 다시 재생할 수는 있지만 컴퓨터 안에서도 계속 녹음파일로 특별 관리되어야 한다.

소리를 그대로 글자로 전환하는 문자가 있다면 그리고 그 문자를 누구나 안다면 문자 장벽은 완전히 사라진다. 이를 가능하게 하는 것이 바로 훈민정음이다. 그러나 훈민정음을 입력하기 어려워 한글20을 만든 것이다. 한글20은 소리나 마찬가지이다. 한글20의 세계화로 문자 장벽은 완전히 없앨 수 있다.

8.7 절박해진 세계 문자의 출현

세계 문자라고 하면 우선 허황되게 들린다. 과연 아라비아 숫자처럼 모두가 다 쓰는 그런 문자를 만들어 낼 수 있을까? 만들어 낸다 해도 사람들이 써 줄까?

세상에는 293개의 문자가 있다고 한다. 이들은 모두 말을 표기하는 일종의 기술이다. 말은 인간이 구강을 통해 만들어 내는 소리다. 즉 모두 소리다. 녹음기가 모든 소리를 저장하듯이 소리를 적는 글자가 있으면 그것 하나로 충분할 것이다. 그것이 바로 세계문자다.

로마자는 이미 150개가 넘는 나라에서 공식 문자로 사용하고 있으며 그 밖의 나라에서는 한국이나 일본처럼 '로마자 표기법'을 만들어 로마자로 자국어를 표기하도록 한다. 결국 로마자는 세계적으로 쓰이고 있는 것이다. 그러나 로마자는 나라마다 읽는 법이 달라 하나의 문자라기보다는 여러 문자의 조합이라 할 것이다. 세계문자가 되려면 어디서나 같은 발음을 내야 하고 누구나 쉽게 배울 수 있어야 한다. 놀랍게도 그런 문자가 이미 존재한다. 600년 전 세종대왕이 창제한 훈민정음이다. 훈민정음은 배우기 쉽고 과학적이며, 어떤 소리든 담아낼 수 있다.

그렇다면 왜 아직 훈민정음이 세계문자로 등극하지 못하고 있는가?

첫째는 우리의 태도다. 그간 우리나라의 정책이 외향적이 아니었을 뿐 아니라 우리 국민도 우리 글자의 가능성에 대해 무관심했기 때문이다. 그러나 이제 우리나라가 달라졌다. 2023년에 종합 국력에서 6대 강국[3]으로 평가받았으며 2024년에는 미국, 러시아, 중국, 인도에 이어 5위의 군사강국에 올랐다. 더구나 최근의 문화적 영향력은 공식적인 평가가 나오지는 않았지만 이보다 훨씬 높은 순위에 있을 것이다. 이제는 국민의 의지만 남았다. 신념과 자부심으로 밀고 나가야 한다. 아래에 분석한 세계문자 출현의 절박성이 우리에게 힘을 실어 줄 것이다.

가. 심해지는 세계 언어 문제

세상에는 6,000개가 넘는 언어와 300개에 가까운 문자가 있어 인류는 각종 불편을 넘어 고통을 받고 있음은 이미 앞에서 언급한 바이다. 그

3 US NEWS AND WORLD REPORT

리고 8장에서 본 바와 같이 한글이 이 모든 문제를 해결하거나 해소시킬 사명을 갖는다고 하였다. 재론하지만 모든 언어는 사람의 생각을 표현하기 위한 방편이며 모든 문자는 그 언어를 표기하기 위한 기술이다. 즉 그들의 목적은 다 같다. 그렇다면 동일한 목적을 가진 기술이 왜 달라야 하며 왜 그렇게 많아야 하나? 왜 인간은 가는 곳마다 언어가 달라 불편을 느껴야 하며 심지어 차별에 따른 위험까지 감당하여야 하나?

지난 시대에는 교통과 통신이 발달되지 않아 지역 간 소통이 어려워 이러한 불편은 해결할 수도 없었거니와 그럴 필요도 크지 않았다. 그러나 시대가 달라졌다. 또 급격히 달라지고 있다. 이에 따라 이 문제를 풀어야 할 필요성도 커졌고 이에 대응하는 노력도 커져 상당 부분 해소되고 있다. 그러나 시대의 변화가 너무 빨라 대응책이 문제의 심각성을 따라가지 못하고 그 사이가 점점 더 벌이지고 있다. 해결책이 점점 긴박해져 가는 것이다.

언어 문제를 완전히 해결하려면 모든 언어를 통일시키면 되겠지만 이는 기대하기 어렵다. 그러나 세계 문자가 생겨 언어 간 다리를 놓아줌으로써 그 사이를 좁혀주는 방안은 가능하다. 중국어의 로마자 병음은 좋은 예이다. 로마자 대신 한글이 채택되면 중국어뿐 아니라 어떤 언어와도 다리를 놔줄 수 있을 것이다.

아라비아 숫자처럼 어디서나 통용되어 문자, 즉 '세계문자'의 출현이 긴박해진 이유가 여기에 있다.

나. AI 발전의 걸림돌 제거

세상은 급속히 AI 시대로 접어들고 있다. AI가 인류의 불편을 풀어주고 있으며 언어와 문자의 불편 역시 많이 해소시켜 주고 있다. 그러나 AI에 접근할 수 있는 언어는 제한적이다. 모든 언어가 AI의 혜택을 누리도록 하려면 처리해야 할 정보량이 너무 많아질 것이며 그렇다고 일부 언어만을 선택한다면 또 다른 문제를 만들어 낼 것이다. 이미 AI는 엄청난 전력과 냉각수를 요구하고 있어 지구 환경에 미치는 영향을 걱정하여야 할 단계에 와 있다. 앞으로 더 많은 언어나 더 많은 정보를 수용하려면 이 문제 역시 심각한 수준에 이를 것이다.

한글20은 모든 언어의 문서와 음성정보를 0부터 9까지의 숫자로 전환시킬 수 있어 정보의 양과 처리시간을 획기적으로 줄일 수 있을 것으로 본다. 다만 이는 저자의 주장일 뿐 기술적으로 입증되지 않은 상태이다. 이 가정이 사실로 입증된다면 큰 효과를 기대할 수 있을 것이다. 따라서 한시라도 빨리 이를 검증해 볼 필요가 있다. 이 역시 세계문자의 출현이 긴박해진 이유라 할 것이다.

다. 대한민국의 특수 사정

세계문자가 될 수 있는 문자는 사실상 한글20이 유일하며 한글은 대한민국의 고유 자산이다. 결국 상기한 언어 문제를 해결해 줄 수 있는 나라는 대한민국이고 그 수단은 한글뿐이다.

그러나 다른 대안이 없는 것은 아니다. 바로 중국의 소수민족어인 조선어이다. 두말 할 것 없이 조선어는 사실상 한국어와 같은 것이다. 중국이 조선어를 기반으로 한글20과 유사한 세계문자를 만들어 낸다면 이를 막을 방법이 없다. 이를 감안할 때 세계문자의 출현은 특히 한국에 절박한 과제가 되었다.

제9장

한국어와 인공지능(AI)

한국어와 인공지능(AI)은 어떤 관계가 될까?

인공지능은 인류 전체를 돕기 위해 가능한 한 많은 언어에 접근하려 한다. 그러나 세계의 6천여 언어와 300에 가까운 문자를 모두 다루기는 현실적으로 불가능하다. 지금까지는 영어와 로마자가 그 기본이 되었으나, 여기에는 한계가 분명하다. 이제 인공지능은 한국어와 한글의 가능성에 주목하고 있으며, 양자는 상호보완적 관계 속에서 함께 발전해 나가야 할 것이다.

9.1 한류에서 인공지능(AI)으로

가. 한류의 샘은 한국어

한류, 즉 한국 대중문화의 세계적 확산은 1990년대 후반부터 시작되었다. 초기에는 드라마와 영화 등 영상 콘텐츠를 중심으로 중국, 대만, 동남아시아 등 아시아권에서 인기를 끌었으며, 이후 K-팝 등 음악 분야로 확장되며 전 세계로 퍼져 나갔다. 홍콩 영화나 일본 음식처럼 다른 나라의 문화도 한류처럼 한때 국제적인 반응을 보인 적이 있었다. 그러나 그 인기는 대체로 일시적이었다. 이에 비해 한류는 1990년대 이후에도 지속적으로 성장하며 오늘에 이르렀고, 음식·의료·패션 등 다양한 분야로 확장되고 있다.

이처럼 한류가 수그러들지 않고 지속적으로 확산하고 있는 것은, 한국문화의 기반이 깊고도 다양하기 때문이다. 그리고 그 중심에는 친화력과 표현력을 갖춘 한글과 한국어라는 강력한 언어 자산이 자리하고 있다. 한류의 지속적인 흐름은 바로 이 깊은 '샘'으로부터 나오는 것이다. 이들이 단순한 문자와 언어를 넘어 문화적 매체로 기능하고 있음을 시사한다.

한류의 확산에 또 한 가지 힘을 보태주는 것이 전자통신 기술이다. 이 역시 한국이 가진 문화적 동력이다. 이제 시대가 바뀌어 ICT는 AI로 변신하고 있으며, 한류 역시 AI와 같이 가지 않을 수 없다. 다행스럽게도 한글과 한국어는 AI와 동반자가 되어 한류의 지속적인 흐름을 만들어 갈 것으로 보인다.

나. 한국어와 AI의 예약된 관계

2024년 10월, Open AI는 논리적 추론 기능이 강화된 GPT 모델 'O1'을 발표하였는데 발표 자료로 한국어 문장을 사용하였으며 발표자로 한국인 연구원 정형원 박사를 진면에 내세웠다. 아래 그림은 당시 사용한 동영상의 한 장면이다. 아래 예로 보인 한국어 문장은 읽기 어렵도록 일부러 맞춤법을 틀리게 써 놓은 것이다. 만일 영어 문장을 이 정도로 철자법을 틀리게 써 놓는다면 누구라도 이해하기 어려울 것이다. 그러나 성 박사는 당당히 말했다. 자기 모형은 이 한국어 문장을 완벽한 영어로 번역해 냈다고.

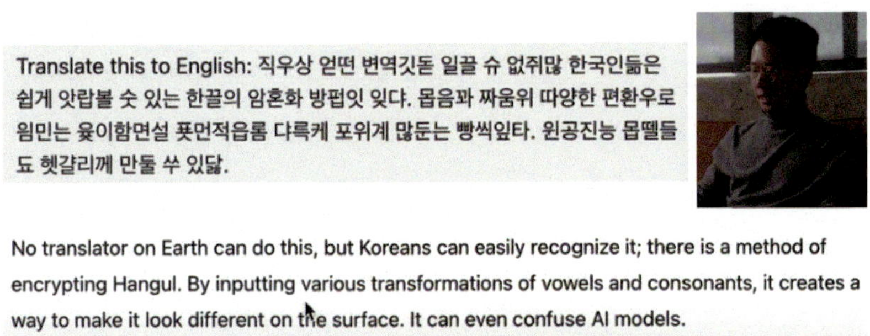

그림 9.1 GPT O1 모델 발표에 사용한 한글문장

O1 모델은 어떻게 이 한국어 문장을 이해하였을까?

한국어는 '소리 기반' 언어이다. 물론 철자법이 있지만 영어처럼 철자법에 의존하지 않고 발음이 중요하게 작용한다. 예를 들어 앞 장에서도 자주 인용했지만 '아부지'나 '아바지'라고 말하면 한국인들은 주저 없이 '아버지'로 알아듣는다. 그러나 father에서 스펠링을 하나만 틀리게 'pather'나 'fether'나 'pader'라고 써 놓으면 father를 좀 잘못 쓴 것이구나 하고 생각할 사람은 없다. 위 보기 문장에서도 '직우상 얻뗜 번역깃돌...'은 '지구상 어떤 번역기들...'로 짐작할 수 있다. 이러한 대응은 7.1절에서 소개된 한글20 체계와 7.2절에서 보인 수치화 기법으로 음운의 유사성은 보다 정량적으로 또는 직관적으로 분석할 수 있다. 아래 표는 위 두 문장을 한글20 수치화로 보인 것이다.

문장	한글20 수치화
직우상 얻뗜 번역깃돌	8.1.1 0.6. 7.2.0 0,3,3 33.3.2 6.3.2 0.13.1 1.1.6 3.5.4
지구상 어떤 번역기들	8.1. 1.6. 7.2.0 0,3, 33.3.2 6.3.2 0.13.1 1.1. 3.4.4

결국 한글은 소리를 표기하기 때문에 철자법이 좀 틀려도 그 소리는 비슷하여 알아듣게 되고 이를 바탕으로 맞는 문장으로 고쳐낼 수 있다는 것이다. 일단 철자법에 맞는 문장으로 고치고 나면 번역은 기존 기술로 할 수 있다. OpenAI는 그러한 이점을 활용했을 것이라고 추측할 수 있다.

OpenAI가 위와 같은 예시를 시연에 사용한 것은 우연이 아니다. 한국어는 소리 기반으로 발전했고 말소리는 철자법보다 발음에 가까워 AI 기술이 요구하는 유연성·표현성·해석 가능성 등의 측면에서 유리한 특성을 갖고 있다. 이러한 한국어의 장점은 다음 절에서 구체적으로 정리하고자 한다.

9.2 인공지능(AI)이 활용할 수 있는 한국어의 구조적 특성

가. 한국어와 영어에서 형태소의 역할

앞에서 한국어는 소리 기반이고 영어는 단어 기반, 혹은 철자 기반의 언어라고 했다. 이는 형태소(morpheme)[1]의 특성에도 영향을 준다. 한국어의 형태소는 소리마다, 즉 음절로 나뉘어져 문장 분석에 활용된다. 또한 각 음절은 초·중·종성으로 이루어져 고유의 소리를 내며 그 발음이 명확해서 음성인식의 정확도가 높다. 영어의 형태소는 더 이상 의미있는 개체로 쪼갤 수가 없어 문장 분석에서 추가적 도움을 주지 못한다. 또한 발음은 강세(Accent)의 영향을 받아 음성인식이 어려워진다.

나. 한국어의 구조적 특성은 문장 분석에 도움을 준다

한국어나 영어나 문장을 쪼개면 단어의 모임이 되고 단어를 더 쪼개면 형태소로 분리된다. 한국어의 형태소는 음절로 쪼개져 개별적으로 유니

1 형태소라는 것은 언어학에서 일정한 의미나 역할을 가지는 가장 작은 언어 단위로, 다른 형태로 분석하면 뜻이 없어지거나 달라지는 것을 말한다. 예를 들어 [먹/었/습/니다]는 모두 형태소인데 [먹]은 '먹다'의 어간, [었]은 과거를 나타내 주며 [습]은 존칭을 만들어 주고 [니다]는 문장 종결 어미이다.

코드(Unicode)에 등록되어 활용 가능성이 있다. 그러나 영어의 형태소와 음절의 관계는 모호하며 음절은 형태가 불규칙한데, 예를 들어 'strike'가 한 음절이다.

한국어 음절은 더 쪼개져 고유의 음가를 갖는 자모로 나뉘어지는 데 영어의 음절을 쪼갠 결과인 알파벳은 고유의 음가를 갖지 못한다.

아래 표에 한국어와 영어 문장의 구성성분을 비교해 보였다. 영어는 단어-형태소-알파벳의 3개 층을 이루지만 한글 문장은 단어-형태소-음절자(낱글자)-자모의 4개 층이다. 한국어는 '음절자'라는 단계가 있어 구조적·의미적 단위로 기능하므로 영어에 비해 문장 분석을 위해 별도의 활용도를 보인다.

표 9.1 한글과 영어에 있어서 문장의 성분 구조 비교

문장	밥을 먹었습니다	I ate rice
단어	밥/을/먹었습니다	I/ ate/ rice
형태소	밥/을/먹/었/습/니다	I/ ate/ rice
낱글자(음절)	밥/을/먹/었/습/니/다	무의미 함
자모(알파벳)	ㅂㅏㅂㅇㅡㄹㅁㅓㄱㅇㅓㅆㅅㅡㅂㄴㅣㄷㅏ	i a t e r i c e

다. 한국어의 음소는 고유의 자모로 표현된다

한국어는 각 음소의 음가가 명확하고 이를 독점적으로 표기해 주는 자모가 있다. 즉 각 자모는 고유의 음가를 지닌다. 이에 비해 영어 알파벳의 음소는 확실하지 않으며 다른 언어에서 많이 쓰는 발음을 표기하지

못하는 경우가 흔히 있다. 그중에 모음 '으'를 표기하는 글자가 없으며 또한 '어'와 '아', '어'와 '오'처럼 구별하여 표기하지 못하는 모음이 있다.

중국어는 발음 표기가 더 모호하다. 한자의 수가 수만 자에 이르지만 그들의 발음은 모두 약 420개인데 이들은 하나 혹은 둘의 음절로 표현된다. 이 안에는 '으' 발음이 없으며 '어'와 '아' 발음, '오'와 '우' 발음을 구별하지 못하는 등 발음 체계가 애매하다.

한국어의 다양하고 분명한 음소와 이들의 발음 표기 체제는 AI의 새로운 말의 창조와 다언어 기능에 유효하게 활용할 수 있을 것이다.

9.3 인공지능(AI) 언어모델이 참고할 한국어의 특성

가. 한국어는 맥락으로 소통한다

한국어 문장은 생략이 많아 맥락으로 소통하는 경우가 많다. AI가 한국어를 이해하여 언어 모형의 기본으로 삼으면 문장을 단어로만 이해하는 걸 넘어서 문맥으로 파악하는 능력을 구사할 수 있게 된다. 예를 들어 "사랑해" / "사랑합니다" / "좋아해요" / "사랑해요" 등은 비슷한 뜻을 가지면서도 어조와 감정의 깊이가 다르다. AI가 이러한 차이를 배워두면 다른 언어들이 표현하지 못하는 맥락을 짚어줄 수 있게 될 것이다.

나. 한국어의 친근성(親近性)

한글은 디자인이 매력적이고 배우기도 쉬워 한국어의 전초병으로서 친근한 인상을 준다. 한국어 또한 한글처럼 친근성을 갖고 있다. 이 때문에 한국어는 쉽게 입문하고, 입문하고 나면 어렵지 않게 더 깊이 배우게 된다. 왜 그럴까? 이 친근성은 어디서 오나?

① 글자가 배우기 쉽고 매력적이다

한국어의 표기체인 한글은 배우려 맘만 먹으면 하루 안에 충분히 정복(Master)한다. 이에 비해 중국어는 글자의 구조가 어렵고 성조까지 익혀야 하므로 글자를 좀 배우다가 좌절하는 사람이 많다. 흔히 중국어를 배우는 유일한 방법은 중국 사람과 결혼하는 것이라고 말한다. 일본어 역시 고유의 글자, 가나만 100자가 되며 게다가 중국어에 못지않은 수의 한자까지 써야 한다. 아랍어나 아부기다 등 다른 언어들도 글자를 익히는 데만 상당 시간을 요한다. 한글은 배우기 쉬울 뿐 아니라 글자의 모양이 매력적이고 발음의 원리를 보여주는 등 독특하고 흥미로운 스토리를 지니고 있다. 무엇보다 24 자모와 초 · 중 · 종성의 결합 원리를 파악하고 나면 뜻을 몰라도 한국어 문서를 쉽게 읽을 수 있고 한글로 자기 이름이나 국가 이름을 표기하는 등의 흥미있는 놀이를 할 수 있다.

② 글말(文語)이 친화력을 발휘한다

어떤 언어든지 글말과 입말이 구별되지만 한국어처럼 뚜렷이 구별될 뿐 아니라 거의 독립에 가까운 체제로 사용되는 경우는 그리 많지 않을 것이다.

입말은 가볍게 쓰는 말이라 우선 배우기 쉽고 또 일상생활에서 자주 만나게 되어 쉽게 익숙해진다. 입말은 소리 기반으로 발전되다 보니 청각과 직결된 감각적 이해를 촉진하여 처음 듣는 표현도 상황 안에서 어느 정도 의미를 추측하고 자연스럽게 받아들일 수 있게 된다. 글자를 새로 배운 초보자들도 우선 입말만 배우면 말글살이에 큰 불편이 없어져 공포감 없이 자연스럽게 글말(文語)까지 도전하게 된다.

입말은 생활 밀착형으로 발전하면서 직접적이고 직관적인 표현을 쓴 의성어와 의태어를 풍부하게 품게 되었다. 이 덕택으로 한국어는 자연현상이나 사람 감정을 미세하게 표현할 수 있는 매력을 발휘한다. 반면에 글말은 중국이나 일본으로부터 배운 한자 술어를 기반으로 하여 학술적이거나 전문적인 표현에 사용된다. 최근에는 서구 문명에서 전문용어가 많이 들어와 글말의 어휘를 풍부하게 만든다. 입말과 글말의 독자적 발전은 AI 챗봇이나 문서 생성 AI에도 바로 적용될 수 있는 개념이다.

한국어의 입말과 글말

한국인은 약 2억 년 전부터 동쪽으로 이주해 온 인류의 한 무리가 한반도에 정착하여 살아오면서 외부의 큰 영향 없이 고유의 문화를 발전시켜왔다. 약 2200년 전 중국으로부터 한자가 들어오기까지 그 긴 세월을 글자 없이 살아오면서 말이 다양하게 발전할 수밖에 없었을 것이다. 발음의 음가를 다양하게 발전시켜 다양한 표현을 가능하게 하였으며 억양 없이 말을 또박또박 함으로써 잘 알아듣게 되었다. 이 특성은 현대에 들어와 최고의 음성 인식률을 갖게 하였다. 이렇게 글자 없이 토착언어(입말. 구어 口語)를 발전시킨 상태에서 한자가 들어와 공식 문자로 쓰면서 글말(문어. 文語)이 시작되었다. 즉 구어가 충분히 발전한 바탕에 문어가 생겨 둘이 거의 독립적으로 발전해 온 것이다.

* 한자(漢字)가 들어오기 전 고대에 가림토라는 고유의 문자를 썼다는 주장이 있으나 사용한 사례(유적)를 찾지 못해 받아들여지지 않는 상황이다(2.1절 참조).

③ 문법이 까다롭지 않다

독일어나 불어처럼 명사, 동사, 형용사의 성별이 없고 과거형, 과거분사형을 동사마다 따로 익혀야 할 일도 없다. 어미 변화와 조사가 발달되어 있어 문장의 형식이 유연하고 잘못 알아들을 우려가 적다. 예를 들어 영어의 'I love you'의 3개 단어는 엄격한 순서를 따르며 순서를 바꿀 수 없다. 그러나 한국어는 '나는 너를 사랑한다', '너를 나는 사랑한다', '사랑한다 나는 너를' 세 가지가 다 같은 의미를 준다. 이는 '는'과 '를'이 각각 주격 및 목적격임을 정해 주기 때문이다.

다. 한국어의 표현력: 다양하고 구체적이다

① 의성어와 의태어가 발달되어 있다

앞에서 살펴본 대로 한국어는 의성어와 의태어를 많이 가져 다양한 표현이 가능하며 또한 구체적인 설명을 제공한다. '배가 아프다'라고 말할 때 영어나 중국어는 그저 약간 아프다거나 심하게 아프다는 표현이 고작이지만 한국어는 '배가 쌀쌀 아프다', '더부룩하다', '땡긴다', '쿡쿡 쑤신다', '뜨끔뜨끔하다' 등 다양한 표현을 쓴다. 이렇게 다양한 표현이 가능한 언어는 찾아보기 어려워 AI 언어모형 제작에 한국어가 도움을 줄 수 있을 것이다.

의성어와 의태어는 기존 단어에 구속됨이 없이 자연현상이나 인간 심리를 거의 직관적으로 묘사하며 어떤 구애도 받지 않고 만들어 내어 그 표현에 동감하는 사람들이 쓰면서 발달하게 되었다. 중국어에서는 새로운 표현을 도입하려면 글자를 만들거나 있는 글자를 조합하여야 되고 다른 사람들이 이 새로운 글자를 받아들여야 한다. 영어도 마찬가지로 새로운 단어를 만들어야 하며 이 단어가 공감을 얻어 널리 인정되어야 비로소 표현이 인정된다.

② 존댓말과 겸양어, 비속어 등으로 인간관계를 세밀하게 묘사한다

한국 사람은 자기 자신은 겸양어를 써서 낮추어 표현하고 상대방에 대해서는 존댓말을 써서 올려 준다. 예를 들어 '제가 선생님 댁으로 찾아뵈어도 되겠습니까?'를 영어로 말하면 'Can I visit your house?'로 번역될 것이다. 그러나 이 영문으로는 두 사람의 관계가 어떤지 알 수가 없다. 즉 영어에서는 '나'를 '저'라고 낮추어 부른다든지 상대방을 '선생님'이라고, '집'을 '댁'이라고, 방문하는 것을 찾아뵙는다고 하는 등의 존대 표현이 없다. 이처럼 한국어는 언어를 통해 감정의 농도와 상대방에 대한 태도를 정밀하게 조절할 수 있는 방도를 제공한다. 앞으로 AI는 인간관계의 맥락을 읽고 표현해야만 한다. 따라서 영어를 한국어로 번역할 때에는 어휘의 뜻 이외에 화자와 청자의 관계를 먼저 알아보고 올바른 표현을 써야 할 것이다.

이처럼 한국어는 언어를 통해 감정의 농도와 상대방에 대한 태도를 정밀하게 조절할 수 있는 방도를 제공한다.

존댓말 체계는 일본어에는 거의 같은 수준으로 존재하며 프랑스어도 존댓말 표현이 있지만 한국어처럼 광범위하게 있는 것은 아니다. 그 외의 언어는 대개 영어처럼 특별한 존대 표현이 존재하지 않는다. 따라서 번역하는 사람들이 한국어를 이해하지 못하면 영어나 중국어 등 외국어를 번역하지 못한다. 따라서 한국어를 먼저 배운 휴머노이드(humanoid)는 자연스럽게 상대방의 위치와 감정, 관계의 미묘함을 파악하고 표현할 수 있을 것이다.

한국어의 존댓말 체계는 근래 무질서하게 발전되어 AI가 한국어를 활용하게 될 경우 적절한 표현을 찾기 어려울 수도 있다. 존대 표현을 과도하게 할 수도 있고 좀 잘못하면 소홀하다는 느낌을 줄 수도 있다. 이는

한국인들이 스스로 만들어 놓은 함정이다. 한국인 스스로 규범을 정하고 이를 따르는 것이 바람직한 일이지만 쉽게 이룰 수 있는 일이 아니다. AI는 이러한 점을 인식할 필요가 있다. 존댓말 문제는 9.4절에서 다시 논의한다.

라. 한국어의 확장성

한국어는 세계 2대 언어인 중국어와 영어를 어느 언어보다도 잘 포용할 수 있다. 우리말 어휘의 절반 이상이 한자어이기 때문에 한자를 몰라도 그 뜻은 짐작하는 것이 많다. 예를 들어 군에서는 소대, 중대, 대대를 쓰고 시장에서는 소짜, 중짜, 대짜를 구별하고 있어 한자 소중대(小中大)를 알게 되고 한국, 중국, 미국 등 나라 이름을 보고 나라 국(國)자를 이해하게 된다. 따라서 우리나라 사람은 어느 나라 사람보다 중국어와 일본어를 쉽게 배울 수 있다.

한편 우리 국민은 영어 어휘를 지나칠 정도로 많이 차용해 쓴다. 이는 한국어를 지키려 하는 사람들에게는 골칫거리이지만 한편으로는 그만큼 영어와 잘 융합된다는 것을 의미한다. 이렇게 영어를 쉽게 차용하는 것은 한글로 영어 발음을 쉽사리 표기하여 쓸 수 있기 때문이다. 다른 언어에 대해서도 마찬가지로 거부감 없이 쉽게 접근하여 배울 수 있을 것이다. 이래서 한국어는 외국어와의 융합성이 높다고 말할 수 있다.

한국어의 외국어 포용성은 곧 확장성으로 연결된다. 다양한 언어를 포용하다 보면 미개발된 방향으로의 확장성이 생기게 마련이다. 한국어의 확장성은 음운, 어휘 및 문법과 관련하여 생각해 볼 수 있다.

① 음운의 확장성

한국어의 음운은 다른 언어에 비해 넓게 발달되어 있다. 자음과 모음을 명확히 구별하고 많은 조합을 통해 다양한 발음을 구사하고 있다.

한국어처럼 자음과 모음을 명확히 구별해 쓰는 언어가 많지 않을 것이다. 게다가 새로운 발음을 표현해야 할 필요가 생기면 합자를 통해 쉽사리 글자로 표현하고 그대로 발음할 수 있다. 9.2절에서 이미 언급한 바와 같이 훈민정음 시대에는 자음과 모음을 3개까지 합자하여 사용하였다. 그런 합자를 어떻게 썼는지는 알 수 없으나 새로운 발음을 표현할 필요가 생기면 다시 사용하면 된다.

② 어휘의 확장성

앞에서 한국어는 의성어와 의태어를 쉽게 만들어 쓰고 그 표현이 공감을 받으면 통용된다고 하였다. "쫀득쫀득해요", "꾸덕꾸덕한 느낌", "말랑하니 좋다" 같은 표현은 사전을 찾아 볼 필요 없이 듣기만 해도 대개 이해한다. 이건 소리의 이미지를 중심으로 새로운 말을 받아들이는 문화적 토양이 있기 때문에 가능한 일이다. 영어는 의미 중심으로 단어가 고정되어 있고 문법적으로도 제약이 많기 때문에 새로운 표현을 받아들이는 데 시간이 걸리지만, 한국어는 신조어나 즉흥 표현이 빠르게 유입되고 정착된다.

AI 언어학습에 있어서도 표현 확장의 자유도를 높여줄 수 있을 것이다. 영어에서 어휘를 새로 만들어 사용하려면 새로 단어를 만들어야 하며 그 철자법이 사전에 올라가야 한다. 현재 영어에 어원이 다른 어휘가 많은 것은 이 때문이 아닌가 한다. 한자 기반인 중국어에서도 새로운 어휘가 생기려면 새로운 글자를 만들어 인정을 받아야 하니 마찬가지로 어려울 것이다. 그래서 새로 글자를 만드는 것보다 이미 있는 글자에 다른 뜻으로 부여하는 방식으로 해결하여 한 글자가 여러 개의 의미로 사용되는 경우가 많아진 것이다.

한국어는 이렇게 의성어와 의태어를 비교적 쉽게 받아들이는 데 익숙해 새로운 어휘도 비교적 쉽게 받아들이는 것으로 보인다. 피자, 택시, 아파트, 콘서트 등 외래어를 받아들여 토착어처럼 쓰이고 있음은 어휘의 확장성을 보이는 것이다.

③ 문법의 유연성

한국어 문법은 어휘에 성별이 없고 시제의 단순함 등 문법이 단순하다고 할 수 있다. 그러나 세부 사항에 들어가면 까다로운 문법 조항이 상당수 있는데 이런 경우 거의 많은 예외를 허용해 문법이 그렇게 엄격하지 않다고 볼 수 있다. 결국 문법 내용이 단순하거나 그렇지 않으면 유연하여 초급 사용자에게도 큰 어려움을 주지 않는다. 이런 뜻에서 한국어는 포용성을 넘어 확장성을 갖는다고 할 것이다.

이상에서 한국어는 AI에 특별한 존재가 될 수 있음과 범하기 쉬운 함정이 있음을 보았다.

언어 AI는 텍스트 이전에 소리 데이터를 다룬다. 이 점에서 한국어는 음성인식에 유리하여 다른 언어에 비해 비교적 높은 인식률을 보인다. 그럴 뿐만 아니라 한국어의 문법 구조는 어순이 자유로운 교착어다. 단어의 위치가 바뀌어도 조사와 어미가 문장의 의미를 정확히 붙들고 있다. 이 유연한 구조는 AI가 '의미'를 판단하고 조합하는 데 큰 장점으로 작용한다.

한국어는 입말과 글말이 별도로 발전되어 있는 것도 AI가 주목할 점이다. 문어체의 단정함, 구어체의 생생함 등이 AI에게 '상황에 따른 언어 변화'를 학습시키기에 매우 좋은 자료다.

한국어는 정서적 뉘앙스를 조율하는 언어다. 존대 표현과 겸양의 표현이 극도로 발전되어 있으며 배가 아픈 경우에도 '속이 더부룩하다'에서부터 '속이 부글부글 끓는다', 그리고 '속이 뒤집힌다'에까지 여러 가지 표현으로 미묘하게 감정이 얹어진다. AI가 사람의 감정을 이해하고 표현하는 데 한국어만큼 좋은 훈련 도구가 또 있을까?

한국어는 '받아들이는 언어'이다. 한자를 받아들이고, 영어와 일본어도 껴안아 가며, 새로운 말을 만들고 섞는 능력이 탁월하다. AI는 고정된 언어보다 유연한 언어, 즉 한국어처럼 '진화하는 언어'를 더 잘 따라간다.

지금 AI는 인간 언어를 배우고 있다. 휴머노이드가 소리 기반 언어인 한국어를 넌서 학습하게 되면, 감각적 직관, 정서적 뉘앙스, 맥락 중심 사고에 대한 훈련을 풍부하게 받을 것이며 의미 중심 언어의 논리적인 표현 학습에 이를 더하게 될 것이다. 그리하여 정보 전달의 도구에 더하여 감각과 관계의 구현을 이루게 될 것이다. 한국어는 단순히 의사를 선하는 것이 아니라, 말소리에 마음을 담아 전하는 언어이기 때문이다.

KAIST 전기·전자공학과 교수 김정호 박사는 최근 조선일보의 기고문[2]에서 우리나라는 한글에 특화된 '인공지능 기초 모델'을 구축해 인공지능의 종주국으로 발전해야 한다고 주장했다. 이는 한글을 살리는 길이기도 하다는 것이다.

2 2025년 5월 14일자 『조선일보』 오피니언, 「경부 고속도, 초고속 인터넷, 다음의 세 번째 고속도로, AIX」.

마. 한글20의 혁신적 기능

이 책에서 저자가 제안하는 한글20은 모든 언어를 발음으로 식별이 가능할 정도의 정확도로 전환시킬 수 있다. 또한 자음과 모음이 각 10자씩 이어서 이 전환된 음성정보를 0부터 9까지의 숫자로 전환시킬 수 있다. 이는 지금까지 발견(발명)되지 않았던 기적에 가까운 현상이며 이를 가능케 한 것은 세종대왕의 능력과 노력 때문이다.

이러한 한글20의 특성으로 AI는 DB 규모를 획기적으로 축소시키며 각종 정보 처리를 단순화 할 수 있을 것으로 예상한다.

바. 결론

결론적으로 한국어는 다양한 발음과 표현력, 확장성 등 여러 가지 특성을 가져 일견 배우기 어려울 것 같지만 다른 언어에 비하면 입문이 쉽고 확장성이 있어 AI와 융합하여 AI 언어모델의 기능을 획기적으로 효율화 할 수 있을 것이다. 더구나 한글20의 수치화 기능은 AI의 운영 비용을 절감할 수 있을 것이므로 이 모든 가능성을 실현화시킬 수 있도록 연구에 착수할 것을 제안한다.

9.4 인공지능(AI)과 함께 발전할 한국어

러시아어는 톨스토이가 발전시켰고 영어는 세익스피어가 발전시켰다는 평을 받는다. 독일어는 괴테 이전에는 문학작품을 낼 수 있는 언어라고 인정하지 않았다. 그러나 한국어는 이미 한류로 입증되었고 AI에 의해 현대 문명에 활용될 가능성은 9.3절에서 잘 살펴보았다. 이제 한국어는 AI와 동반 성장해야 한다. 그래서 영어와 경쟁하는 혹은 보완하는 세계어로 발돋움해야 한다.

가. 세계인의 주목받는 한국어, 부족한 점은 없는가?

한국문화가 세계 속으로 급속히 전파되고 있다. K-Pop, K-movie뿐 아니라 게임, 음식, 심지어 애견까지도 세계인의 인기를 끌며 그 인기는 더욱 왕성해지고 있다. 이는 문화뿐 아니라 국력의 눈부신 성장이 뒷받침해주기 때문이다. 우리의 휴대전화와 반도체는 물론 방산과 조선, 원자력 기술을 노입하려는 나라가 많이지고 세계정세를 볼 때 지정학적 가치도 치솟고 있다. 세계 4대 강국 중 중국과 일본, 러시아와는 지리적으로 접해 있으며 미국은 바다로 연결되어 있다. 현대사에서 가장 가난했던 나라가 정치와 경제의 발전으로 10대 부국, 6대 강국[3]으로 발전한 나라는 한국말고는 단연코 없다. 4계절을 가진 기후나 국토의 3/4이 산인데 못 오를 산이 없는 아름다운 지형에 지진과 홍수 등 피해가 적은 우리의 지리적 매력과, 5,000년의 유구한 역사도 한국이라는 나라의 매력을 올려주고 있다. 더구나 다가오는 북극항로 시대를 맞아 한반도는 그 시발지로 발전할 가능성이 커져 한국의 국운은 더욱 신장할 것으로 전망된다.

더구나 앞 절에서 본 것같이 한글과 한국어의 AI 적용 사례가 늘어나

3 US뉴스앤드월드리포트(USNWR)가 2024년 1월 정치, 경제, 군사력과 국가 영향력 등을 평가한 결과 한국은 가장 강력한 나라 6위로 선정되었음.

고 있어 한글과 한국어에 대한 세계인의 관심이 올라가고 있다. 세계 최대의 외국어 학습앱 듀오링고에 의하면 한국어 학습앱 보급이 2022년 중국어를 뛰어넘고 2023년 이탈리아어를 넘어 현재 6위라고 하며[4] 그 증가 속도가 빨라 곧 5위까지 올라갈 것이라 한다.

소설가 김진명은 최근 한 유튜버와의 인터뷰에서 앞으로 세계에는 5개 언어만 남을 것이라고 주장했다. 영어, 중국어, 아랍어, 스페인어, 그리고 한국어라는 것이다. 이 주장은 검증된 것은 아니어서 액면 그대로 받아드릴 수는 없지만 한글과 한국어가 세계문자와 세계어로 발전할 충분한 가능성이 있음은 틀림없는 사실이다. 이 절에서는 이 가능성을 살펴보고 앞으로 이에 대응하여 한국어의 문제점은 없는지 앞으로 어떻게 발전시켜 나가야 할지를 살펴보고자 한다.

독일 철학자 요한 G 피히테(Johann Gottlieb Fichte, 1762~1814)는 19세기 초, '독일 국민에게 고함'이라는 유명한 연설문에서 '국어는 국민에 의해 형성되지만 국민은 다시 국어에 의해 형성된다'라고 하였다. 우리 국민도 먼저 국어에 대해 보다 큰 관심을 가져야 할 것이며 함께 향상되어야 할 것이다.

나. 외국의 언어 발전 정책 사례

조상이 만들어 준 우리말의 구조를 어떻게 현대에 맞게 계승·정비할 것인가?, 그리고 인간과 AI가 함께 사용하는 미래 언어로 어떻게 발전해 나갈 것인가?

4 1위는 영어, 다음으로 스페인어, 프랑스어, 독일어가 2, 3, 4위를 차지하며 일본어가 5위이다.

이를 논하기 전에 과연 한 나라의 언어가 목표를 정해 놓고 정책적으로 접근해 나갈 수 있는 것일까를 먼저 알아보자. 물론 있다. 그런 사례를 들어보고 배울 점을 찾아 나가야 할 것이다.

① 이스라엘의 히브리어 부활

히브리어는 오랫동안 종교 언어로만 쓰이다가 19세기 말 엘리예제르 벤예후다에 의해 근대어로 재건되었다. 당시 유대인들은 서로 다른 언어(예디시, 러시아어, 독일어 등)를 쓰고 있었고, 벤예후다는 히브리어를 "민족의 통일 수단"으로 삼아 적극 보급했다. 결과적으로 고대에는 종교어로 쓰였지만 현대에 들어와서 국민 생활어로 부활하게 되었다.

② 터키의 언어 개혁(케말 파샤 시대)

오스만 제국은 아랍어·페르시아어 어휘가 섞인 복잡했던 언어를 단순화하고, 라틴 문자를 도입하여 문자 개혁을 단행했다. 터키어의 순화를 위해 고유 투르크계 어휘를 발굴하거나 새로 만들기도 했다. 이는 터키 국민들의 문자 해득률을 크게 끌어올렸고, 민족 정체성 형성에도 영향을 주었다.

③ 프랑스 언어정책의 변천

프랑스는 전통적으로 언어를 국가 정체성과 문화 주권의 핵심으로 삼아 1975년 바스크롱법(Loi Bas-Lauriol)을 제정하여 외래어 사용을 제한하고 공공장소와 제품 설명, 광고, 계약서 등에서는 반드시 프랑스어를 사용하도록 하고 1994년에는 투봉법(Loi Toubon)으로 이를 더욱 강화시켰다. 특히 공공 기관, 교육, 방송, 광고 등에서 프랑스어 사용을 강제하고 신조어나 외래어(특히 영어)를 프랑스어로 대체하도록 노력하였다. 예를 들어 이메일(email)은 'courriel', 소프트웨어(software)는 'logiciel'로 쓰도록 하였다. 그러나 따르지 않는 사람들이 많았다. 결국 공공부문은 여전히 프랑스어 전용을 의무화하고 있지만 기술 영역에서는 영어 사용을 사실상 용인하게 되었다. 현재 프랑스의 언어정책은 그 강도에서 쇠퇴하여 '상징적 유지'와 '실용적 유연성' 사이에서 균형을 찾으려는 상태로 볼 수 있다.

④ 중국의 언어혁명

1950년대 초 모택동은 주은래에게 문자 단순화(간체자), 표준어(보통화) 보급 및 로마자 병음 도입을 추진하도록 명하여 이를 착실히 수행한 결과 문맹률 감소와 국민 통합에 크게 기여했다. 특히 로마자 병음 도입은 중국어를 컴퓨터 친화적으로 만들어 현대 들어와 IT 문명의 최고인 미국과 겨룰 수 있는 성과를 거두었다.

⑤ 기타 나라

다른 여러 나라들에서도 자국 언어 보호정책을 쓰고 있지만 상징적에 그쳐 실제적으로 방임상태인 경우가 대부분이다. 독일, 이탈리아, 일본 등에서는 공공 부문에서는 자국어 사용을 유지하려 노력하지만 민간 및 기술 부문에서는 외래어(주로 영어) 사용을 사실상 용인하며 용어 정비 위원회나 학회 수준의 대응방안을 견지할 뿐이다. 인도, 필리핀, 네덜란드, 북유럽 국가들은 더욱 방임주의에 머물러 영어를 실질적인 공용어 또는 준공용어로 인정하고 있다.

다. AI와 함께 갈 한국어로 발전시키자

우리나라의 언어정책은 어떠한가, 그리고 어떤 정책이 필요할까?

우리나라의 언어정책도 위에서 본 기타 나라들의 예와 같이 상징적이고 방임적인 것으로 보인다. 그러나 나라가 큰 발전의 기회를 맞고 있고 동시에 이에 준비하여야 한다는 압박을 받고 있다. 특히 AI 언어모델의 동반자로서 발전하려면 지금의 한국어에 다음과 같은 점을 가미하여야 할 것이다.

① 한글 표음 기능의 완성

한국어 발전의 최우선 정책은 한글을 발전시키는 것이다. 한글의 세계화는 이미 이루어지고 있으나 더 이상 진전되기 전에 몇 가지 약점을 제거하여야 한다. 그 첫째는 앞서 소개한 바와 같이 한글20을 도입하여 표음 기능을 완성하고 둘째, 현행 '외래어 표기법'을 '외국어 표기법'으로 발전시켜 보급하는 것이다. 한글의 세계화 과업은 10장에서 소개되는 8대 사업을 통하여 어렵지 않게 성공할 수 있을 것이다.

② 문법의 단순화

외국인의 눈을 기준으로 보면 우리 문법은 명사나 술어 동사의 성 구별이 없고 시제 표현이 단순하여 외국어 문법에 비해 단순하다 하겠으나 띄어쓰기 규칙이 불필요하게 복잡하고 문법 세부에 들어가면 불필요하게 까다로운 규정이 많다. 그러한 규정을 들여다보면 으레 예외 규정을 많이 두고 있다. 예외가 많은 규정은 규정 자체를 원만하게 고쳐 많은 예외가 생기지 않도록 하여야 한다. 띄어쓰기를 제대로 하려면 그 어귀가 복합어인지 혹은 접미어나 어미 변화인지를 알아야 하는데 이를 구별해 내는 것은 학자 수준의 실력이 필요할 때가 많다. 저자의 소박한 생각에, 의미를 변화시키거나 오해를 불러일으키지 않는 한 띄어쓰기를 하지 않아도 무방하지 않을까 한다. 요는 띄어쓰기가 한국어 사용자와 학습자들에게 지나친 부담이 되지 않도록 규칙을 단순화하여야 한다.

③ 영어 남용 방지

우리는 외국어, 특히 영어 표현을 직접 사용하는 경우가 너무 많다. 전문 술어라든지 새로 생긴 영어 어휘들은 적절한 우리말 표현이 없어 부득이한 예도 있다. 그러나 정착된 우리말 표현이 없어 할 수 없이 외국어를 쓰는 경우라도 당분간은 한국어 표현을 만들어서라도 병용함으로써 모르는 사람들이 배울 수 있도록 하여야 하며, 한국어 표현이 어느 정도 정착되면 외국어 표현은 삼가야 한다. 이는 특히 지식인들과 언론에서 모범을 보여야 한다. 바라건대, 외국어 표현을 처음 사용하는 언론이나 전문가들은 나름대로 적당한 우리말을 찾아 사용하거나 우리말을 찾지 못하는 경우 마땅히 번역하여 제시해 주어야 한다. 예를 들어 요사이 레거시(Legacy) 언론이란 말이 사용되는데 이는 유튜버 등 신형 방송 매체에 대한 전통적인 언론을 말하는 것이다. 그러면 '전통 언론'이라 하든지 '일반 언론'이라고 하면 더 많은 사람들이 이해할 것이다.

④ 전문분야 어휘의 확장

한국어는 의성어와 의태어를 포함하여 어휘가 풍부하고 표현이 다양하지만 이는 구어(口語)의 경우이고 과학기술, 예술, 철학 등 전문분야에 들어가 보면 의외로 적절한 전문 어휘가 부족하다. 전문가들은 적당한 어휘가 없거나 있다 해도 생소하여 독자들의 빠른 이해를 위해 부득이 원어 표현을 쓰게 되는 경우가 많지만 달리 생각해 보아야 한다. 우선 사전을 찾아보는 등 적절한 한국어 표현을 찾는 노력을 해야 하며 혹 적절한 어휘를 찾을 수 없는 경우에는 새로운 표현을 만들어 병용함으로써 후배들의 불편을 미리 덜어 주어야 한다. 그 병용 어휘가 익숙해지면 자연스럽게 우리 고유의 어휘가 될 것이다.

차제에 정부나 관련 연구소 혹은 재벌기업이 나서서 문화사업으로 옳은 언어 사용 지도를 위한 상설기구를 만들어 외국어 표현 사용 안내 및 감시와 적절한 우리말 표현 제공 등 업무를 수행해 주기를 주문한다.

⑤ 존댓말 사용의 규범화

존댓말의 규범은 존대해 줄 대상과 이에 마땅한 표현을 확실히 정해 주는 것이다. 지금은 존댓말이 남발되고 있음을 뼈아프게 인식하여야 한다. 예사말이 기본이고 예사말이 통용되어야 할 범위를 확실하게 하여 일반적인 경우는 큰 불편 없이 예사말로 생활하도록 하여야 한다. 가령 총 회화 중에서 존댓말은 5%만 쓰고 95%는 예사말이 통용되도록 하는 등의 지침이 필요하다.

현재 찾아볼 수 있는 존댓말 사용 규범은 2016년에 만든 교육부 공식 블로그, '표준 언어 예절'이 있는데 이는 국립국어원에서 2011년 펴낸 표준 언어 예절-경어법을 기본으로 한 것이다. 이 역시 규범을 체계적으로 설명한 것이 아니라 각 상황에서 어떻게 표현해야 할지를 보여주는 것으로 마치 예상 문제집처럼 선다형으로 만들어 놓은 것 같다. 국립국어원이나 세종학당 등 관련 기관에서 조속히 완벽한 존댓말 사용 규범집을 만들어 배포할 것을 요구한다.

저자는 이 문제의 중요성을 감안해 존댓말에 대한 저자 개인의 생각을 아래 글상자에 정리해 보였다. 이는 저자가 논의를 시작하자는 의도에서 제안하는 초보적 생각일 뿐이어서 많은 논의가 있기를 기대한다.

특히 국립국어원과 국어학자들에게 호소한다.

참고로 한국어 존댓말에 대한 연구는 일제 시기 일본인 오구라 신페이의 『한국어 겸양법 · 조동사의 연구』(1929)가 최초이었는데 그 맥이 지금도 이어지고 있는지 의심스럽다.

존대하기에 대한 몇 가지 제안

1) 존댓말 최소화의 원리

존댓말은 존경을 표해야 할 필요가 있는 상대에 대한 변형된 표현이다. 존경을 표하지 않아도 괜찮은 일반적인 상대에게 존댓말을 쓰면 부담을 줄 것이며 정작 존경을 표해야 하는 사람에게 무안한 일이다. 마땅히 존댓말은 최소화되어야 한다. 존댓말을 최소화 한다는 것은 곧 예사말을 보편화한다는 것이다. 되도록 예사말을 쓰도록 하여야 하며 그러려면 사용범위를 늘려야 한다. 존댓말은 특수한 혹은 예외의 경우라는 인식이 필요하다.

2) 존댓말 차등화의 원리

존경을 표할 상대가 여러 계층일 때 최상의 대상에게만 존대 표현을 해야 한다.

· 최상급

친하지 않은 할아버지, 교수/선생님, 대통령, 장관 등 최상위 공무원과 그들의 친지

· 차상급: 형, 삼촌 등 친한 어른, 낯선 사람 및 군중(예: '여러분 감사드립니다')

· 차별화: 계층이 다를 경우 차별화가 필요

'할아버지, 아버지께서 저보고 할아버지를 부축하라고 하셨어요.'

→ '할아버지, 아버지가 저보고 할아버지를 부축해 드리라고 했어요.'

3) 존대가 불필요한 대상

· '공적 기록'이나 '객관적 서술'에서는 생략이 원칙

'어제 종각역에 많은 분들이 내리셔서 시위에 참석하셨다. 그중에는 연로한 분들도 계셨다' → 어제 종각역에 많은 사람들이 내려서 시위에 참석했다. 그중에는 연로한 사람들도 있었다'

예 '이순신 장군이 거북선을 발명한 것은 아니었다', '세종이 한글을 창제했다' 등이 옳은 표현이다. 그러나 특별히 존경을 강조하기 위한 경우는 다르다: '세종대왕께서 한글을 창제하셨다'는 사실을 잊지 말아야 한다.

· 손아래 사람: 일반적으로 불필요. 단 특별한 애정을 표현할 때 존대할 수도 있다.

· 범죄자, 피의자 등 존경할 수 없는 대상들. 특히 언론이 주의할 필요가 있다.

'그분께서 행인을 구타하셨다' → 그 사람이 행인을 구타했다.

'국회의원분들이 나라를 망치시고 계신다' → 국회의원들이 나라를 망치고 있다.'

라. 에스페란토의 교훈

에스페란토(Esperanto)는 다언어 사용으로 인해 발생하는 국가간 민족간의 갈등을 없앰으로써 상호 의사소통과 이해를 증진하고 나아가서 인류 평화를 위해 만들어진 중립적이고 배우기 쉬운 언어를 표방하여 만든 인공어이다. 17세기 말까지 중간어(링구아 프랑카) 역할을 하던 라틴어가 쇠퇴하면서 최소한 100개의 인공언어가 등장했는데 가장 크게 성공한 것은 'Volapuek'였다. 그러나 이들은 거의가 사라졌고, 다만 1887년 폴란드 안과의사 라자로 루드비코 자멘호프(Lazaro Ludoviko Zamenhof)가 러시아어로 쓴 에스페란토 교본 《국제어(Lingvo Inter-nacia)》가 그 명맥을 유지하고 있다.

그는 1905년에 프랑스에서 제1차 세계 에스페란토 대회를 개최하고 1908년에는 국제에스페란토협회를 결성하여 보급 운동을 조직화하였

다. 이 협회는 62개국에 가맹국 협회가 있고, 1975년 한국협회가 설립되었으며 현재 약 120개국에 개인 회원이 있어 활동을 지속하고 있다.[5]

에스페란토어 역시 '1자 1음'을 원칙으로 하는 소리글을 문자로 채택하였으며 몇 가지 사양을 전제로 하였다. 첫째, 세계인의 눈에 익숙한 로마자와 아라비아 숫자 및 $, & 등 이미 일반화 된 기호를 쓰도록 했으며 둘째, 글자의 음가를 확실히 하고 소리와 글자가 1:1이 되도록 하였다. 글자의 발음은 되도록 IPA 발음을 따랐으며 q, w, x, y 등 음가가 확실치 않은 글자는 빼고, 대신에 c, g, h, j, s, u의 이중 발음 역할을 면하도록 Ĉ Ĝ Ĥ Ĵ Ŝ Ĉ Ŭ를 도입하여 결과적으로 28글자가 되었다. 예외를 인정하여 지나친 세부 규정이 많아지는 것을 피했다. n은 경우에 따라 [ŋ] 발음을 내고 th는 t로 읽도록 하는 등이 사례이다. 28글자와 그들의 발음은 아래 표와 같다.

표 9.2 에스페란토의 알파벳

Letter	a	b	c	ĉ	d	e	f	g	ĝ	h	ĥ	i	j	ĵ
IPA	a	b	t͡s	t͡ʃ	d	e	f	g	d͡ʒ	h	x	i	j, i̯	ʒ
Letter	k	l	m	n	o	p	r	s	ŝ	t	u	ŭ	v	z
IPA	k	l	m	n	o	p	r	s	ʃ	t	u	u̯	v	z

에스페란토는 1879년에 탄생한 지 10년 만에 25개의 저널이 출판되고 283개의 학회가 설립되었으며 교과서가 25개 언어로 제작되었다. 그러나 결국 시들해져 1887년 자멘호프(L. L. Zamenhof)가 에스페란토라는

5 Wikipedia

필명을 써서 '국제어'를 발표한 것이 지금에 이르렀다. 현재 여행, 의사 교환, 문화 교류, 편지, 언어교육 등 많은 곳에서 사용되고 있어 전 세계 200만 명의 사람들이 에스페란토로 대화할 수 있다는 주장도 있으나 사용자들 혹은 애호가들이 전 세계에 불규칙하게 분포되어 있어 그 수를 정확히 알기는 어렵다.

깔베(Calvet)[6]는 그의 저서 《언어전쟁》에서 '언어는 자체의 기능보다는 정치적, 경제적, 종교적, 문화적인 것 등 다른 요인에 의해 발전하는 것이며 한 언어가 국가적 배경 없이 생명력을 가지기는 어렵다'고 하였다. 결국 에스페란토어도 언어라는 것이 얼마나 살아남기 어려운 것이라는 것을 교훈적으로 가르쳐 준 사례이다.

6 Louis-Jean Calvet, 프랑스 언어학자(1942~)

제10장

한글20 세계화를 위한 8대 사업

한글20의 세계화는 결코 쉽게 이루어지지 않을 것이다.
그렇다면 그 방법은?

우리는 이미 '한글20이 세계문자가 될 수 있고 또 되어야 한다'는 것을 알게 되었다. 그러나 아무리 가능하고 타당하다 하더라도, 구체적인 목표와 계획으로 추진하지 않고서는 이룰 수 없다. 과제가 중대하니만치 그만큼 강력하게 아래의 8대 추진사업을 제안한다. 어느 하나 빼놓을 수 없지만, 우선 한두 가지만이라도 성과를 거둔다면 나머지 사업은 어렵지 않게 이어질 것이다. 이 일은 선택이 아니라, 21세기 인류의 필수 과제이다. 그리고 대한민국만이 할 수 있는 일이다.

10.1 말소리 연주기 제작

가. 한글20 자판은 말소리 연주기

7.2절에서 한글20의 지원기술로 소개된 입력자판을 기술적으로 보완하면 마치 피아노의 건반을 두드리면 음악이 연주되듯 말소리를 연주해 줄 수 있다. 즉 한글20 자판은 어떤 언어라도 발음을 한글로 표기하여 입력하는 '만국어 입력자판'이지만 입력 과정에서 초·중·종성이 입력되어 하나의 음절이 완성될 때마다 그 음절의 소리를 내도록 할 수 있다. 마치 피아니스트가 건반을 눌러 음계를 연주하듯 글자 단추를 눌러 말소리를 내는

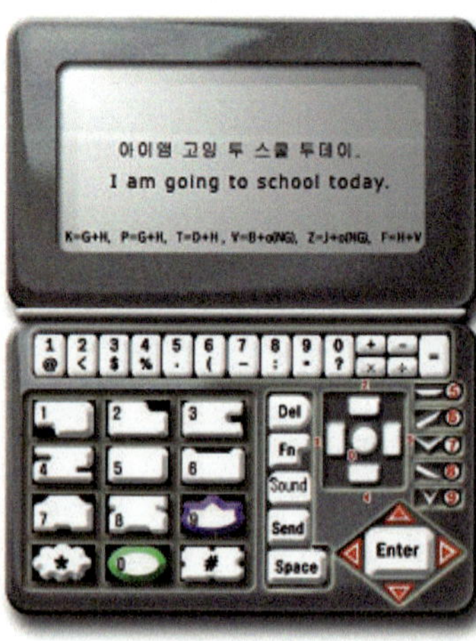

그림 10.1 말소리 연주기의 상상도

것이다. 발화되는 음절의 장단과 강약을 조절할 수 있도록 장치를 보완하면 말소리를 더 자연스럽게 낼 수 있게 될 것이다.

나. 말소리 연주기로 언어 장애인이 발화 가능

이러한 기술은 여러 가지로 활용될 수 있다.

우선 신체적인 조건 때문에 발화하지 못하는 사람이 이 장치로 말을 할 수 있게 될 것이며, 그 발화된 말의 문자를 메시지로 보내면 받는 사람의 '말소리 연주기'가 이 문자메시지를 소리로 들을 수 있게 해줄 것이다. 지금도 TTS(Text-to-Speech) 기술이 있어 문자를 음성으로 바꿔 들을 수는 있지만 말소리 연주기는 소리 생성 방법이 음절을 직접 발화한다는 점에서 달라 새로운 응용기술이 생겨날 수 있다. 예컨대 이러한 구현은 음소 기반의 HMM(Hidden Markov Model) 합성, 딥러닝 기반 음성 합성(예: Tacotron, WaveNet), Prosody(억양) 제어 기술 등이 이미 상용화 단계에 도달해 있다. 이러한 기술에 한글20 자판의 조음정보를 결합하면 발화의 자연스러움을 더욱 높일 수 있을 것이다.

영어도 쿼티자판에서 단어가 입력되면 그 단어의 발음을 내도록 하여 말소리 연주기 기능을 구현할 수 있을 것이다. 그러나 한글의 경우는 우선 음절별 입력속도가 영어보다 빠르고, 영어는 음절을 구별해 내기가 어려울 때가 있어 제대로 발화하지 못할 수 있다. 가령 network라는 단어를 입력하면 net와 work를 잘라 발음해야 할지 단어 전체가 입력될 때 발음할지 별도로 판단해야 할 것이다. 한국어는 음절을 기본으로 발화시킬 수 있지만 영어는 단어를 기본으로 발화시켜야 한다는 점에서 다르다.

말소리를 좀 더 자연스럽게 연출하려면 음절의 억양과 장단을 구별하여야 할 것이다. 이를 감안하면서 편리한 사용을 고려하여 아래와 같은 단말기를 구상하였다.

자음 단추는 글자의 모양을 보이도록 하여 만져서 단추를 확인할 수 있으며, 억양 단추와 별도의 숫자 단추를 포함하여 용도를 높이려고 하였다. 예를 들어 모음의 길이를 숫자 단추로 조절하게 할 수도 있을 것이다.

10.2 리아드 박람회에 한글20 전시관 설치

가. 2030 리아드 세계박람회

2030년에 열릴 세계박람회(엑스포) 개최지가 지난해(2024년) 결정되었는데 그 유치전에서 부산은 사우디아라비아 리야드에 119:29로 참패했다. 모든 국민이 승리할 것이라 기대했는데 이렇게 크게 진 것은 오래전부터 사우디가 엄청난 준비를 했는데 비해 우리는 전략이 부족하였고 부산의 국제적 인지도가 리아드에 미치지 못하였기 때문이라 하겠다. 사우디는 2017년부터 준비를 시작하여 네옴시티 프로젝트에의 참여, 빈 살만 왕세자의 직접 외교, 경제 지원 약속 등 막강한 자원 외교책을 수행하였고 수십억 달러 규모의 양해각서(MOU)를 세계 여러 나라와 체결하였다.

그러나 실망만 하고 있을 수는 없다. 이미 우리나라는 차차기(2035년) 박람회 개최 준비를 위하여 산업통상자원부와 코트라(KOTRA)가 한류, 첨단기술, 지속가능성 등을 키워드로 디자인 공모, 테마 설정, 민관 협력 방안 등을 논의하고 있다.

나. 리아드 엑스포 2030에 한글관 설치

엑스포는 올림픽, FIFA(국제축구연맹) 월드컵과 함께 세계 3대 국제 행사로 꼽힌다. 그중에서 엑스포는 유일하게 운동경기와 무관한 '문화 올림픽'이다. 세계 각국 정부와 공공기관, 기업체, 시민단체 등이 신제품과 신기술, 지구환경을 위한 노력과 경험, 문화재를 비롯한 지적재산 등을 전시하고 교류한다. 관람객이 통상 2,000만 명을 넘고 역대 최다인 상하이 엑스포는 7,540만 명이 참관했을 정도로 많은 사람이 모이고 행사 기간도 6개월이나 되기 때문에 새로운 문물을 세계에 소개하고 과시하는 자리로는 그만이다. 일본은 이미 1970년과 2005년에 각각 오사카와 나고야에서 엑스포를 열었고, 2025년에는 다시 오사카·간사이에서 개최한다. 중국도 2010년 상하이 엑스포를 유치했다. 우리나라도 1993년 내전과 2012년 여수에서 엑스포가 열렸지만 이들은 5년마다 개최되는 '등록 엑스포'가 아니고 그사이에 특정 주제로 국한해서 열리는 '인정 엑스포'였다.

2030년 리야드 엑스포에 한글관을 설치하고 그 안에서 세계문자박람회를 개최함과 동시에 한글 관련 문화상품을 만방에 소개할 것을 강력히 제안한다. 한글관 유치를 위해서는 사우디 측과의 외교적 소통이 선행되어야 한다. 구체적으로는 사우디의 '네옴시티' 및 AI 기반 교육 비전과 연결해, '한글관'이 사우디의 디지털 전환 및 인류문화유산 전시 목표와 부합함을 설득해야 한다. 또한 외교부, 문화체육관광부, 코트라(KOTRA) 등이 함께 설득 사절단을 구성하여 BIE(국제박람회기구) 및 주최국 실무진과 지속적 협의 채널을 열어야 한다.

다. 한글관이 주최할 주요 행사

특히 한글관에서는 한글의 구조적 우수성을 설명하고 특히 다국어 적응력과 기계학습 최적화를 강조하여 AI와 미래 문자로서의 한글20을 미래형 문자로 제시하면 좋을 것이다. K-POP 가사와 각국 애창가요의 가사를 한글20으로 표기해 보이는 등 각종 체험형 전시를 할 수 있을 것이며. 앞 절에서 소개한 '말소리 연주기' 사용 시합과 최근 우리나라가 경험을 쌓은 '미스터 트롯'과 같은 형식의 '세계 애창곡 경연대회'를 개최할 것을 제안한다. 이 제안은 한글20 세계화를 위한 8대 사업 중 3번째 사업으로 다음 절에서 상술한다.

라. 결론

최근 대한민국의 국위는 단군 이래 최고조에 달했고, 한류 역시 걷잡을 수 없이 확산돼 온 세계가 부러움과 호기심 속에 우리를 지켜보고 있다. 부존자원도 없이 침략과 전쟁의 폐허를 딛고 단시일에 세계 10위권 경제대국에 오른 대한민국의 국가 발전 모형을 전 세계가 주목하고 있으며, 저절로 빠져들게 만드는 한류의 근원이 무엇인지 찾아내고자 촉각을 곤두세우고 있다. 또한 우리도 모르는 사이에 대한민국의 방위산업이 미국에 이어 세계 2위(수주액 기준)에 올랐고, 각국의 군사력(핵무기 제외)을 측정하는 GFP(Global Fire Power)가 올해 한국을 미국·러시아·중국·인도에 이은 세계 5위로 평가한 사실에도 놀라움을 금할 수 없다. 이렇게 국위가 치솟고 있는 지금이야말로 한글 세계화에 나설 절호의 시기이다. 지금부터 주도면밀하게 준비하여 2030 리아드 엑스포에서는 대한민국이 한글을 앞세워 2030 엑스포에서 '가장 주목받은 국가', 혹은 '가장 성과를 많이 거둔 국가'로 비상하기를 기원한다.

10.3 세계 애창곡 경연대회 개최

가. 원어로 부르는 온누리 노래자랑

앞 절에서 2030 리아드 박람회에 한글관을 설치하고 현장에서 한글학교를 운영하는 등 행사를 벌이자고 제안하였다. 그중에서 '세계 애창곡 경연대회'에 대해 좀 더 생각해 볼 필요가 있다. 여러 나라의 노래가 원어로 불리워지는 노래자랑은 엑스포의 특별한 흥밋거리로 등장할 것이며. 노래를 통해, 그것도 세계 여러 나라의 애창곡을 불러가며 한글의 가능성을 확인할 수 있는 방안이 될 것이다.

나. 한글의 진가를 발휘할 무대

온누리 노래자랑인 '세계 애창곡 경연대회'는 말 그대로 세계 각국 시민이 모여 애창곡을 자기 나라 말로 부르는 축제가 될 것인데 이 아이디어는 미국과 한국에서 활약했던 한국 출신의 코미디언 고(故) 자니 윤(본명 윤종승)의 일화에서 얻었다.

그는 1970년대에 미국 최고의 심야 대담 프로그램, NBC '투나잇 쇼'에 동양인 최초로 초대되어 어머니가 자장가로 불러 주던 '오 솔레 미오'를 17개국 언어로 부를 수 있다고 큰소리쳤고, 실제로 쇼 진행자 자니 카슨이 임의로 지명한 나라들의 언어로 거침없이 노래를 불러 시청자들을 깜짝 놀라게 했다. 카슨이 "그렇게 많은 나라의 언어를 어떻게 익혔냐?"고 묻자 자니 윤은 "뜻은 모르고 발음만 한글로 적어 외웠다"고 실토했다. 외국 노래의 가사는 이해하지 못한 채 발음을 한글로 적어 부른 경험은 한국 사람이라면 누구나 한 번쯤 경험해 봤을 것이다.

각국 또는 온라인에서 진행되는 1차 예선은 자국어로 부르고, 여기서 선발된 사람은 박람회장에서 열리는 2차 예선에 초대될 것이다. 2차 예선에서는 자유곡과 지정곡 중에서 2곡을 무작위로 선택해 원어로 부르도록 한다. 따라서 이 경연을 통과하려면 자국어가 아닌 다른 언어의 노래 2개를 불러야 하며 그 가사를 익혀야만 한다. 경연자들을 돕기 위해 일정 수의 지정곡을 선정하여 원어 가사에 한글20으로 토를 달아 사전에 공개하도록 하며 박람회 현장에서 한글 수업을 제공할 것이다. 따라서 해당 언어를 모르는 참가자도 한글20을 배워서 가사를 익힐 수 있다. 최종 본선은 예술성을 살리기 위해 언어에 상관없이 자신이 제일 잘 부를 수 있는 노래로 경연하도록 한다. 물론 이 규정은 실제 진행 과정에서 바뀔 수 있을 것이다. 다만 한글 토를 달아 경연자를 도와주도록 하는 것만은 고치지 말아야 한다.

참가자들 중 이미 여러 언어를 아는 사람들은 한글20을 새로 배울 필요가 없을 것이며 한글 대신 로마자 표기법으로 적어 연습해도 무방할 것이다. 다만 원어 발음을 정확히 지켜야 하며 이것이 채점의 일부가 될 것이다. 우승자를 비롯한 입상자에 대한 푸짐한 시상은 국민 성금으로 충당하자는 것도 제안한다.

다. Expo 고정 행사로 정착시키자

이 노래자랑이 리야드에서 성공하면 당연히 2035, 2040 박람회에서도 개최되도록 해야 한다. 아예 국제박람회기구(BIE)가 나서서 '세계 애창곡 경연 대회'를 엑스포의 고정 행사로 계속하도록 건의할 필요가 있을 것이다. 그렇게 된다면 한글 세계화에 더할 나위 없이 좋은 마당이 정기적으로 펼쳐지는 셈이다.

단순한 전시·홍보를 넘어서 직접 부르고 익히는 방식은 가장 강력한 언어 전파 수단이다. '노래'라는 감성 매체는 언어장벽을 가장 부드럽게 넘는 도구이며, 이를 통해 한글20의 학습이 유도될 것이다. 그리고 한글20은 '국제 자막문자'로 설정되어 읽기→말하기→듣기까지 연결되는 언어 체험을 제공하게 될 것이다. 그리고 유럽식 국제음성기호(IPA)에 비해 직관적이고 감각적인 문자로 인식받을 것이다. 게다가 일회성이 아닌 엑스포 정기 개최 구조로 발전한다면 국제 애창곡 경연대회는 정규적인 인류의 축제로 발전할 수도 있을 것이다.

세계 애창곡 경연대회는 '문화적 한글20 전파전략'의 고급 버전일 뿐 아니라 인종 간 이해와 화합을 촉진하는 세계평화의 오솔길이자 훌륭한 무대가 될 것이다.

10.4 세계 점자 혁명

가. 점자의 기원

이미 8.4절에서 설명했듯이 시각장애인들은 글자를 볼 수 없어 손으로 만져서 읽을 수 있도록 6개의 점을 배열하여 만든 점자를 사용하고 있다. 하나의 배열은 그 언어의 알파벳(한글의 경우 자모) 하나와 대응한다. 따라서 문해과정을 보면 ① 점자로 알파벳을 인식하고 ② 여러 개의 점자를 읽어 단어를 알아낸다. 즉 ① 점자 → ② 알파벳 → ③ 어휘의 과정을 거쳐 사용자의 생각과 교감한다. 일반인이라면 ① 단계를 건너뛰고 바로 알파벳을 인식한다.

점자는 나폴레옹 군대가 암흑에서 의사소통을 위해 만든 야간문자를 프랑스인 시각장애인 루이 브레일이 개량해 만들었는데, 애초에 점으로 시작하지 말고 알파벳 그 자체의 모양을 사용했더라면 점자를 따로 배울 일은 없었을 것이다. 물론 알파벳 글자 모양이 불규칙하고 비슷한 모양을 한 것이 많아 처음부터 엄두를 못 냈을 것이다. 그러나 글자 모양을 단순화하면 못할 일도 아니었다고 생각된다. 예를 들어 'c'와 'o'의 모양을 만져서 구별하기 어렵다면 'c'에 각을 주어 'ㄷ'으로 고쳐 쓸 수도 있었을 것이다.

나. 점자의 대안은 없을까?

점자는 '볼 수 없다'는 시각장애인의 특성에만 주목하여 만든 것이다. 그들은 볼 수는 없지만 '들을 수는 있다'는 사실을 바탕으로 글자를 만들었어야 했다. 즉 장애인들에게 철자법(spelling)을 인식시키려 하지말고 '발음'을 인식하도록 만들어 주어야 했다는 것이다. 예를 들어 'eight(8)'을 인식시킬 때 e, i, g, h, t 5글자를 읽을 필요 없이 e, i, t 3자로 발음을 읽어 그 뜻을 파악하도록 했다면 장애의 부담을 덜어 줄 수 있었을 것이다. 다만 로마자는 음가를 표현하지 못하기 때문에 이것이 어려워 철자법을 쓸 수밖에 없었을 것이라 생각된다. 그러나 읽기 어려운 점자를 만들어 주기 전에 시각장애인을 위해서라도 '글자를 직접 만져서 인식하는 방법'과 함께 '로마자로 발음을 표기하는 방법'을 연구하는 것이 옳지 않았을까 하는 생각이다. 이는 이미 지나간 일이기 때문에 이제라도 그런 문자, 즉 만져서 알 수 있고 발음을 표기하는 문자를 찾아 나서야 할 것이다.

다. 한글20은 시각장애인에 맞춤형 문자이다

더구나 시각장애인에게는 글자의 모양(design)은 중요하지 않아 그것이 로마자인지 한글인지는 중요하지 않다. 다만 음가만을 알아내면 된다. 따라서 애초에 점을 쓰지 않고 한글을 '돋움체'로 써서 읽도록 했으면 점자를 배울 필요 없이 음가를 인식하여 그 뜻을 알 수 있었을 것이다.

세종대왕은 처음부터 글자 모양을 단순하게 하기 위해 점(원)과 수직막대기, 수평막대기만 써서 아름다운 28개의 글자를 만들었다. 그렇다면 점자 대신 한글자모를 쓰면 모든 문제가 해결된다. 아래 그림은 영어 점자나 한글 점자 대신 기능적으로 완벽한 발음 표기체인 '한글'을 쓰는 것을 보인 것이다. 즉 한글을 만국 발음기호로 쓴 것이다. 'girl'과 '소녀'를 점자로 쓴 것과 영어 알파벳으로 쓴 것, 한글 풀어쓰기로 쓴 것을 보

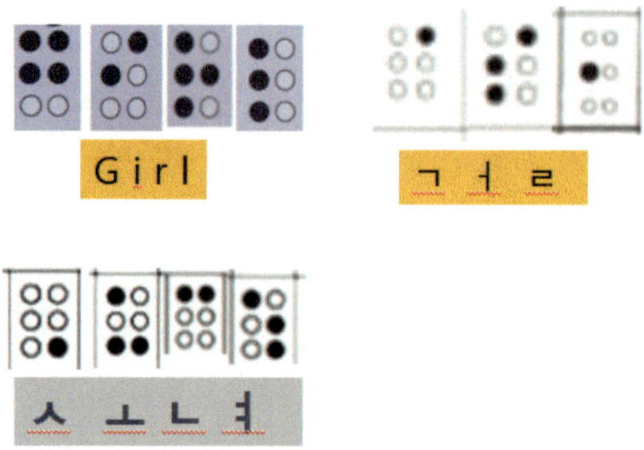

그림 10.2 점자와 한글자모의 대조

여주고 있다. 한글을 '돋우어' 쓰되 풀어쓰면 시각장애인이 얼마든지 식별할 것이다. 이를 '한글 기반 점자기술'이라 칭하자. 점으로 된 글자는 아니지만 시각장애인용 글자라는 직관적 인식을 위해 '점자'라는 술어를 채택한 것이다.

점자의 또 다른 한계는 배워 익히기가 까다로워 일반인들 중에는 점자를 배우려는 사람이 극히 드물다는 것이다. 웬만큼 어렵다면 최소한 가족들은 배워서 시각장애인과 문자를 공유하는 일이 생길 것이다. '한글 기반 점자기술'은 이 문제도 해결해 줄 것이다.

라. 전 세계 시각장애인이 모두 쓸 수 있다

전 세계 시각장애인은 약 4천5백만 명에 달하며, 200여 개국 중 점자 시스템을 도입한 나라는 141개국일 뿐, 그 나머지는 그나마 도입조차 안 되어 있다. 또한 도입된 나라에서도 점자를 사용하는 사람은 별로 많지 않다. 미국에서는 시각장애인의 약 25% 미만이 점자를 읽을 수 있으며, 영국에서는 약 7%에 불과하다. 그나마 스마트폰으로 직접 문서를 읽고 작성하는 장애인들이 늘어나고 있어 점자 사용은 점차 줄고 있다. 그럼에도 불구하고 점자 사용은 거의 제도적이며 예산이 맹목적으로 배당되고 집행되기 일쑤다. 예를 들어 지하철 동차의 출입문에는 예외 없이 잠자 안내표지가 붙어있다. 다른 공공시설에도 으레 점자 안내표지를 달게 되어 있다. 점자를 사용하는 사람이 점차 줄어들고 있는 데도 그 방법이 얼마나 이용되고 있는지, 다른 방법은 없는 지에 대한 연구가 이루어지고 있는지 의심스럽다.

마. 점자 첨단기술이 점자개혁을 저지하고 있다

그림 10.3 디지털 점자 입력기

첨단기술이 점자를 기정사실화하기 때문에 점자 탈피가 점점 더 어려워진다. 예를 들어 최근에는 디지털 점자 디스플레이 기술이 보급되고 있다. DataHorizzon Research에 의하면 디지털 디스플레이 시장은 2023년 약 12억 달러에서 2033년까지 39억 달러로 성장할 것으로 전망되며, 연평균 성장률을 12.5%로 잡고 있다. 이런 성장률이 장애인들의 점자 사용 증가에 의한 것인지, 점자 장비 보급 예산의 맹목적 증가에 의한 것인지 검토해 볼 필요가 있다. 장애인을 진정 도와주는 일이 무엇인지 연구할 필요가 있다.

첨단 점자 기술은 아무리 발전한다 하더라도 장애인의 점자 기피 현상이 증대되면 의미를 잃을 것이다. 또한 이런 기술은 특정 언어에 국한되어 적용된다. '한글 기반 점자 기술'이야말로 점자의 불합리성을 탈피할 뿐 아니라 학습이 쉽고 저비용이며 더구나 범언어적 해결이 될 것이므로 기술의 진보를 넘어 인간 중심의 진보라 할 것이다.

우선 우리나라부터 시작해야 한다. 한글 기반 점자로 된 책을 보급하고 점자 입력장치나 인쇄기 등 모든 장비들도 점자 대신 돋움한글을 쓰도록 해 주어야 한다. 점자 타이프, 점자 인쇄기 등 점자기술은 제작 및 관리로 많은 비용이 소요된다. 이에 비해 한글 자모를 입체적으로 돋운 '한글20 입력체계'는 기술적으로 훨씬 간단하며 보급 가능성도 높다.

바. 한글 기반 점자기술의 국제적 수용 가능성

한글 기반 점자기술은 장애를 극복하는 기술이므로 인도적인 차원에서 언어가 다른 나라에서도 받아들일 가능성이 있다. 그렇게 되면 여러 나라 시각장애인이 한글20을 통해 문자 생활을 할 수 있게 될 것이다. 예를 들어 중국같이 글자가 어려운 나라에서는 국민의 상당수가 한자를 쓰는 일을 기피하는데 오히려 시각장애인들은 한글20으로 책을 읽고 쓸 수도 있게 된다면 장애인들의 문화생활이 증진되어 세종대왕의 훈민정음 창제 정신이 이루어질 것이다

한글 기반 점자기술은 학습 용이성, 저비용, 국제 확장성 등의 장점을 바탕으로 전 세계에 전파할 수 있을 것이며 시각장애인의 삶의 질을 향상시키는 데 기여할 수 있을 것이다.

10.5 한글 기반 중국어 학습법 개발

우리에게 중국어는 영어 못지않게 중요한 언어이다. 중국어라는 언어 자체가 흥미롭고 중요하지만 우리의 안보와 경제를 위해서 더욱 중요하

다. 게다가 중국어를 통해 한글 세계화를 기대할 수 있다. 중국어는 너무 배우기 어려워 배워보려고 시도하는 사람조차 많지 않다. 다행히 우리는 중국어 학습을 위해 매우 유리한 조건을 가졌으며 이 조건을 살려 중국어 학습법을 개발하여 우선 우리부터 중국어를 배우고 이를 다른 나라에 적용한다면 큰 편익을 거둘 수 있을 것이다.

가.중국어 학습의 중요성

싫건 좋건 중국은 우리에게 매우 특별한 나라이다. 5,000년 역사를 보거나 현재의 정치적 그리고 지정학적 대치 국면을 보면 지극히 당연한 얘기다. 그러나 우리는 중국에 대해 너무 무관심하고, 그래서 너무 모르고 있다. 중국을 알려면 우선 중국어를 알아야 한다. 그래서 중국어 학습이 중요하다.

한국의 기성세대는 거의 한문(漢文)을 공부한 경험을 가졌다. 그러나 중국어에는 문외한이다. 젊은 세대는 한자를 배우지 않아도 되기 때문에 더욱 중국어를 외면한다. 고등학교 교과 과정에서 8개 선택 과목 중 하나이지만 그나마 인기가 없어 실제로 중국어를 선택하는 학생은 전체의 10%도 안 된다. 우리 젊은 세대들이 세계 무대에서 맞닥뜨려야 할 과업을 생각할 때 중국어 습득은 필수라 하겠다. 물론 자동 번역과 같은 기술이 발달하여 어느 정도의 도움이 되겠지만 중국어를 모르면 번역이 옳은지조차 몰라 안심하고 일을 맡길 수 없다.

우리나라의 국제적 위상은 우리의 인식이 미처 따라가지 못할 정도로 빠르게 올라가고 있다. 미국의 유력 주간지 '유에스 뉴스 앤드 월드 리포트'는 2024년 11월 정치, 경제, 군사력과 국가 영향력 등으로 평가한

'세계에서 가장 강력한 나라(the planet's most powerful countries)' 순위에서 한국을 5위로 평가했다. 이는 프랑스나 일본보다도 높은 순위이다. 앞으로 우리나라는 미국, 유럽연합(EU), 중국, 러시아 등 열강과 함께 세계평화와 질서 유지에 앞장서야 하고, 특히 러시아가 우크라이나와의 전쟁으로 국제적 위상을 잃어버린 데다가 미국과 중국 간의 패권 다툼이 치열해 우리의 중심추 역할이 점점 커지고 있다. 이 역할을 제대로 감당하기 위해서라도 우선 중국을 더 잘 알아야 하며 중국어 습득은 그 첫째 수순이다.

중국어는 원래 우리와의 인연이 깊다. 《훈민정음 언해》의 첫마디가 '나라 말씀이 중국과 달라'로 시작되는 것만 봐도 세종대왕이 우리를 중국어 영향에서 해방시켜 주기 위해 훈민정음을 만들었음을 알 수 있다. 결국 600년이 지나서야 한자를 버리고 한글 전용에 성공하였지만 아직 한자를 완전히 버리지는 못하고 있으며 또한 그래야만 할 것인지에 대해서도 확신을 갖지 못하고 있다. 저자는 한글과 한국어를 발전시키자는데 적극 찬성이지만 여러 가지 이유로 한자를 버리지 말고 계속 연구하여야 한다고 본다. 우리가 앞으로 동서의 문화를 더 많이 포용해야 하므로 한글 전용과는 다른 차원에서 중국어를 필수 외국어로 받아들이고 중국어의 문자로서 한자를 배우고 활용하면 다른 목적도 달성할 수 있게 될 것이다.

나. 왜 한글 기반 중국어 학습법인가?

위에서 중국어 학습의 중요성을 보았다. 이제 어떻게 배워야 할지 그 방법, 즉 학습법에 대해 알아보자.

중국 교육성 인정 중국어 능력시험 HSK(汉语水平考试)는 9개 등급을 지정하고 있는데 3급을 통과할 실력이면 생활을 꾸려 나갈 수 있고 5급을 통과하면 직장을 구하고 진학도 허용한다. 따라서 진학이나 취직이 목적이 아닌 사람은 우선 학습의 목표를 3급으로 잡으면 된다. 5급으로 높일 것인지는 3급을 달성한 후에 생각해도 늦지 않다. 요는 우선 필요한 만큼만 목표를 잡는 것이 옳다. 중국 정부는 급수별로 사용하는 어휘를 지정해주는데 5급에서는 2,500개이다. 여기에는 1,685자의 한자가 사용된다. 즉 한자 1,685자와 이를 활용한 어휘와 관용구, 기본 문장을 공부하면 합격할 수 있으며 이를 준비하기 위한 각종 참고서가 있다. 이 외의 각종 참고서도 있으나 저자가 생각하는 '학습법'을 제대로 설명해주는 참고서는 찾아보지 못했다. 중요한 학습법 몇 가지만 제시한다.

다. 로마자 병음 대신 한글을 쓰자

중국어를 배운다는 것은 워낙 어려운 과업이라 목표를 효율적으로 달성하도록 학습 지침이라든지 학습법이 있으면 도움이 될 것이다. 특히 8.2절에서 제기한 것처럼 중국어 발음을 로마자 병음 대신 한글로 표기하면 여러 가지 유리한 점이 있다. 예를 들어 우리말에서도 쓰는 처자(妻子)라는 단어는 중국어로 '치이즈'로 발음되고 로마자 병음으로는 qīzi로 표기하며, '츠찌이'로 발음되는 자극(刺激)은 cìjī로 적는다. q와 c를 모두 'ㅊ' 발음으로 쓰지만 뒤에 오는 모음에 따라 자음 글자를 선택해야 하며, j와 z도 똑같이 'ㅈ' 발음을 내지만 역시 선택해서 써야 한다. 이 혼동의 원인은 '으' 발음을 표기할 수 없어서 원래 '이' 발음의 'i'를 '으' 발음 표기로도 쓰기 때문이다. 이 역시 혼동된다. 한글로 표기하면 이런 혼동이 일시에 해소된다.

라. 학습용 사전의 필요성

또 한 가지 중국어 학습법에 필수적으로 고려해 볼 것은 학습용 사전이다. 우리는 '天'을 '하늘 천'으로 배우기 때문에 한자의 뜻을 손쉽게 습득한다. 그러나 중국어에는 우리처럼 쉽게 배워 쓰는 문어(文語)가 없어 한자의 뜻을 문맥 속에서 혹은 다른 예문을 통해 익혀야 하므로 애매하게 넘기는 때가 많다. 그들은 '天'을 '在地面以上的高空'으로 설명하기 때문에 사전을 찾아보아도 뜻을 알아내기가 어렵다. 게다가 같은 음의 글자가 많아 사전에서 글자를 찾아내기조차 어렵다. 특히 학습자들은 사전에서 한자를 찾아보려면 발음과 획(글자 모양)을 미리 알아야 하기 때문에 사전을 찾아보기가 어려울 뿐만 아니라 글자를 찾는다 해도 이미 발음과 획을 안 뒤여서 더 알아 볼 내용이 별로 없다. 결과적으로 학습자들이 사전을 찾아보려 하지 않아 학습자를 위한 사전은 존재하지도 않는다. 그러나 학습자들이 사전을 사용하지 않는다는 것은 원인이야 어떻든 있을 수 없는 일이다.

저자는 이런 고충을 덜어주기 위하여 한글 기반 학습용 중국어 사전,[1] '중한영(CEK) 입체자전'을 저술하였다, 이 사전은 HSK5급용 한자를 발음에 따라 분류하고 이를 다시 4개 성조로 나누어 한 표로 보이도록 하여 음절을 우선 발음으로 쉽게 찾고 그 안에서 같은 발음의 한자와 어휘를 두루 찾아 보도록 한 것이다. 다행히 HSK5급의 어휘들은 모두 365개로 별로 많지 않아 모두 작은 책자 하나에 담을 수 있다. 참고로 중국어 한자 전체는 모두 420여 개의 음절을 사용한다.

1 『中韓英 CEK 입체사전』, 한림당, 2021, 네이버에서 '중한영 입체사전'을 검색하기 바람

아래 표는 '꾸오(guo)'에 대한 음절표이다. 표를 성조에 따라 4개의 방으로 나누고 1성(一聲)방에는 '솥 과(锅/鍋)'자가, 2성방에는 '나라 국(国/國)'자의 어휘들, 3성방에는 '과실 과(果)'자, 4성방에 '지날 과(过/過)자'의 어휘들이 정리되어 있다.

표 10.1 음절표 No. 14 꾸오(guo)

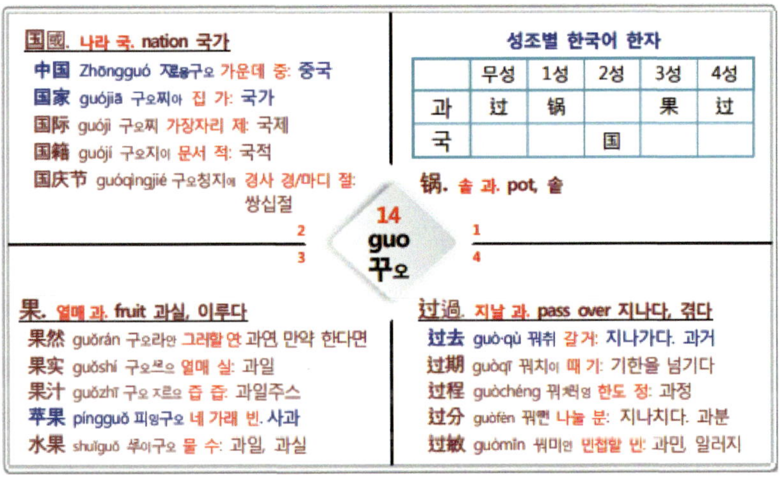

마. 한글 기반 중국어 학습법의 주요 내용

저자는 위에서 제안한 것처럼 한글 병음과 학습자용 사전을 사용하는 등 한글 기반 중국어 학습법을 체계화하여 《중국인보다 빨리 배우는 신한위학습법》[2]'이라는 책을 저술하였다. 그 학습법의 요령을 요약하면 아래와 같다.

2 우리한자출판사, 2019.

① 3개월간 한자나 병음을 멀리하고 한글 표기만으로 기초회화를 익히고 원어민을 만나 직접 대화해 본다. 이를 위해 가이드 없는 중국 여행을 권장한다.

② HSK3급을 목표로 공부하되

· 한자는 천자문식으로 익혀 음과 훈을 배운다

· 새로운 한자를 만날 때마다 CEK 입체사전의 해당 음절표를 일별하여 동음자의 어휘를 눈에 익혀둔다.

③ 원어민을 정규적으로 만나도록 하며 만나서 한 얘기를 복기한다. 원어민과의 전화 학습을 권장한다.

④ 몇 편의 중국영화를 반복해보며 영화 속의 대화를 따라해 본다.

⑤ 중국어를 더 배울 필요를 판단한다. 필요시 HSK 5급 시험을 본다

⑥ HSK5급을 딴 후에는 직장이나 학교에 들어가는 등 형편에 맞게 중국어를 사용하며 지속적으로 공부한다.

중요한 것은 막연히 중국어를 배운다고 생각하지 말고 다음 목표를 확실하게 정하고 그 목표까지만을 위한 공부를 해야 한다. 그리고 그 목표가 달성되면 다음 단계로 들어가야 한다. 예를 들어 초기에는 한자나 병음을 배우려 하지 말고 한글 표기만으로 일상에서 쓰는 말을 몇 마디 배우는 데 목표를 두어야 하며 그 목표가 달성되면 다음 단계에 도전하라는 것이다. 저자는 '한글 전용 중국말 배우기' 앱을 출시한 바 있다.

이상은 저자가 제안하는 중국어 학습법이다. 그러나 이는 저자의 아이디어를 설명할 정도의 수준이다. 중국어 학습이 크고 중요한 만큼 이에 대한 연구가 선행되어야 한다. 우리에게 중국어 학습 자체보다 '중국어 학습법'이 더 긴요하다.

바. 추진 전략

이러한 한국식 중국어 학습법을 계발하여 우선 우리 학생들에게 적용시켜 중국어를 중국인보다 쉽게 배우는 것을 입증해야 한다. 그리고 이 사실을 알리면 외국 학생들이 중국어를 배우러 우리나라로 몰려들어 한국은 중국어를 배우는 메카로 자리 잡고 학원 설립과 강사 양성 및 학습서 출판 등 관련 산업도 일어날 것이다.

영국은 사전 출판, 영어 교재, 온라인 학습 플랫폼, 어학원, 시험(예: IELTS) 등 '영어 산업'으로 연간 약 250억 파운드(약 42조 원)의 수익을 올리는 것으로 추정된다. 우리의 2024년 수출액이 6,800억 달러였으므로 영국의 영어산업 수입액이 우리 수출액의 약 5%에 해당한다. 우리가 중국어 학습산업의 중심국이 된다면 영국의 영어산업에 못시않은 수입과 문화선진국으로서의 국제적 명성을 얻을 수 있을 것이다. 이보다 더 중요한 것은 한글 세계화가 맞물려 돌아갈 것이다.

중국어는 한글 세계화를 위해 선조들이 뚫어 놓은 문화 언어의 고속도로라고 할 수 있다.

10.6 한영중(KEC) 언어사관학교 설립

가. KEC 언어사관학교의 필요성

앞에서 중국어는 우리에게 매우 중요한 언어임을 강조했지만 비단 우리뿐 아니라 전 세계인에게, 특히 미국인에게 각별히 중요하다. 미국은

911 사건을 계기로 외국어의 중요도에 대한 인식이 송두리째 바뀌어 소수민족 언어, 특히 아랍어 연구라면 아낌없는 지원을 퍼붓고 있다. 이제는 중국어가 아랍어보다 더 중요하다는 인식이 대두되었지만 과연 중국어를 배우는 엘리트 학생이 얼마나 많을지 의문이다. 그들은 중국어를 배우는 것이 매우 어렵다는 선입견이 강해 실제로 배우려 나서는 인재가 태부족이라 한다.

한국의 사정도 미국처럼 중국어를 구사하는 엘리트가 필요한데 현실은 전혀 만족스럽지 않다. 필요한 인적 자원은 급한 대로 조선족 동포 중에서 선발하고 있지만 정치적 중립성과 자율성 면에서 한계가 없을 것인지 고려해 보아야 한다. 조선족은 같은 말을 쓴다고 우리와 뭐든 같게 생각한다면 오산이다. 한국전쟁 당시 중공군 선발대는 거의가 조선족이었다는 사실을 알아야 하며 사람은 교육과 목전의 이익에 의해 행동한다는 것을 염두에 두어야 한다.

한편 중국인 중에도 영어를 배우고 싶어하는 인재는 적지 않을 것이며 곁들여 한국어도 배울 수 있는 환경을 조성해 준다면 흥미를 느끼는 사람이 많을 것이다. 따라서 미국인, 한국인, 중국인이 함께 생활하며 공부하는 KEC(Korean English Chinese) 언어사관학교를 설립한다면 삼국으로부터 우수한 지원자를 모집하는 데에 큰 문제가 없을 것이다.

미국인이나 중국인 이외의 제3국인들도 영어와 중국어 그리고 한국어까지 마스터(Master)하고 나오는 학교가 있으면 2, 3년 기꺼이 투자하려는 사람이 늘어날 것이다. 이들 중 능력과 장래성이 있는 학생을 선발해 제대로 된 교육을 시킨다면 학교로서 성공할 가능성이 크다 하겠다.

나. KEC 언어사관학교의 커리큘럼

KEC 언어사관학교의 첫 1년은 한국에서 서로의 언어를 배우는 데 목적을 두고 이 기간 중에 모두가 3개 국어에 능통해지도록 교육시킨다. 그 후 2, 3년차는 장소를 미국과 중국으로 옮겨 각 현장에서 가장 효율적으로 배울 수 있는 대학원 수준의 과목을 전공하도록 한다.

한국은 다른 두 나라 학생들에게 충분한 호기심을 줄 것이며 그들 사이에서 중립적이면서도 매력적인 학습환경을 제공함으로써 KEC 언어사관학교의 정체성을 확립시켜 줄 것이다. 그리고 교육 과정에서 한국어를 배우면 제3언어를 배우는데 유리하다는 점이 부각될 것이며 특히 앞에서 소개한 한글 기반 중국어 학습법을 통해 중국어를 비교적 쉽게 배우게 하여 특히 미국인의 성취감을 이끌어낼 수 있을 것이다. 한편 한국에게는 한글 기반 중국어 학습법을 완성시키는 기회가 될 것이며 이 학습법이 중국에도 전파될 수 있게 되기를 기대할 수 있을 것이다.

다. KEC 언어사관학교는 세계 평화를 이끄는 지도자 양성기관

이 학교에서는 비단 언어와 전공과목을 제시할 뿐 아니라 서로의 역사를 배우고 문화를 체험하도록 하며 우애와 유대를 강화시킴으로써 졸업 후의 생애에서도 서로 협조하여 국가의 중진으로, 그리고 우호적인 입장에서 세계 정치를 이끄는 지도자로 성장하도록 지원해 줄 수 있을 것이다. 이를 위해서는 KEC 언어사관학교는 세 나라의 정부나 대학 및 공공기관과의 양해각서(MOU)를 맺고 그들이 원하는 커리큘럼과 교외 활동을 수용하도록 하여야 할 것이다.

KEC 언어사관학교는 비단 삼국의 언어 엘리트 수요를 동시에 충족시키는 데 그치지 않고 한·미·중의 우호 관계와 나아가서 세계 평화를 이끌어 가는 미래 인재의 요람으로 정착될 수 있을 것이다.

10.7 언어산업 육성

가. 언어산업이란 무엇인가?

우리나라는 2024년 기준 총 수출액 6,836억 달러, 수입액 6,580억 달러로 수출과 수입이 모두 세계 6위 수준의 무역 대국이다. 이러한 성과를 거두기 위해 우리 수출업체들과 관련 기관들은 수많은 박람회와 콘퍼런스를 개최하거나 참석하였을 것이며 각국에 홈페이지를 꾸미고 이메일과 각종 SNS, 그리고 크고 작은 상담을 하는 등의 활약을 했을 것이다. 이런 활동에는 각종 언어의 말과 글자가 마치 전류처럼 흘렀을 것이다. 전류가 나라에 따라 다른 전압으로 흐르듯이 말과 글자들도 국경을 지날 때마다 다른 언어로 변하게 되며 우리 수출역군들은 어떻게든 이 역경을 감당해 냈을 것이다.

이러한 일은 고대부터 통역과 번역 형태로 존재하다가, 1950년대 국제기구(예: UN)의 등장과 함께 '언어산업(Language Service Industry)'이라는 하나의 직업군으로 자리잡았으며 최근에는 국제화와 디지털 통신기술의 발전으로 그 규모와 내용이 폭발적으로 증가하여 세계 각국이 경쟁적으로 투자하고 있다. 국제 시장조사기관 Mordor Intelligence에 따르면, 세계 언어서비스 시장은 2025년 816억 달러에서 연평균 6.32%씩 성장하여

2030년에는 약 1,109억 달러에 이를 것으로 전망된다. 가장 큰 시장은 미국, 가장 빠르게 성장하는 시장은 아시아-태평양 지역이다. 아래 표는 세계 10대 언어서비스 회사의 매출액과 종업원수를 보여준다.

표 10.2 세계 10대 언어서비스 회사 개요

순위	국적	회사명	매출액(2023)	종업원수(명)
1	미국	TransPerfect	$1.20 billion	8,280
2	미국	LanguageLine Solutions	$963 million	19,000
3	영국	RWS	$934.3 million	7,761
4	아일랜드	Keyword Studios	$861 million	11,969
5	미국	LionBridge Technologies	$569.5 million	-
6	미국	Iyuno	$420 million	-
7	미국	Welocalize Inc.	$306.2 million	-
8	미국	Hogarth Worldwide	$298 million	-
9	미국	Acolad	$287 million	-
10	미국	AMN Language Services:	$260 million	-

위 표에서 TransPerfect라는 회사는 8,000여 명의 종업원이 한 해 12억 불을 벌어들인다고 하니 인당 약 2억 원의 수입을 올린다는 계산이다. 인건비가 비용의 대부분을 차지하는 사업이기 때문에 언어산업은 많은 매력적인 고용을 창출하는 산업이라 할 수 있다.

나. 우리나라 언어산업 현황

우리나라는 언어산업을 산업분류표에조차 포함하지 않아 정책적 지원이 전무한 상태다. 하지만 세계 6위의 무역국으로서, 국내 언어서비스 수요는 실질적으로 매우 클 것이다. 현재 정부 부처나 무역업체들이 자체적으로 언어 기능을 수행하고 있으며, 번역·통역, 정보서비스업, 광고대행업 등의 이름으로 영세 업체나 개인이 활동하고 있다. 그러나 이들의 규모는 영세하고 전문성이 부족하여, 외국계 대형 언어서비스업체가 한국 지사를 통해 시장을 점유하고 있다. 2023년 국내 언어산업 시장 계약고는 약 3억 달러로, 세계 시장의 1%에도 못 미치는 수준이다. 그러나 이는 언어산업의 범위가 제대로 잡혀있지 않아 통계에 포함되지 않은 언어서비스가 누락되었기 때문일 가능성이 크다.

다. 언어산업이 중요한 이유

한국은 무역 대국일 뿐만 아니라 콘텐츠 강국으로 성장하고 있다. 2023년 콘텐츠 산업의 수출액은 이차전지(99.9억 달러), 전기차(98.3억 달러), 가전(80.6억 달러)을 모두 능가하였다. 이러한 콘텐츠 확산의 핵심 동력은 언어이며, 한글과 한국어에 대한 세계적 관심은 날로 높아지고 있다.

또한 한국은 기술산업국에서 문화산업국으로의 전환이 요구되는 시점이다. 중국의 기술 추격 속에서 지속가능한 경쟁력을 확보하려면, 그들이 미처 손대지 않은 분야를 개척해야 한다. 한글과 한국어를 기반으로 하는 언어산업은 이러한 전략에 가장 적합한 분야 중 하나다.

우리나라의 현재 언어산업 수요를 조직화한다면 세계 굴지의 언어서비스 회사를 설립 운영할 수 있을 것이며 해외 언어서비스 회사를 통해 빠져 나가는 국가의 주요 정보를 보호하고 나아가서 기밀 외교나 경제 안보와 관련된 국가적 언어서비스를 맡아 수행함으로써 국가에 기여하는 바 클 것이다.

라. 언어산업 발전 전략

① 언어산업 진흥을 위한 정부 부서 설치

정부 내에 '언어산업진흥국'(가칭)을 설치하여, 언어산업의 개념 정의 및 범주 확립, 관련 부처 및 산업 간 협업체계를 마련한다.

② 장·단기 발전계획 수립 및 실행

- 1단계(2025~2026): 언어산업 실태조사, 범위 정의, 한글·한국어 관련 산업 식별, 7대 과제 실행계획 포함. 동시에 국공립 언어서비스 회사와 부설 언어산업을 학술적으로 지원할 수 있는 연구소 예컨대 '한글 언어산업연구소' 설립
- 2단계(2027~2028): 2030년까지 (1) 언어산업 시장 10억 달러 이상 달성, (2) 공공기관 언어서비스 80% 국산화, (3) 국공립 언어서비스 회사 계약고 세계 Top 10 진입, (4) 한글·한국어 기반 산업이 전체 언어산업의 25% 차지 목표
- 3단계(2029~2030): 한글·한국어 관련 언어서비스의 세계화 정책 강화 및 민간 협력 확대

마. 결론

언어는 전류처럼 산업과 문화를 흐르게 하는 매개체이며, 언어산업은 미래 국가 경쟁력의 새로운 엔진이다. 대한민국은 한글과 한국어라는 독보적 자산과 ICT 기반 기술력을 보유하고 있다. 이제는 이를 전략적으로 연결하여 언어산업 강국으로 도약해야 할 시점이다.

대한민국 언어산업의 궁극적 목표는 국가의 언어산업 수요를 충족시키고 나아가 한글과 한국어를 세계 언어 생태계의 중심축으로 세우는 것이다. 우리는 언어로 인류의 소통을 이끌며, 문화강국 코리아의 미래를 함께 열어가야 한다.

10.8 한글공학연구소 설립

가. 한글은 공학이다

훈민정음은 인간의 말소리를 도형화하여 문자로 표현하는 과학기술이다. 그 기본자모는 자음 10개, 모음 10개로 추출되며, 이들을 조합(훈민정음의 연서 병서)하면 훈민정음과 마찬가지로 인간 언어의 모든 소리를 표기할 수 있다. 이 20개 자모로 구성되는 문자체계를 '한글20'이라 명명하였다.

한글20은 인간의 말소리를 도형화하여 저장, 처리, 재생한다. 이 기술은 녹음기에 비교되는 공학기술이라 할 수 있다. 녹음기는 스마트폰에 탑재된 것을 감안하여 세계에 약 60억 대가 보급되어 있음에 비해 한글

20은 이제 개념이 정립되어 시작도 하지 못한 초창기에 불과하여 앞으로의 발전 가능성이 무한하다.

나. 한글20은 인류 언어 생활에 혁신을 가져올 것이다

인간의 모든 언어는 (말)소리로 표현되며 한글20은 그 말소리를 표기하기 때문에 현재 등록되어 있는 전 세계 293개의 문자를 대신하거나 보조하게 되어 인류 언어생활에 일대 혁신을 가져올 수 있다. 그러나 이 혁신은 이미 정착된 언어 질서의 저항을 받을 것이며 기존 질서와 토론하고 협상하여야 하며 때로는 싸워 나가야 한다.

이는 결코 쉬운 일이 아니다. 그러나 불가능한 일도 아니다. 중국이 컴퓨터 시대 이전인 1950년대 초에 로마자를 병음으로 받아들인 것처럼, 기존 체계는 변화의 필요성에 의해 혁신을 받아들일 수 있다. 그 필요성을 정확히 짚어내, 대안을 가지고 파고들 수 있을 것이며 그 안에 들어가 공존하면서도 궁극적으로 주도권을 잡을 수 있는 실력을 갖추어야 한다. 이는 단순한 한글20의 언어적 가능성만으로 이루어지는 것이 아니다.

다. 추진 체제가 필요하다

이러한 가능성을 현실로 전환하려면 수백 가지, 수천 가지의 기술적·철학적 문제들을 하나하나 풀어갈 전문 연구기관이 필요하다. 처음에는 막연하고 어렴풋할 수밖에 없지만, 바로 그 모호함을 구체화하고 설계할 '시작의 엔진'이 있어야 한다. '(가칭)한글공학연구소'를 설립하여 그 역할을 맡아 수행토록 할 것을 제안한다.

한글공학연구소는 훈민정음의 원리를 과학적으로 해석하고, 그 응용을 실용기술로 전환하며, 한글20의 세계화를 위한 기반 기술을 축적해 나갈 것이다. 앞에 제안된 과제들, 예컨대 말소리 연주기, 세계 애창곡 경연대회와 한영중 언어사관학교 설립을 위한 기획, 시각장애인을 위한 한글 기반 점자 시스템 설계 등이 초기 과제로 포함될 수 있을 것이다.

이 구상은 얼핏 무모해 보일 수도 있다. 그러나 한글20이 지닌 잠재력은 지금껏 인류가 누리지 못한 문자 혁명의 가능성이며, '한글공학'은 언어의 기술적 진화를 이끄는 중심축이 되어 인류의 언어혁명을 이끄는 주도적 학문이 될 것이다. 여기에 이를 실현해 낼 대한민국 국민의 열정과 재능이 이를 뒷받침하고 있다. 대한민국이 단순한 문화 선진국을 넘어 문화 지도국으로 도약해야 한다는 운명 앞에서, 이 연구소의 설립은 선택이 아니라 시대적 요청이다.

10.9 8대 산업 추진 전략

8대 사업은 모두 독립적인 사업이지만 상호 연관성이 있어 유기적인 추진 전략이 필요하다. 우선 과제 간 유기적인 관계를 분석한 후 최적의 추진 절차를 세워야 한다.

가. 과제 간 유기적 관계

① 한글공학연구소는 설립과 동시에 (1) 말소리 연주기 제작과 (4) 점자 혁명 추진 연구에 착수하여야 한다. 이 두 과제는 '문자와 소리'의

가역적 관계를 기술적으로 구현해 내게 될 것이며 결과적으로 한글 공학연구소의 능력이 입증되고 자체 재원조달 능력을 확보하게 될 것이다.

② 위상이 높아진 연구소는 기획능력을 확보하여 (2) 리아드 박람회 한글관 설치와 (3) 세계 애창곡 경연대회를 기획 · 개최토록 한다. 기획 과정에서 관련 연구기관과 공공기관과의 유대를 강화하며 성공적인 개최로 국제적 위상도 높아질 것이다. 특히 문화와 외교 분야의 기반을 다져 놓아야 한다.

③ 연구원의 언어 연구기능을 강화하고 이미 확보된 국내외 위상을 바탕으로 (5) 한글 기반 중국어 학습법 개발과 (6) 한영중 언어사관학교 설립을 추진하며 (7) 언어산업 육성을 위한 기본계획을 작성하여 정부에 건의한다.

나. 과제 추진 절차

과제 간 관계와 시간적 추진 절차를 그림으로 표현하면 다음과 같다.

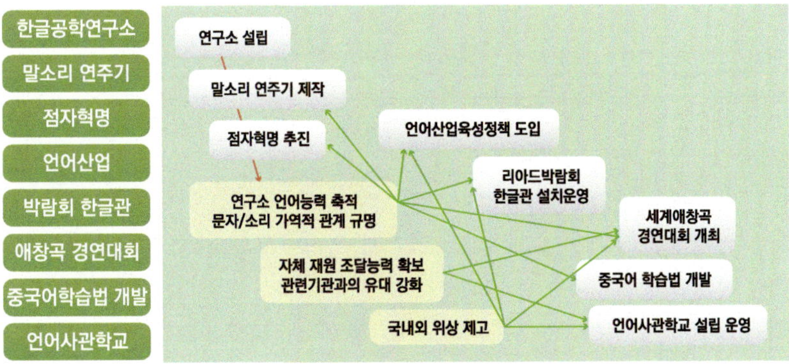

그림 10.4 8대 과제 추진 계획

맺음말

세계문자 한글20의 구현

가. 훈민정음이 답이다

① 생각과 말과 글자

태초에 인류는 생각을 말로 표현하기 시작했고 이를 다시 글자로 기록하게 되었다. 즉 글자는 말소리를 눈에 보이도록 그려 놓는 일종의 기호이자, 소리를 시각화하는 기술이다.

어린아이가 처음 배우는 말은 '엄마'이다. 미국 어린애는 엄마를 '마미'나 '맘' 혹은 '마마'라고 한다. '마마'는 일본 아이들도 쓰며 중국에서는 그냥 '마'라고 한다. 아마 다른 나라에서도 엄마를 비슷하게 '마' 소리를 넣어 부를 것이다. 이렇게 세계 어디에서나 쓰는 '마' 소리는 로마자로는 'ma', 일본에서는 'マ', 중국어에서는 '妈', 인도 사람이 쓰는 데바나가리로는 'मा'로 표기한다. 이것말고도 '마' 소리 나는 글자는 훨씬 더 많이 있을 것이다. 왜 이렇게 같은 소리인데도 다른 모양의 글자를 써서 표현하게 되었을까?

말소리는 모두 인간이 구강에서 만들어 내며 그 본질은 음파이다. 즉 누가 '마' 소리를 내든지 그 음파는 모두 같거나 비슷한 모양일 것이다. 같은 모양의 음파를 왜 언어마다 다르게 표기하게 되었을까?

② 글자의 시원

인류가 처음으로 글자를 만들기 시작한 것은 약 5,000년 전의 일이었다. 메소포타미아에서는 설형문자가, 나일강변에서는 상형문자가 만들어졌고 인도 갠지스강변이나 중국 요하지역에서도 고유의 글자가 생겨났다. 이뿐이 아니고 다른 지역에서는 또 다른 문자가 생겼을 것이다. 교통이 불편하고 통신수단이 없던 시대라 옆 동네 사람들이 어떤 글자를 만들어 쓰든 알 수 없었고 알 필요도 없었다. 그래도 한 번 익숙해진 말과 글자는 쓰고 있는 사람들끼리 동료 의식과 자존감 때문에, 그리고 단순한 익숙함 때문에 자기의 것을 고집하게 되었고 그 결과 지금은 약 6,000여 개의 언어와 300개에 가까운 문자가 있다는 것이다. 사실 이 숫자도 정확히 세어본 것도 아니다.

③ 글자가 많아서 입는 피해와 해법

이렇게 말과 글자가 많아졌기 때문에 자연히 다른 말이나 글자를 쓰는 사람을 만날 일이 생겼으며 서로 의사소통이 안 되는 불편이 발생하게 되었다. 심지어는 말이 다르다고 적대감을 갖고 전쟁을 일으킨 일도 있었다. 이런 일을 피하기 위해 남의 말을 배워야 하는 부담도 커졌다. 이제 인터넷이 공기처럼 깔려 있고 더구나 AI가 무엇이든 도와주는 세상이 되어 기술적 통번역으로 대처하려 한다. 그러나 아무리 번역을 잘해줘도 근본적인 문제 해결은 아니다. 게다가 인터넷이나 AI에 접근하지 못하는 사람이 많아 또 하나의 장벽이 생긴 것이다.

인류가 6,000여 개의 언어를 다 배워 서로 소통한다는 것은 불가능한 일이다. 그러나 인류가 하나의 공통적인 언어, 즉 '세계어'를 배워 소통하는 것은 훨씬 가능한 일이다. 문자도 마찬가지다. 정확히 293개의 문자를 모두 배워 소통하는 것은 불가능하지만 하나의 '세계문자'를 만들어 모두 같이 사용하는 것은 가능한 일이다. 더구나 글자는 결국 음파를 도형화하는 기술이니 음파를 기반으로 문자를 만들면 함께 사용하게 될 수 있을 것이다. 현재 로마자는 많은 나라가 함께 사용하지만 소리 표기 기능이 미흡해 근본적 해법이 되지 못하고 있다. 당장 같은 로마자를 쓰는 영국 사람과 프랑스 사람들이 서로 상대방의 문서를, 뜻은 고사하고,

소리내 읽지도 못한다. 글자는 같아도 발음하는 방법이 다르기 때문이다.

④ 600년 전 세종의 해법

녹음기는 음파를 활용하면 무슨 소리든 기록할 수 있다는 사실을 보여준다. 처음으로 소리를 잡아 축음기를 만든 것은 1877년이었는데 이는 사람의 고막을 본뜬 것이었다. 이보다 400년 앞서 세종대왕은 인간의 말은 모두 구강에서 나오는 소리이기 때문에 구강의 작동을 모형화하면 어떤 소리라도 표현할 수 있다고 생각하여 '훈민정음'을 만들어냈다. 녹음기는 귀를 본뜬 것이고 훈민정음은 입을 본뜬 것이다. 녹음기는 전기로 작동되는 기계이지만 훈민정음은 종이와 필기도구만 있으면 된다. 녹음기는 전 세계 60억 대 휴대전화에 장착되었는데 훈민정음은 아직 박물관에 있다. 이제 그 기능을 살릴 때이다.

나. 훈민정음의 서자(庶子) 한글

① 절반의 성공을 거둔 한글

훈민정음은 세종 승하 이후 한학자들에게 밀려 지하로 들어가게 되었다. 그러나 주로 여성들이 배워 생활 속에서 사용해 명맥을 유지할 수 있었는데 설상가상으로 나라의 운명마저 기울어져 가게 되었다. 다행히 조선이 망하기 직전 주시경 선생이 우리 글자를 살려 민족의 혼을 유지시켜야 한다는 일념으로 지하에서 생존해 있던 훈민정음을 추슬러 '한글'을 만들어냈고 그의 한글이 일본 총독부의 정책과 한글 운동가들의 희생적 노력으로 살아남아 오늘에 이른 것이다.

한글은 그 목적대로 민족의 혼을 살려내 대한민국이 독립할 수 있었지만 두 가지를 이루지 못했다. 하나는 북쪽 땅이 아직 공산세력에 점령되어 있다는 것이고 다른 하나는 훈민정음의 표음 기능을 계승하지 못했다는 것이다. 당시에는 《훈민정음 해례본》이 발견되기 이전이라 주시경 선생이나 그의 뒤를 이은 한글학자들은 훈민정음에 대한 정통한 지식이 없었을 것이다. 그러다가 불행하게도 일본 학자들의 영향하에 '외래어 표기법'을 만들게 되었다. 외래어 표기법이란 이름 자체가 일본의 것이었으며 영어의 p와 f, b와 v, l과 r을 구별하지 않아도 괜찮다고 생각했을 것이다. 일본인들은 fan을 '후앙'이라고 적는 사람들이니 그럴 법하다.

② 책임은 대한민국의 어문학자들

그러나 물려받은 외래어 표기법이 한글의 전반적 가치를 제약하는 주요인이 되었다. 세계 2대 언어인 영어와 중국어의 발음을 제대로 표기하지 못하기 때문에 한글의 세계화는 차치하고라도 이미 세계 6대 강국, 6대 수출대국을 이룬 우리나라의 국민들이 언어문제로 국제무대에서 소극적 태도를 취할 수밖에 없으며 가이드 없이는 외국 여행을 주저하게 만들고 있다. 이것은 잘못 만든 외래어 표기법 탓이라 하겠지만 나라도 없는 상황에서 한글을 지켜내기에만도 힘이 겨웠던 조상님들을 탓할 수는 없다. 그 책임은 번듯한 나라가 되었는데도 몇십 년째 외래어 표기법을 지켜만 보고 있는 우리들에게 있다.

다. 해법은 무엇일까?

① 해법은 새로운 '외국어 표기법'의 제정

해법은 비교적 간단하다. 한글과 외래어 표기법을 분리시켜 한글은 한

국어의 표기법으로 존중하고 외래어 표기법은 체제를 바꾸어 '외국어 표기법'으로 개편하는 것이다

외래어 표기법에서 '외래어'는 '외국에서 들어와 우리말이 된' 어휘라고 정의한다. 우리말이 되었다면 우리말 표기법으로 처리해야지 따로 표기법을 만들 이유가 전혀 없다. 즉 표준 철자법을 정해 사전에 올려 사용하면 된다. 다만 우리말이 안 된 외국어는 되도록 외국어 발음에 가깝게 표기하여 국민이 옳은 발음을 배워 외국인과의 소통에서도 불편하지 않도록 도와줘야 한다.

② 해법의 핵심은 합자(合字)

외국어 발음을 변별력 있게 표기하려면 현행 한글로 표현할 수 없는 경우 훈민정음의 연서병서(連書竝書), 즉 합자(合字)를 회생시켜 활용하여야 한다. 현행 한글 자모만 가지고도 합자를 통하면 표현하지 못할 발음이 없다. 예를 들어 훈민정음에서 'ㅎ'은 목구멍 소리 중에서 가장 강하게 피어나는 소리라 했다. ㄱ과 ㅎ을 합하면 ㅋ이 되듯이 ㅂ과 ㅎ을 합하면 ㅍ(p)이 되고 같은 방법으로 'ㅊ'과 'ㅌ'도 만들어낸다. 또한 순서를 바꾸어 'ㅎ'을 먼저 발음하면서 그 위에 'ㅂ'을 발음하면 f 발음이 된다고 볼 수 있다(이는 훈민정음에 있는 내용은 아니다).

③ 외국어 표기법은 곧 한글20

위 ②항에서 본 대로 'ㅋ, ㅊ, ㅌ, ㅍ'은 합자로 만들어진 글자이기 때문에 한글의 기본자모 14자에서 제외시킬 수 있다. 기본 모음에서도 'ㅑ, ㅕ, ㅛ, ㅠ'는 합자로 만들 수 있어 기본 모음에서 제외시키고 대신에 단모음 음소인 'ㅐ, ㅔ, ㅚ'와 '·'(하늘 아)를 포함시키면 기본 자음과 기본

모음이 각각 10자로 떨어진다. 이들 20자모로 합자를 만들면 훈민정음처럼 어떤 발음도 표현해 낼 수 있다. 저자는 이 20자모로 이루어지는 문자체계를 '한글20'이라 명명했다.

한글20은 외국어 표기를 위해 만들어 낸 것이다. 다시 강조하지만 현행 한글은 이미 한국어의 표준 표기체가 정착되었으며 고칠 이유가 없다. 다만 한글20은 외국어 표기법으로 사용하자는 주장이다.

④ 훈민정음과 한글20

현행 한글을 '훈민정음 2세대'라 하면 한글20은 '훈민정음 3세대'라 할 수 있을 것이다. 외국어 표기를 위해 훈민정음을 그대로 복귀시키자는 주장이 있다. 그러나 훈민정음이 완벽한 문자시스템인 것은 사실이지만 컴퓨터 시대 이전에 만들어졌으므로 이제 컴퓨터에 적용시키려면 몇 가지 문제점이 있다. 한글20은 훈민정음의 기능을 살리면서 자음과 모음이 각각 10자씩이기 때문에 어떤 문자시스템보다 높은 컴퓨터 적응력을 가졌다 하겠다. 특히 급속히 진전되고 있는 AI의 보급에도 큰 역할을 할 수 있으리라 기대된다. 따라서 한글20은 '외국어 표기법'이자 '세계문자'를 위한 최적의 후보라 하겠다.

이제 남은 일은 한글20을 세상에 알리고 유용한 용도를 개발해 보급시킴으로써 명실상부한 세계문자로 완성시키는 일이다. 위에서도 언급했지만 사람의 귀를 본떠 만든 녹음기는 60억 대 이상 만들어져 인류의 일상생활을 편리하게 만들어 주고 있는데 비해 훈민정음은 아직 박물관에만 있다. 이제 훈민정음은 한글20에 바톤을 넘겨주어 한글20이 녹음기 못지않게 문명의 이기가 되어 널리 유용되기를 바란다.

⑤ 한글20으로 인류의 문자문제 해결

인류는 문자로 인하여 여러 가지 고통을 겪고 있다. 우선 문자가 없이 사는 부족이 있는가 하면 문자가 어려워 많은 문맹자를 낳고 있다. 또한 시각장애인처럼 문자생활에 불편을 겪는 사람도 있다. 한글20은 이러한 문자로 인한 문제를 획기적으로 개선시킬 수 있다. 이를 실현시키기 위해 위 10장에서 8가지 사업을 제안했다. 예를 들어 1번 사업 '말소리 연주기'를 만들어 말을 못하는 사람들이 사용하도록 할 것이며, 4번 사업, 세계 점자혁명을 통해 모든 시각장애인이 점자 대신 한글20 글자를 만져서 인식하도록 할 수 있을 것이다. 아무쪼록 이 사업들이 조속히 실현되어 한글20으로 인하여 우리 인류가 명랑하고 효율적인 문자생활을 영위하고 동시에 우리의 한글이 세계문자로 완성되기를 함께 기원해 주시기를 부탁드린다.

한글20이 세계문자로서 완성되면 우리나라가 문화 종주국으로 우뚝 서게 될 것이며 우리나라의 위상이 몇 단계 상승할 것이다.

Concluding Remarks:
Hangul20, A New Universal Alphabet

From the beginning, humans expressed their thoughts through speech, and each tribe developed its own style of language. Later, some tribes devised reliable methods of recording speech, that is, writing. Writing is essentially a way of visualizing the sound waves produced by the human vocal tract. Yet, despite the universality of sound, no civilization attempted to model these sound waves systematically when creating a writing system. The result has been a proliferation of disparate scripts. Today, humanity faces nearly 300 writing systems for about 7,000 languages. While this diversity gave humanity cultural richness, it has also created barriers to communication and cooperation, and, worse still, even confrontations and wars.

Six centuries ago, King Sejong of Chosun Dynasty offered a solution through Hunminjeongeum, a writing system that systematically modeled the workings of the human mouth to represent the sound that it makes. However, the original phonetic capacity of Hunminjeongeum was diminished when it evolved into modern Hangul in the early 20th century, under the historical circumstances the nation faced. In particular, the adoption of the so-called loanword transcription rules during the colonial period was somewhat influenced by Japanese linguistics. As a result, Hangul became unable to represent key foreign sounds such as /f/, /r/, and /v/. This limitation hindered Koreans in acquiring foreign languages and weakened their ability to participate fully in global communication, even as the nation emerged as a major player in the world economy.

The solution lies in introducing a new Foreign Language Orthography (FLO), kept separate from modern Hangul, which should be preserved as the script for Korean. This book proposes such a system, called Hangul20, based on the ten basic consonants and ten basic vowels of Hunminjeongeum. By applying the combinatory principle of Hunminjeongeum (hapja, 合字), Hangul20 restores its original sound-describing function and is capable of expressing any sound found in the world's languages. With its simplicity, logical structure, and adaptability to modern digital and AI environments, Hangul20 can serve both as a practical tool for foreign language transcription and as a candidate for a true world script.

Just as the phonograph, modeled after the human ear, transformed human life, Hangul20-modeled after the human mouth-has the potential to revolutionize global writing behavior. It could enable humanity to enjoy a more efficient and inclusive written culture, while addressing long-standing challenges such as illiteracy, accessibility, and language barriers. In doing so, Hangul20 may not only advance global communication but also position Korea, the mother of Hangul20, as a cultural leader on the world stage.

참고문헌

『세종실록』, 권103, 세종 26년 2월 20일(경자).

Louis-Jean Calvet 저, 김윤경 외 역, 『언어 전쟁』, 한국문화사, 2001.

Shin Bu-Yong & Kim Jinhan Kim, "Introducing a New Script System for Computer Communication", Presented at ICTC 2012 Jeju.

Shin Bu-Yong & Shi, Chung Kon, "Introducing a New Universal Phonetic System", Presented at the 1st LaRC Conference, Seoul, Korea, 2011. 6.

Shin Bu-Yong, Learn Korean Alphabet, Hangul in 45 Minutes, 2016, 스토리비전(전자책).

강신항, 『훈민정음』, 신구문화사, 1974.

국립국어원, 『한국 어문 규정집』, 2001.

권재선, 『한글의 세계화』, 우골탑, 2002.

김덕진, 『AI 2024 트렌드 & 활용백과』, 스마트북스, 2023.

김명호, 『한글을 만든 원리』, 학고재, 2005.

김슬옹, 『세종의 정음 문자관 맥락연구』, 한말연구 제355호, 한말연구학회, 2014.

김슬옹, 『한글 우수성과 한글 세계화』, 한글파크, 2013.

김승환, 『과학으로 풀어 쓴 訓民正音』, 이화문화출판사, 2015.

김정수, 『한글의 역사와 미래』, 열화당, 1990.

김홍식, 『한글 전쟁』, 서해문잡, 2014.

남영신, 『국어천년의 실패와 성공』, 1998.

대한 의사학회, 『송촌 지석영』, 1994.

박양춘, 『한글을 세계문자로 만들자』, 1995.

박종국, 『한국어 발달사』, 문지사, 1996.

박종국, 『훈민정음 종합연구』, 세종학연구원, 2007.

박창원, 『훈민정음』, 신구문화사, 2005.

방석종, 『훈민정음의 세계문자화』, 전통문화연구회, 2008.

복거일, 『국제어 시대의 민족어』, 문학과 지성사, 1998.

신부용, "인류의 문맹 문제와 한글의 사명", 미래문화 제3호, 미래문화연구소, 2022.

신부용, "정보화 시대, 한글의 세계문자화는 가능한가?", 제48차 우당역사문화강좌, 2016. 10. 7.

신부용, "한글의 ICT 융합을 통한 언어 산업 활성화 방안", 한국어정보학회 정기총회, 2017.

신부용, 『CEK 中韓英立體事典』, 한림당, 2021.

신부용, 『중국인보다 빨리배우는 신한위 학습법』, 우리한자출판사, 2018.

신부용, Fu Yupeng Zhang, "정음 한글의 보편성과 서로 의 과제", 한국어정보학, 제10권 제2호, 2008.
신지영, 『한국어의 말소리』, 지식과 교양, 2011.
심소희, 『정음관의 형성배경과 계승 및 발전에 대하여』, 한글학회, 1996.
심소희, 『한글-중국어 병음체계의 연구』, 한글학회, 1999.
알브레히트 후베, 『날개를 편 한글』, ㈜박이정, 2019.
양선기, 『영어 음운론』, 한국문화사, 2009.
이연숙, 『국어(일본어)라는 사상』, 고영진, 임경화 옮김, 소명출판, 2006.
이찬우, 『소설 훈민정음』, 가람기획, 1997.
정시호, 『21세기의 세계 언어전쟁』, 경북대학교 출판부, 2000.
천소영, 『한국어와 한국문화』, 도서출판 우리사, 2005.
최홍식, 『훈민정음 음성학』, 이회, 2023.
크리스타 뒤르사이트, 김종수 역, 『문자 언어학』, 유로서적, 2007.
한국 고전총서 간행위원회, 『훈민졍흠』 1973.
한태동, 『세종대의 음성학』, 연세대학교 출판부, 1998.
헨리 로저스(Henry Rogers), Writing Systems, 2005.
홍성훈, 『음운론의 계량적 방법론』, 한국문화사, 2014.

색인

기호

번호

로마자

A

C

E

F

G

한국어

ㅊ

일본어

こ

た